Chemie heute

Sekundarstufe I
Lösungen

Schroedel

Chemie heute – Sekundarstufe I

Lösungen
zu Chemie heute SI Nordrhein-Westfalen   (ISBN 978-3-507-86151-0)

Herausgegeben von:
Wolfgang Asselborn
Manfred Jäckel
Dr. Karl T. Risch

Mitherausgegeben von:
Bernhard Sieve

Bearbeitet von:

Prof. Dr. Hans-Dieter Barke
Dr. Gerald Dräger
Markus Görtz
Thomas Kuhn
Elke Radau
Dr. Peter Seym-Born
Horst Stahl
Stefan Wagner

Eva Berndt
Dr. Bernd Dreßel
Jens Kloppenburg
Marion Maybaum
Hans Schriefer
Theo Sombek
Dr. Eberhard Thomas
Michael Walory

Beratung:
Dr. Rolf Schulte-Coerne

Mit Beiträgen von:
Jana Kießlich

Dieses Werk ist in Teilen eine Bearbeitung von Chemie heute
ISBN 978-3-507-86017-9, 978-3-507-86070-4, 978-3-507-86072-8, 978-3-507-86073-5,
    978-3-507-86074-2, 978-3-507-86196-1 und 978-3-507-86198-5

© 2011 Bildungshaus Schulbuchverlage
Westermann Schroedel Diesterweg Schöningh Winklers GmbH, Braunschweig
www.schroedel.de

Das Werk und seine Teile sind urheberrechtlich geschützt. Jede Nutzung in anderen als den gesetzlich zugelassenen Fällen bedarf der schriftlichen Einwilligung des Verlages. Hinweis zu § 52a UrhG: Weder das Werk noch seine Teile dürfen ohne eine solche Einwilligung gescannt und in ein Netzwerk eingestellt werden. Dies gilt auch für Intranets von Schulen und sonstigen Bildungseinrichtungen.

Auf verschiedenen Seiten dieses Buches befinden sich Verweise (Links) auf Internet-Adressen. Haftungshinweis: Trotz sorgfältiger inhaltlicher Kontrolle wird die Haftung für die Inhalte der externen Seiten ausgeschlossen. Für den Inhalt dieser externen Seiten sind ausschließlich deren Betreiber verantwortlich. Sollten Sie bei dem angegebenen Inhalt des Anbieters dieser Seite auf kostenpflichtige, illegale oder anstößige Inhalte treffen, so bedauern wir dies ausdrücklich und bitten Sie, uns umgehend per E-Mail davon in Kenntnis zu setzen, damit beim Nachdruck der Verweis gelöscht wird.

Druck A^2 / Jahr 2012

Redaktion: Sabine Jährling
Grafik: Birgitt Biermann-Schickling, Karin Mall
Satz: Druckhaus „Thomas Müntzer" GmbH, Bad Langensalza
Druck und Bindung: westermann druck GmbH, Braunschweig

ISBN 978-3-507-**86152**-7

Inhaltsverzeichnis

1 Chemie – eine Naturwissenschaft 4

2 Wir untersuchen Lebensmittel 5

3 Lebensmittel – alles gut gemischt 12

4 Chemie in der Küche 17

5 Feuer und Flamme 20

6 Feuer – bekämpft und genutzt 24

7 Verbrannt – aber nicht vernichtet 28

8 Luft – ein lebenswichtiges Gasgemisch 30

9 Ohne Wasser läuft nichts 36

10 Kupfer – ein wichtiges Gebrauchsmetall 43

11 Eisenerz und Schrott – Grundstoffe der Stahlgewinnung 48

12 Die Erde, mit der wir leben 54

13 Elemente – Vielfalt gut geordnet 62

14 Salz – nicht nur ein Gewürz 68

15 Mineralien – meist hart, mal weich 74

16 Dem Rost auf der Spur 78

17 Kampf der Korrosion 83

18 Für jeden Fleck die richtige Lösung 91

19 Wasser – alltäglich und doch außergewöhnlich 99

20 Säuren und Laugen – Werkzeuge nicht nur für Chemiker 106

21 Haut und Haar – alles im neutralen Bereich? 113

22 Kraftstoffe – begehrte Ressourcen 119

23 Elektrisch mobil 125

24 Zucker, Alkohol und Essig 129

25 Kunststoffe – designed by chemistry 139

1 Chemie – eine Naturwissenschaft

A13.1

Die Naturwissenschaften erforschen systematisch die Vorgänge und Zusammenhänge in der Natur.

A13.2

Die Chemie beschäftigt sich mit Stoffen und ihren Eigenschaften sowie mit Stoffänderungen.

A13.3

In der Chemie versteht man unter einem Stoff eine Substanz, die durch bestimmte Eigenschaften charakterisiert ist.

A13.4

Die Geologie ist eine Naturwissenschaft, die sich mit der Gestalt, dem Aufbau, der Entwicklung und der stofflichen Zusammensetzung der Erde beschäftigt.

A13.5

Die Astronomie ist eine Naturwissenschaft. Sie beschäftigt sich mit den Sternen und mit dem Weltall. Die Astrologie dagegen arbeitet nicht mit naturwissenschaftlichen Methoden. Sie versucht, aus Stellungen der Sterne und Planeten das Schicksal der Menschen vorherzusagen.

V18.2

a) Individuelle Lösung

b) In der heißesten Zone der Flamme direkt über dem Innenkegel herrscht eine Temperatur von bis zu 1250 °C. An der Spitze des äußeren Kegels kann man 1100 °C messen; im Innenkegel beträgt die Temperatur nur rund 400 °C.

V18.3

Individuelle Lösung

2 Wir untersuchen Lebensmittel

A25.1

Durch Fühlen, Riechen und Kosten kann die Qualität der angebotenen Früchte überprüft werden. Es kann ebenfalls eingeschätzt werden, ob das angebotene Obst und Gemüse schon reif oder vielleicht überreif ist.

A25.2

Der Mensch kann fünf Geschmacksqualitäten unterscheiden: sauer, bitter, salzig, süß, umami.
Bereiche der Zunge, mit denen die Geschmacksqualitäten wahrgenommen werden:
süß: vor allem im vorderen Bereich
salzig und *sauer:* vor allem an den Seiten
bitter: im hinteren Bereich der Zunge

A25.3

a) Man kann zwischen drei bzw. vier Arten von Kristallen unterscheiden (Zitronensäure, Natron, Zucker, ggf. Farbstoff).

b) sauer (Zitronensäure), bitter (Natron), süß (Zucker).

c) keine Beobachtung bei der Zugabe eines Wassertropfens auf Kristalle *einer* Art; Aufschäumen und Entwicklung eines farblosen Gases bei Zugabe zu dem Kristallgemisch.

A25.4

Essig ist farblos, schmeckt sauer und riecht „nach Essig". Salatöl ist gelblich, schmeckt ölig, riecht kaum. Mineralwasser ist farblos, schmeckt säuerlich und ist geruchlos. Apfelsaft ist gelb, schmeckt süß und riecht nach Apfelaroma.

A26.1

Typische Stoffeigenschaften des Zuckers sind:
– süßer Geschmack
– weiße Farbe
– kristalliner Feststoff bei 20 °C
– gut in Wasser löslich
– karamellisiert zu einer braunen Masse

Typische Stoffeigenschaften des Essigs sind:
– saurer Geschmack
– farblos
– bei 20 °C flüssig
– gut in Wasser löslich
– verdampft leicht beim Erhitzen
– wirkt ätzend
– wirkt desinfizierend

A26.2

a) rote Farbe – Tomaten
saurer Geruch – Essig
süß-saurer, würziger Geschmack – Zucker, Essig, Salz, Paprika (evtl. schmecken andere Gewürze heraus)

b) Wasser, Zucker, Branntweinessig, Äpfel, Stärke, Salz, Sojasoße, Gewürze, Verdickungsmittel, Kräuterextrakte

Zucker, Branntweinessig, Äpfel, Salz, Sojasoße, Gewürze und Kräuterextrakte können gesehen, gerochen oder geschmeckt werden. Die anderen Stoffe kann man nicht so einfach wahrnehmen.

A26.3

Chemikalien können giftig oder ätzend sein. Zum Schutz vor Vergiftungen und Verätzungen darf im Chemieunterricht, wie auch in anderen chemischen Laboren, der Geschmack nicht getestet werden.

A26.4

Einige flüssige Stoffe sind sehr flüchtig. Das bedeutet, sie verdampfen schon bei niedrigen Temperaturen. Riechen sie auch stechend, dann können sie bei starkem Einatmen an die Nasenschleimhäute gelangen und diese verletzen. Deshalb werden nur geringe Mengen vorsichtig zugefächelt.

V27.1

a)

Stoff	Löslichkeit
Natron	gut
Zitronensäure	sehr gut
Gips	schlecht
Kochsalz	sehr gut
Zucker	sehr gut

Stoff	Verhalten gegenüber Universalindikator
Natron	blau
Zitronensäure	rot
Gips	blau
Kochsalz	grün
Zucker	grün

Stoff	Elektrische Leitfähigkeit
Natron	mittel
Zitronensäure	sehr gut
Gips	mittel
Kochsalz	gut
Zucker	sehr gut

b) vgl. a)

d) Jeder Stoff lässt sich aufgrund seines unterschiedlichen Verhaltens eindeutig zuweisen.

e) Jeder der Stoffe zeigt ein typisches Verhalten in den verschiedenen Versuchen. Die Kombination dieser Beobachtungen lässt sich jeweils einem Stoff zuordnen.

f), g)
Natron: weißer Feststoff; geruchlos
Natron ist ein weißes Pulver, welches auch unter den Namen *Speisenatron* und *Backsoda* bekannt ist. Es findet Verwendung in Backpulvern, um einen Teig aufgehen zu lassen.

Zitronensäure: farbloser Feststoff, geruchlos, schmeckt sauer
Zitronensäure ist in den meisten Obstsorten enthalten. Sie findet als Reinigungsmittel und als Entkalker für Wasserkocher und Kaffeemaschinen Verwendung. Zitronensäure wird außerdem zum Konservieren und als Lebensmittelzusatz verwendet.

Gips: weißer Feststoff, geruchlos
Gips ist ein häufig vorkommendes Mineral. Er wird unter anderem im Baugewerbe verwendet, beispielsweise für Gipswände. Gipsverbände finden in der Medizin Verwendung.

Kochsalz: weißer Feststoff, geruchlos, schmeckt salzig
Kochsalz ist unentbehrlich für den menschlichen Körper. Es muss mit der Nahrung in ausreichender Menge aufgenommen werden. Kochsalz wird als Gewürz zum Verfeinern von Speisen genutzt.

Zucker: weißer Feststoff, geruchlos, schmeckt süß
Zucker ist ein wichtiger Energielieferant für den Körper. Haushaltszucker wird hauptsächlich aus Zuckerrohr und Zuckerrüben gewonnen. Süße Speisen und Getränke erhalten durch Zucker meist ihren typischen Geschmack.

V27.2

Individuelle Lösung
Hinweis: In Spiritus und Speiseöl taucht die Reagenzglasklammer, im Gegensatz zu Wasser, weiter unter. Die Dichten von Spiritus und Öl müssen kleiner sein als die von Wasser. Je nach verwendetem Öl erhält man bei der Dichtemessung mit dem Aräometer einen Wert von etwa $\varrho = 0{,}8\text{–}0{,}9 \, \frac{g}{cm^3}$; für Spiritus ergibt sich ein Wert von etwa $\varrho = 0{,}79 \, \frac{g}{cm^3}$.

V27.3

a) Im Versuch 1 sind ein Wasserfleck und ein Fettfleck zu sehen. Der Wasserfleck kann sogar schon getrocknet sein. Im Versuch 2 sind verschieden große Fettflecke zu erkennen. Die Größe hängt von der Menge Fett ab, die in den einzelnen Samen gespeichert ist.

b) Sowohl Wasser als auch Fett sammeln sich in den Zwischenräumen der Papierfasern. Wasser und Fett brechen das Licht im Papier unterschiedlich. Der Wasserfleck ist kaum zu erkennen. Die Fettflecke heben sich ab.

c) Pflanzensamen enthalten viel Fett als Reservestoff. Es dient beim Auskeimen der Samen als erste Nahrungsgrundlage. Dieses Fett wird mit der Fettfleckprobe nachgewiesen. Das Heptan dient anfänglich als Lösemittel, wird aber nach kurzer Zeit verdampfen und hat keinen Einfluss auf das Ergebnis.

d) Butter, (gemahlene) Nüsse, fettes Fleisch oder fette Wurst, Schlagsahne, Schokolade

A29.1

elektrisch leitfähige Stoffe: Eisen, Graphit, Kochsalz-Lösung, Essig

Isolatoren: Glas, Porzellan, destilliertes Wasser, Luft

A29.2

Metalle leiten die Körperwärme der Hand schneller ab als Holz, da sie sehr gute Wärmeleiter sind. Daher empfindet man das Metall als kälter.

A29.3

Elektrische Geräte dürfen nicht in der Nähe von mit Wasser gefüllten Gefäßen (Waschbecken, Badewanne) oder wenn Wasser fließt, eingeschaltet werden. Die Gefahr eines Stromschlages ist sehr hoch. Moderne Bäder sind zwar mit so genannten FI-Schutzschaltern ausgestattet, die bei einem Kurzschluss die Stromleitung unterbrechen. Nicht immer weiß man jedoch, ob ein solcher Schalter installiert ist. Unfälle mit elektrischen Geräten in Bädern haben schon zum Tod von Menschen geführt.

A29.4

Fische atmen durch ihre Kiemen den im Wasser gelösten Sauerstoff. Bei hohen Temperaturen sinkt jedoch die Löslichkeit von Sauerstoff im Wasser sehr schnell (schneller als die Löslichkeit von Kohlenstoffdioxid). Das bedeutet, dass die Fische in heißen Sommern im Wasser weniger Sauerstoff und mehr Kohlenstoffdioxid vorfinden als bei normalen Temperaturen. Daher ersticken viele Fische.

A30.1

Eis – fest
Wasser – flüssig
Wasserdampf – gasförmig

A30.2

Die Flüssigkeit beginnt zu brodeln, das bedeutet, dass Gasblasen aufsteigen. Über der Flüssigkeit sieht man den gasförmigen Stoff.

A30.3

Die Unterseite der Wassertropfen wird durch die heiße Herdplatte stark erhitzt. Dabei verdampft ein Teil des Tropfens. Zwischen Herdplatte und Tropfen bildet sich so ein Wasserdampfpolster, auf dem der Tropfen leicht beweglich ist. Für den Antrieb sorgt der Rückstoß des entstehenden Wasserdampfes.

A30.4

Anders CELSIUS, ein schwedischer Astronom und Physiker, schlug 1742 eine in 100 Grad eingeteilte Skala zur Temperaturmessung vor. Diese Skala verwendete als Fixpunkte die Temperaturen von Gefrier und Siedetemperatur des Wassers bei Normaldruck, d. h. einem Luftdruck von 1013,25 hPa. Nach dieser Temperaturskala gefriert also Wasser bei 0 °C und kocht bei 100 °C (auf Meereshöhe). Nach Anders CELSIUS wurden die Einheit (°C) und die Temperatur-Skala (Celsius-Skala) dann auch benannt.

A30.5

- Bratenfett schmilzt in der Pfanne, flüssiges Fett erstarrt beim Abkühlen.
- Wasser siedet im Wasserkessel, an kalten Fensterscheiben kondensiert Wasserdampf.
- Eiskristalle sublimieren im Sonnenlicht zu Wasserdampf, in kalten Nächten resublimiert Wasserdampf an den Ästen der Bäume und bildet als Raureif Eiskristalle.

A30.6

Beim Ausatmen wird durch die ausgeatmete Luft Wasserdampf an die Autoscheibe gepustet. Durch die niedrige Temperatur gefriert der Wasserdampf oder die Scheibe beschlägt durch Wassertröpfchen. Der Wasserdampf sublimiert oder kondensiert. Durch die warme Lüftung resublimiert das Eis bzw. der Reif an der Scheibe und das Wasser verdampft. Dadurch wird die Scheibe wieder klar.

A31.1

$$\varrho(\text{Olivenöl}) = \frac{18{,}4\ \text{g}}{20\ \text{ml}} = 0{,}92\ \frac{\text{g}}{\text{ml}}$$

A31.2

$$m(\text{Gold}) = \varrho(\text{Gold}) \cdot V(\text{Gold})$$
$$= 19{,}3\ \frac{\text{g}}{\text{cm}^3} \cdot 4\ \text{cm}^3 = 77{,}1\ \text{g}$$

A31.3

a) $\varrho(\text{Alkohol}) = \dfrac{m(\text{Alkohol})}{V(\text{Alkohol})}$
$= \dfrac{(128{,}4\ \text{g} - 82{,}2\ \text{g})}{60\ \text{cm}^3}$
$= 0{,}77\ \dfrac{\text{g}}{\text{cm}^3}$

b) Der theoretische Wert liegt bei $0{,}79\ \frac{\text{g}}{\text{cm}^3}$. Unterschiede können durch Messfehler oder durch Unreinheiten im Alkohol zustande kommen.

A31.4

Brötchen haben eine geringe Dichte, da der ausgebackene Teig viele Luftbläschen beinhaltet. Brötchen wiegen deshalb sehr wenig, daher reicht eine dünne Papiertüte. Obst besteht zum größten Teil aus Wasser, das sich in den Zellen der Früchte befindet. Deshalb hat es eine deutlich höhere Dichte und damit eine höhere Masse und muss in reißfesteren Tüten verkauft werden.

A31.5

Beide Typen von Ballons schweben in der Luft, weil ihre Dichte kleiner ist als die von Luft. Helium besitzt als Ballongas eine rund sieben Mal kleinere Dichte als Luft. Auch die durch einen Propanbrenner auf einige Hundert Grad erhitzte Luft hat eine kleinere Dichte als Luft bei normaler Temperatur.

A31.6

Individuelle Lösung
Hinweis: Der Würfel aus Knetmasse muss eine höhere Dichte als der Wachswürfel besitzen.

A31.7

330 ml Coca Cola wiegen 340 g. Die Dichte beträgt also $1{,}03\ \frac{\text{g}}{\text{ml}}$. Bei Cola light wiegen 330 ml 323 g. Damit ergibt sich eine Dichte von $0{,}98\ \frac{\text{g}}{\text{ml}}$.
Messfehler oder unterschiedliche Temperaturen der Flüssigkeiten können zu abweichenden Ergebnissen führen.

A32.1

Ähnliche Stoffe lassen sich aufgrund ihrer gemeinsamen Eigenschaften in Stoffgruppen zusammenfassen.
Die drei Metalle Eisen, Silber und Kupfer beispielsweise zeigen metallischen Glanz und sind gute Wärme- und Stromleiter.

A32.2

Eisen – Metalle
Kochsalz, Natron – salzartige Stoffe
Kerzenwachs – fettähnliche Stoffe
Zitronensäure – saurer Stoff

A32.3

Zu den fettähnlichen Stoffen gehören nicht nur Fette. Auch andere Stoffe, die nicht in Wasser löslich sind, dafür aber in Benzin, wie zum Beispiel Wachs, zählen dazu.
Nicht alle salzartigen Stoffe schmecken auch wirklich salzig. Auch Natron gehört dazu, weil es die Eigenschaften der salzartigen Stoffe erfüllt.

V34.1

Individuelle Lösung

V34.2

a) *Elektrische Leitfähigkeit der Feststoffe:* Eisenspäne leiten den elektrischen Strom. Eiweißpulver, Kerzenwachspulver, Kochsalz, Soda, Traubenzucker und Zitronensäure leiten den elektrischen Strom nicht.

Löslichkeit in Wasser und Waschbenzin: Eisenspäne und Eiweißpulver sind weder in Wasser noch in Waschbenzin löslich. Kerzenwachspulver ist nur in Waschbenzin, jedoch nicht in Wasser löslich. Kochsalz, Soda, Traubenzucker und Zitronensäure sind in Wasser, jedoch nicht in Waschbenzin löslich.

Elektrische Leitfähigkeit wässriger Lösungen: Die wässrigen Lösungen von Kochsalz, Soda und Zitronensäure leiten den elektrischen Strom. Eine wässrige Traubenzuckerlösung leitet den elektrischen Strom nicht.

Saure und alkalische Eigenschaften: Die wässrige Kochsalz-Lösung und die wässrige Traubenzucker-Lösung färben den Universalindikator grün und sind daher pH-neutral. Die wässrige Soda-Lösung färbt den Universalindikator blau und ist alkalisch. Die wässrige Zitronensäure-Lösung färbt den Indikator rot und ist sauer.

Einordnung von unbekannten Substanzen: Individuelle Lösung

b) Eisen gehört zu den Metallen. Die Eisenspäne leiten den elektrischen Strom, sie sind nicht in Wasser und in Waschbenzin löslich.
Kerzenwachs gehört zu den fettähnlichen Stoffen. Das Kerzenwachspulver leitet den elektrischen Strom nicht, es ist nicht in Wasser, jedoch in Waschbenzin löslich.

Soda und Kochsalz gehören zu den salzartigen Stoffen. Es sind spröde Feststoffe, deren wässrige Lösungen den elektrischen Strom leiten.
Soda und Zitronensäure gehören zu den sauren und alkalischen Stoffen. Ihre wässrigen Lösungen leiten den elektrischen Strom und haben saure und alkalische Eigenschaften. Soda kann demnach zwei Stoffgruppen zugeordnet werden.
Eiweißpulver und Traubenzucker können keiner der angegebenen Stoffgruppen zugeordnet werden. Eiweiße und Zucker sind eigene Stoffgruppen.

c) Individuelle Lösung

d) Individuelle Lösung

A35.1

Modelle sind vereinfachte Darstellungen der Realität. Wichtige Teile sind hervorgehoben, unwichtige Teile sind nicht so genau dargestellt. So werden bei Modelleisenbahnen nicht alle Teile der originalen Eisenbahn dargestellt, das allgemeine Verkehrsprinzip kann jedoch gut nachgebildet werden. Das Modell einer Zelle im Biologieunterricht zeigt viele Teile größer und macht sie erst einmal überhaupt sichtbar. Die genauen Zusammenhänge in der Zelle können jedoch nicht dargestellt werden.

A36.1

In flüssigem Wasser bewegen sich die Teilchen schneller als im Eis. Im gasförmigen Zustand ist die Geschwindigkeit der Teilchen noch größer als in flüssigem Wasser.

A36.2

Zwischen den Teilchen einer Flüssigkeit existieren Anziehungskräfte, die die Teilchen zusammenhalten. In der Gasphase sind diese Anziehungskräfte zwischen den Teilchen vollständig überwunden.

A37.1

Als *Schmelzwärme* bezeichnet man die Wärme, die während des Schmelzvorgangs zugeführt werden muss, um einen Feststoff vollständig zu schmelzen. Während des Schmelzvorgangs bleibt die Temperatur konstant.

A37.2

Eine Erhöhung der Temperatur führt zu einer Erhöhung der Geschwindigkeit der Teilchen.

A37.3

Das Wasser auf der Haut verdunstet. Beim Verdunsten entzieht das Wasser dem Körper die zur Verdunstung notwendige Energie.

A37.4

Schneeflocken bilden sich in den Wolken, wenn fein verteilte Wassertröpfchen zu Eis erstarren. Durch das zunehmende Gewicht fallen die entstehenden Eiskristalle nach unten und wachsen durch Resublimation des in der Luft enthaltenen Wasserdampfes weiter an. Bei diesem Prozess wird Energie an die Luft abgegeben, die einen Temperaturanstieg bewirkt.

A38.1 oben

Zwischen den Gas-Teilchen ist viel leerer Raum, in dem sich die Teilchen aufgrund ihrer ständigen Bewegung schnell ausbreiten können. Im flüssigen Zustand dagegen berühren sich die Teilchen, sodass sie sich trotz ständiger Bewegung nur langsam gegeneinander verschieben.

A38.2 oben

a) Hält man den Kandiszucker-Kristall an die Wasseroberfläche, so sinkt von dort ein feiner Strahl einer Flüssigkeit bis auf den Boden des Teeglases und breitet sich dort aus. Es handelt sich um Zucker-Lösung. Von dort verteilen sich die Zucker-Teilchen nur sehr langsam (innerhalb von Stunden) durch Diffusion in der Flüssigkeit. Beim Umschwenken oder Umrühren vermischt sich die Lösung mit dem restlichen Wasser; dies ist an Schlieren (flimmerartiges Aussehen) erkennbar.

b) Das Wasser färbt sich langsam rot und das Gummibärchen wird größer.

A38.1 unten

Das Map enthält als zentralen Begriff *Stoffe*. Er ist mit roter Farbe unterlegt und hat zentrale Bedeutung für die gesamte Darstellung. Um diesen Begriff herum sind fünf untergeordnete Begriffe sortiert, die alle mit einer anderen Farbe unterlegt wurden: *Stoffeigenschaften* (rosa), *Aggregatzustandsänderungen* (grün), *Stoffgruppen* (violett), *Modelle* (blau), *Aggregatzustände* (gelb). An diesen Begriffen verzweigen sich Äste, an denen sich wieder untergeordnete Begriffe befinden. Sie sind in der jeweils gleichen Farbe, jedoch weniger intensiv, unterlegt. Sie erläutern den jeweiligen Oberbegriff genauer. So werden zum Beispiel den *Aggregatzuständen* die Begriffe *fest*, *flüssig* und *gasförmig* zugeordnet. Bei einigen Begriffen wie *Stoffeigenschaften* und *Modellen* erfolgt noch eine weitere Stufe der Unterteilung. Geht man den Weg dieser Unterteilungen, kann man sich ein genaues Wissensnetz in Form einer Wissenslandkarte erarbeiten.

A38.2 unten

Man könnte zu den einzelnen End-Ästen noch konkrete Beispiele hinzufügen, um das gesamte Map noch anschaulicher zu machen. Weiterhin könnte man Begriffe innerhalb des Maps noch untereinander verknüpfen, indem man zum Beispiel *Schmelz-* und *Siedetemperatur* mit *Schmelzen/Erstarren* bzw. *Verdampfen/Kondensieren* verbindet. Dadurch werden Begriffe noch weiter vernetzt.

A40.1

Stoffeigenschaften: Eigenschaften wie Farbe, Dichte oder Löslichkeit, anhand derer sich Stoffe erkennen lassen.

Dichte: Quotient aus Masse und Volumen einer Stoffportion:

$$\text{Dichte} = \frac{\text{Masse}}{\text{Volumen}}$$

Mit steigender Temperatur dehnen sich Stoffe aus, ihr Volumen nimmt zu, die Dichte wird kleiner.

Aggregatzustand: Stoffe können je nach Temperatur in verschiedenen Aggregatzuständen auftreten: sie können fest, flüssig oder gasförmig sein.
Schmelzen: Übergang vom festen in den flüssigen Aggregatzustand
Erstarren: Übergang vom flüssigen in den festen Aggregatzustand
Sieden: Übergang vom flüssigen in den gasförmigen Aggregatzustand
Kondensieren: Übergang vom gasförmigen in den flüssigen Aggregatzustand
Sublimieren: Übergang vom festen in den gasförmigen Aggregatzustand
Resublimieren: Übergang vom gasförmigen in den festen Aggregatzustand

Schmelz- und Siedetemperatur: Ein reiner Stoff schmilzt bei einer bestimmten Temperatur, der Schmelztemperatur (Eis schmilzt bei 0 °C), er siedet bei einer bestimmten anderen Temperatur, der Siedetemperatur (Wasser siedet bei normalem Luftdruck bei 100 °C).

Teilchenmodell, Teilchenbewegung: Aus Beobachtungen beim Mischen von Flüssigkeiten und bei der Diffusion kann man schließen, dass alle Stoffe aus kleinsten Teilchen aufgebaut sind. Die Teilchen verschiedener Stoffe sind unterschiedlich groß. Die Teilchen eines Stoffes bewegen sich ständig unregelmäßig hin und her. Dabei hängt ihre Geschwindigkeit von der Temperatur ab: Je höher die Temperatur eines Stoffes ist, desto schneller bewegen sich seine Teilchen.

Diffusion: selbstständige Durchmischung von Stoffen aufgrund der ständigen Eigenbewegung der kleinsten Teilchen. Die Diffusion verläuft mit zunehmender Temperatur immer schneller. Gase diffundieren wesentlich schneller als Stoffe im flüssigen oder gelösten Zustand.

Lösung, Löslichkeit, gesättigte Lösung: Viele Salze lassen sich in Wasser lösen, sie bilden eine wässrige Lösung. Diese ist gesättigt, wenn sich zugesetztes Salz nicht mehr löst und einen Bodenkörper bildet. Die sich bei einer Temperatur maximal lösende Salzmenge wird durch die Löslichkeit beschrieben.

Wärmeleitfähigkeit: Metalle sind gute Wärmeleiter. Bei Berührung eines Metallstücks fühlt man, dass die Körperwärme an das Metall abgegeben wird.
Elektrische Leitfähigkeit: Mit der elektrischen Leitfähigkeit misst man die Fähigkeit eines Stoffes, den elektrischen Strom zu leiten. Je nach Leitfähigkeit unterteilt man Stoffe in Leiter, Halbleiter und Nichtleiter (Isolatoren).

pH-Wert: gibt an, wie stark sauer oder alkalisch eine Lösung ist.
saure Lösung: pH-Wert kleiner als 7
neutrale Lösung: pH-Wert = 7
alkalische Lösung: pH-Wert größer als 7

Indikator: Farbstoff, der durch seine Farbe anzeigt, ob eine saure, eine neutrale oder eine alkalische Lösung vorliegt.

A40.2

a) 1 kg nimmt jeweils folgendes Volumen ein:

V(Aluminium) = 370,4 cm^3

V(Blei) = 88,2 cm^3

V(Nickel) = 112,4 cm^3

V(Quecksilber) = 73,9 cm^3

V(Gold) = 51,8 cm^3

b) Quecksilber besitzt die Dichte $\varrho = 13{,}53\,\frac{g}{cm^3}$. Metalle geringerer Dichte wie Eisen oder Kupfer schwimmen auf Quecksilber; Metalle mit höherer Dichte wie Gold und Platin gehen in Quecksilber unter.

A40.3

Der Metalllöffel wird warm, weil Metalle die Wärme gut leiten können. Plastik kann die Wärme schlechter leiten und bleibt in heißem Tee kühler.

A40.4

a) Die nasse Wäsche gefriert zunächst, trocknet aber dann dennoch, da Eis auch bei Minusgraden sublimiert. Es bildet sich Wasserdampf, ohne dass das Eis zuvor schmilzt.

b) Wenn die Sonne auf die Schneedecke fällt, wird deren Oberfläche auf Temperaturen über den Gefrierpunkt erwärmt. Die Eiskristalle des Schnees sublimieren. Am Boden herrschen jedoch weiterhin Minusgrade.

c) In der Luft ist immer ein wenig Wasserdampf enthalten. Man nennt dies Luftfeuchtigkeit. An Wintertagen resublimiert die Luftfeuchtigkeit bei Frost auf den Scheiben zu festem Wasser und behindert so die Sicht.

d) Trockeneis ist festes Kohlenstoffdioxid. Es sublimiert bei –78 °C, geht also direkt in den gasförmigen Zustand über. Für diesen Vorgang muss von dem Trockeneis Sublimationswärme aus der Umgebung aufgenommen werden. Erst wenn das Trockeneis vollständig gasförmig geworden ist, kann die Temperatur weiter steigen.

A40.5

Luft ist ein Stoffgemisch aus verschiedenen Gasen. In Gasen liegen die Teilchen weit entfernt voneinander, mit wenig Anziehungskräften untereinander vor. Die Gasteilchen bewegen sich schnell. Diese Teilchen lassen sich durch Druck von außen leichter zusammenschieben als Feststoffteilchen. Teilchen von Feststoffen liegen dicht gedrängt in einer geordneten Struktur vor. Zwischen den Teilchen wirken höhere Anziehungskräfte als bei Gasen. Sie bewegen sich kaum.

A40.6

a) Die Teilchen des gasförmigen Essigs bewegen sich ständig; sie vermischen sich mit den Luft-Teilchen und bewegen sich allmählich in den gesamten zur Verfügung stehenden Raum hinein.

b)

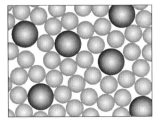 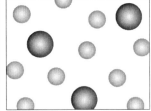

Essig-Lösung   Essigdampf/Luft-Gemisch

A40.7

Mit steigender Temperatur dehnt sich die Flüssigkeit in dem Glaszylinder aus und die Dichte nimmt ab. Die schwimmenden Kugeln mit der Temperaturanzeige besitzen eine unterschiedliche, aber konstante Dichte. Wenn die Dichte der umgebenden Flüssigkeit abnimmt, sinken die schwereren Kugeln nach unten. Die Kugeln sind im Zusammenhang mit der Flüssigkeit des Thermometers so geeicht, dass die unterste noch schwimmende die Temperatur anzeigt.

A40.8

Im Gefäß des „Temperamentmessers" befindet sich unter vermindertem Druck eine leicht verdampfbare Flüssigkeit, etwa Alkohol. Führt man der Flüssigkeit durch Anfassen mit der Hand Wärme zu, so verdampft ein Teil der Flüssigkeit. Die entstehende Dampfblase drückt die Flüssigkeit in den oberen Teil des Gefäßes. Wenn der Dampf durch Abkühlen zur Flüssigkeit kondensiert, füllt die Flüssigkeit wieder den unteren Teil des Gefäßes aus.

A40.9

Reines Wasser leitet den elektrischen Strom nicht, denn es enthält keine beweglichen Ladungsträger wie Elektronen oder Mineralstoffe (Ionen). Die gelösten Mineralstoffe bewirken die elektrische Leitfähigkeit des Mineralwassers. Metalle enthalten frei bewegliche Elektronen. Dadurch leiten sie den elektrischen Strom.

A40.10

a) Beim Einblasen von Kohlenstoffdioxid in Wasser löst sich ein Teil des Gases, 100 g einer gesättigten Lösung enthalten 0,18 g Kohlenstoffdioxid.

b) Kühles Wasser zeigt gegenüber warmem Wasser eine größere Löslichkeit für Gase. In gekühltem Wasser löst sich deshalb mehr Kohlenstoffdioxid.

A40.11

Durch die Sonnenwärme verdunstet das Wasser des nassen Zeitungspapiers. Zum Verdunsten muss die Verdampfungswärme aufgewendet werden, um die Anziehungskräfte zwischen den Teilchen zu überwinden. Diese Energie wird der Flasche und ihrem Inhalt entnommen: Ihre Temperatur sinkt. Sobald alles Wasser verdunstet ist, funktioniert diese Art der Kühlung nicht mehr.

A41.1

a) ARCHIMEDES verglich bei seinem Experiment das Volumen der Krone mit dem Volumen des Goldklumpens.

b) Körper verdrängen beim Eintauchen Wasser. Das Volumen des verdrängten Wassers entspricht dabei dem Volumen des eintauchenden Körpers. Aus dem Volumen und der Masse des Körpers lässt sich seine Dichte errechnen.

c) Besteht die Krone aus reinem Gold, so stimmen der Goldklumpen und die Krone sowohl in Volumen als auch Masse und damit in ihrer Dichte überein.

d) Masse des Goldklumpens: 5000 g
Dichte ϱ(Gold) = 19,3 $\frac{g}{cm^3}$

$$V = \frac{m}{\varrho} = \frac{5000 \text{ g}}{19,3 \frac{g}{cm^3}} = 259 \text{ cm}^3$$

e) Das Volumen einer 5 kg schweren Krone, die zur Hälfte aus Gold und zur anderen Hälfte aus Silber besteht, beträgt 335 cm³.

A41.2

a) Die Chemielehrkräfte untersuchen den Inhalt beider Flaschen auf Farbe und Gestalt, Geruch, Löslichkeit in Wasser und Benzin, sowie die elektrische Leitfähigkeit der Lösung. Außerdem prüfen Sie den pH-Wert.
Mithilfe dieser Eigenschaften lassen sich Stoffgruppen nach und nach ausschließen und letztendlich der genaue Stoff identifizieren.

b) Zitronensäure gehört zu den sauren Stoffen. Diese Stoffe lösen sich gut in Wasser und nicht in Benzin. Der Universalindikator wird rot gefärbt.
Kochsalz gehört zu den salzartigen Stoffen. Es sind spröde Feststoffe. Sie leiten im festen Zustand den elektrischen Strom nicht. In der Schmelze und in Wasser gelöst leiten diese Stoffe jedoch den elektrischen Strom. Diese Stoffe besitzen außerdem hohe Schmelztemperaturen.

c) *saure Stoffe:* Zitronensäure, Essigsäure, Salzsäure
salzartige Stoffe: Natron, Soda, Alaun

d) In der ersten Flasche befinden sich weiße, geruchlose Kristalle, die in Wasser leicht, in Benzin jedoch nicht löslich sind. Die rote Farbe des Indikators zeigt eine Säure an. Die Schmelztemperatur liegt bei 153 °C. Bei 170 °C zersetzt sich der Stoff. Der Stoff ist Zitronensäure.
In der zweiten Flasche befinden sich weiße, geruchlose Kristalle, die in Wasser leicht, in Benzin jedoch nicht löslich sind. Die gelbgrüne Farbe des Indikators zeigt eine neutrale Substanz an. Die Schmelztemperatur liegt bei 801 °C. Der Stoff ist Kochsalz.

e) Man kann davon ausgehen, dass es sich bei diesem Häufchen um Mehl, Rübenzucker oder Kochsalz handeln müsste. Zuerst könnte man versuchen, einen kleinen Teil der Probe in Wasser zu lösen. Gelingt das vollständig, handelt es sich entweder um Rübenzucker oder um Kochsalz. Bildet sich eine trübe Flüssigkeit, ist es Mehl. Wenn sich der weiße Stoff vollständig löst, kann man eine Probe davon auf einem Löffel über einer Flamme erhitzen. Wird der Stoff braun und riecht nach Karamell, dann ist es Rübenzucker. Ändert sich der Aggregatzustand des Stoffes lange Zeit nicht, ist es Kochsalz. (Die Schmelztemperatur von über 800 °C wird zum Beispiel von einer Kerzenflamme nicht ganz erreicht.)

f) *Prüfen der Farbe:* Kupfer ist rötlich glänzend, die drei anderen Metalle sind silbrig glänzend.
Prüfen der Dichte: Aluminium ist ein Leichtmetall (ϱ = 2,7 $\frac{g}{cm^3}$) und hat eine viel geringere Dichte als Blei (ϱ = 11,3 $\frac{g}{cm^3}$) und Silber (ϱ = 10,5 $\frac{g}{cm^3}$).

Wenn die Proben sich in ihrer Größe nicht gravierend unterscheiden, müsste die geringere Masse des Aluminiums deutlich zu spüren sein.
nochmaliges Prüfen der Farbe: Silber ist stark glänzend, Blei läuft an der Luft grau an und glänzt nur an frischen Schnittflächen.

3 Lebensmittel – alles gut gemischt

A43.1

homogene Gemische: Salzwasser, Messing, Luft
heterogene Gemische: Waschpulver, Studentenfutter, Wasserfarbe

A43.2

Reinstoffe: Sonnenblumenöl, Zucker

A43.3

a) *Reinstoff:* Zucker besteht nur aus einer Teilchenart.
Homogenes Gemisch: Salzwasser enthält mehrere Teilchenarten. Die einzelnen Bestandteile kann man jedoch selbst mit dem Mikroskop nicht mehr unterscheiden.
Heterogenes Gemisch: Brausepulver enthält ebenfalls mehrere Teilchenarten. Die Bestandteile sind mit bloßem Auge zu erkennen.

b)

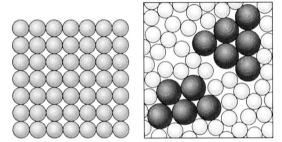

linke Abbildung: Reinstoff; *rechte Abbildung:* Gemisch
Hinweis: Weitere Beispiele finden sich in der Übersicht im Schülerband S. 39.

A43.4

Beispiele:
Haarshampoo: Wasser, Natriumlaurylsulfat, Laureth-2, Natriumchlorid, Panthenol, Niacinamid, Glycoldistearat, PEG-7-Glycerylcocoat, Cocamidopropylbetain, Zitronensäure, Ethoxydiglycol, Propylenglycol, Butylenglycol, Parfüm, Natriumbenzoat, Natriumsalicylat

Zahnpasta: Aqua, Glycerin, Calciumcarbonat, Strontiumchlorid-Hexahydrat, Sorbitol, Hydroxymethylcellulose, Natriumcocoylaurat, Aroma, PEG-40-Stearat, Titandioxid, Natriumfluorid

Limonade: Wasser, Kohlensäure, Farbstoff E150 d, Süßstoffe (Natriumcyclamat, Acesulfam-K, Aspartam), Phosphorsäure, Zitronensäure, Aroma

Schokolade: Zucker, Kakaobutter, Sahnepulver, Kakaomasse, Süßmolkenpulver, Magermilchpulver, Milchzucker, Lecithin, Vanillin

A43.5

Die Sorten „purum" und „purissimum" (Suprapur) müssen mit großem Aufwand von Verunreinigungen und Begleitstoffen gereinigt werden.

A43.6

Bei der Reinheitsstufe „purissimum" oder „Suprapur" sind mengenmäßig weniger Verunreinigungen enthalten. Die Konzentrationen der einzelnen Beimischungen sind niedriger. Zur Überprüfung muss man daher genauere Messmethoden anwenden. Dabei findet man Beimengungen, die bei Verwendung gröberer Messmethoden nicht erfasst werden.

A44.1

Beides sind Gemische von gasförmigen und flüssigen Bestandteilen. Bei einem Nebel ist die Flüssigkeit fein in einem gasförmigen Stoff verteilt. Die gasförmige Komponente überwiegt. Bei einem Schaum ist ein gasförmiger Stoff in einer Flüssigkeit verteilt. Dabei überwiegt die flüssige Komponente.

A44.2

a)

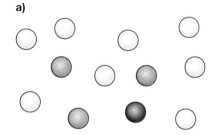

b) Bei heterogenen Gemischen findet man immer Zusammenlagerungen von Teilchen eines Stoffes, bei denen sich die Teilchen berühren. Die Teilchen in der Gasphase berühren sich dagegen nicht, sondern sind aufgrund der großen Abstände frei beweglich. Eine Durchmischung liefert somit immer ein homogenes Gemisch.

A44.3

	fest/fest	fest/flüssig	fest/gasförmig
Homogenes Gemisch	Legierung	Lösung	Lösung
Beispiel	Messing	Zuckerwasser	Wasserstoff/Platin
Heterogenes Gemisch	Gemenge	Suspension	Rauch
Beispiel	Granit	Wasserfarbe	Grillfeuer

	flüssig/flüssig	flüssig/gasförmig	gasförmig/gasförmig
Homogenes Gemisch	Lösung	Lösung	Lösung
Beispiel	Branntwein	Sprudel	Luft
Heterogenes Gemisch	Emulsion	Suspension	
Beispiel	Milch	Schaum	

A44.4

Gemisch	Gemischtyp	Gemisch	Gemischtyp
Majonäse	Emulsion	Sandstein	Gemenge
Orangensaft	Suspension	Pfützenwasser	Suspension
Bronze	Legierung	Mineralwasser	Lösung

A44.5

Beim Öffnen des Kühlschrankes gelangt wasserdampfhaltige Luft hinein. Sie wird schnell abgekühlt; Wasserdampf kondensiert. Es entstehen Nebel. Weiterhin schmilzt Reif, der sich im Kühlschrank gebildet hat. Auch dadurch entstehen Nebel.

A44.6

a) *Mehl:* Der Feststoff Mehl löst sich nicht in Wasser. Es entsteht eine Suspension.

Zucker: Der Feststoff Zucker löst sich in Wasser. Es entsteht eine Lösung.

Brennspiritus: Der flüssige Brennspiritus löst sich in Wasser. Es entsteht eine Lösung.

Öl: Öl lässt sich mit Wasser nur schlecht mischen. Es bildet Tröpfchen im Wasser. Eine Emulsion entsteht.

Zahnpasta: Der Feststoff löst sich nicht in Wasser. Es entsteht eine Suspension.

Waschpulver: Der Feststoff löst sich nicht in Wasser. Es bildet sich eine Suspension. Daneben lässt sich eine Schaumbildung beobachten.

b) siehe Schülerband S. 45

A46.1

Stracciatella-Eis besteht aus Sahne mit mindestens 18 % Milchfett, Zucker und geraspelter Zartbitterschokolade.

A46.2

Die Klassifizierung der verschiedenen Eissorten erfolgt im Wesentlichen nach dem Fett- beziehungsweise dem Frucht-Anteil. Zudem werden Vorgaben zur Herkunft des Fettes gemacht. So muss beispielsweise bei Eiscreme mindestens 10 % des Fettes aus Milch stammen, beim Sahneeis sind dies mindestens 18 % aus Sahne.

A47.1

Industriell hergestellte Eiscreme enthält 16 % Zucker. Eine 70 g schwere Kugel Speiseeis enthält demnach 11,2 Gramm Zucker.

A47.2

Speiseeis besitzt eine deutlich niedrigere Dichte als gefrorenes Wasser, da es sehr viele kleine Luftblasen enthält, wodurch das Volumen von Speiseeis beträchtlich zunimmt. Bei gleichem Volumen wiegt Speiseeis daher deutlich weniger als gefrorenes Wasser.

V48.1

a) Beim Abkühlen nimmt das Volumen des Eisgemisches durch das ständige Rühren beträchtlich zu. In dem Ansatz, der beim Kühlen nicht gerührt wurde, sind deutlich Eiskristalle zu erkennen.

b) Das gerührte Vanilleeis schmeckt cremig, das nicht gerührte Eis hinterlässt einen sandigen Eindruck auf der Zunge.

c) Durch das Rühren und Abschaben der Eismasse von der Kühlfläche wird die Bildung größerer Eiskristalle verhindert. Diese sind für den sandigen, pelzigen Geschmack des nicht gerührten Eises verantwortlich.

V48.2

a) Das Erdbeereis mit Ei besitzt eine einheitliche Konsistenz. Im Ansatz ohne Ei ist bereits nach kurzer Zeit eine teilweise Entmischung von Wasser und Fett zu beobachten.

b) Das Ei dient als Emulgator, der die Entmischung von Fett und Wasser im Speiseeis verhindert. Die Fetttröpfchen bleiben so im Eis fein verteilt, gleichzeitig wird die gleichmäßige Verteilung der Luft beim Gefrieren des Eises erleichtert.

c) Individuelle Lösung

A49.1

Sedimentieren: Lässt man eine Suspension, z. B. eine in Wasser geschüttete Tütensuppe, ein Schlamm-Wasser-Gemisch oder Orangensaft mit Fruchtfleisch, etwas länger stehen, dann lagern sich die festen Bestandteile, wenn sie eine größere Dichte als Wasser haben, am Gefäßboden ab. Man spricht von Sedimentation.

Dekantieren: Wenn in einer Suspension, z. B. einer Tütensuppe, einem Schlamm-Wasser-Gemisch oder Orangensaft mit Fruchtfleisch, die festen Bestandteile sedimentieren, kann man die darüber stehende Flüssigkeit vorsichtig abgießen. Man spricht von Dekantieren.

A49.2

Durch das Erhitzen des Gemisches werden einige Inhaltsstoffe der Tütensuppe erst richtig in Wasser gelöst. Dazu gehören z. B. einige Gewürze. Deshalb wird die Tütensuppe erst dann richtig schmackhaft.

A51.1

Bei einem Öl-Wasser-Gemisch handelt es sich um eine Emulsion. Das bedeutet, es kann z. B. durch Extraktion getrennt werden. Eine energieaufwendige Destillation ist nicht notwendig. Weiterhin kann es sein, dass die Siedetemperaturen von Wasser und dem Öl nicht weit genug auseinander liegen, um eine exakte Trennung durch Destillation zu realisieren.

A51.2

Bioalkohol soll nicht getrunken werden. Er wird entweder als Autokraftstoff oder als Spiritus im Haushalt verwendet. In ihm können noch Rückstände anderer Stoffe wie z. B. Methanol oder Fuselstoffe enthalten sein. Weinbrand wird vom Menschen getrunken, daher muss er sehr rein sein. Er darf außer dem Alkohol keine giftigen Substanzen enthalten. Daher ist die Destillation aufwendiger als die von Bioalkohol.

V51.1

a) Individuelle Lösung

b) Individuelle Lösung

c) Im Bereich der Parallele zur x-Achse wird destilliert.

A53.1

Individuelle Lösung

V53.1

Individuelle Lösung

V53.2

Individuelle Lösung

A53.2

Individuelle Lösung

V53.3

Individuelle Lösung

A56.1

heterogenes Gemisch: In einem heterogenen Gemisch kann man die einzelnen Bestandteile erkennen.

homogenes Gemisch: In einem homogenen Gemisch kann man selbst mit einem Mikroskop die einzelnen Bestandteile nicht erkennen.

Gemenge: heterogenes Feststoff-Gemisch

Legierung: homogenes Gemisch zweier oder mehrerer Metalle

Lösung: homogenes Gemisch, bei dem ein fester, flüssiger oder gasförmiger Stoff in einer Flüssigkeit verteilt ist

Emulsion: heterogenes Gemisch zweier oder mehrerer Flüssigkeiten

Suspension: heterogenes Gemisch, bei dem ein Feststoff in einer Flüssigkeit verteilt ist.

Rauch: heterogenes Gemisch, bei dem feine Feststoffpartikel in einem gasförmigen Stoff verteilt sind.

Nebel: heterogenes Gemisch, bei dem feine Flüssigkeitströpfchen in einem gasförmigen Stoff verteilt sind

Aerosol: heterogenes Gemisch, bei dem feste und/oder flüssige Partikel in einem gasförmigen Stoff verteilt sind

Sedimentation: Trennverfahren für Suspensionen: Der suspendierte Feststoff setzt sich nach einer Weile am Boden der Flüssigkeit ab.

Extraktion: Trennverfahren, das auf der unterschiedlichen Löslichkeit der Bestandteile eines Gemisches beruht: Mit einem Lösemittel werden gezielt einzelne Komponenten aus einem Gemisch herausgelöst.

A56.2

Edelstahl, Backpulver, Marmelade, Kaffeepulver, Leitungswasser, Mineralwasser und Benzin sind Gemische.

A56.3

Suspension: Schlammwasser, Orangensaft
Emulsion: Sonnenmilch, Majonäse
Legierung: Messing, Bronze
Lösung: Meerwasser, Blutplasma

A56.4

a)

Gemisch	Gemischtyp	Gemisch	Gemischtyp
Beton	Feststoffgemisch	Ketchup	Suspension
Body-Lotion	Emulsion	Styropor®	Schaum
Apfelsaft	Lösung	Hausmüll	Feststoffgemisch
Sekt	Lösung	Schlagsahne	Schaum
Tinte	Lösung		

b) siehe Schülerband S. 45

A56.5

a) Alkohol und Wasser werden nacheinander abdestilliert. Der Farbstoff bleibt zurück.

b) Die Eisenspäne werden durch einen Magneten abgetrennt. Das Gemisch wird in Wasser gelöst. Der Sand wird abfiltriert. Das Wasser wird verdampft und das Salz bleibt zurück.

c) Rauch in der Luft kann mit Hilfe von Filtern (z. B. durch Watte-Filtration) entfernt werden.

A56.6

Wasser kann abdestilliert werden. Das Verfahren ist energieaufwendig. Der Farbstoff kann durch die Hitze verändert werden.
Der Farbstoff kann auch mit Aktivkohle absorbiert und durch Filtration abgetrennt werden. In diesem Verfahren wird ein zusätzlicher Stoff benötigt. Wenn man den Farbstoff zurückgewinnen will, muss man ihn wieder von der Aktivkohle trennen.

A56.7

Stoff in Wasser	Beobachtung	Gemischtyp
Zucker	farblose Flüssigkeit	Lösung
Mehl	weiße gallertartige Substanz	Suspension
Öl	etwas milchige Flüssigkeit	Emulsion
Essig	farblose Flüssigkeit	Lösung
Gries	im Wasser schwimmende Griesteilchen	Suspension

A56.8

Durch die längere Extraktionszeit werden mehr Bitterstoffe herausgelöst.

A56.9

Medikamente, die man vor Gebrauch schütteln muss, sind Emulsionen oder Suspensionen. Sie haben sich nach längerem Stehen entmischt.

A56.10

Das Gold/Sand-Wasser-Gemisch wird auf einen flachen Teller gegeben und mit der Hand geschwenkt. Das Sand/Wasser-Gemisch schwappt über den Tellerrand, die Goldkörner bleiben wegen ihrer hohen Dichte in der Tellermitte zurück.

A56.11

a) Außen an Automotoren befinden sich immer kleine Restmengen Öl. Sie gelangen beim Waschen in das Abwasser. Da schon kleine Mengen Öl große Mengen Wasser verschmutzen können, muss das Öl abgetrennt werden.

b) Das verschmutzte Wasser gelangt in den Ölabscheider. Das Öl schwimmt aufgrund seiner geringeren Dichte auf dem Wasser. Der Ölabscheider stellt eine Barriere dar, die nur am Grund einen offenen Spalt hat, durch den das Wasser abfließen kann. Das Öl bleibt im Ölabscheider zurück.

A56.12

Ein Rußpartikelfilter dient der Reduzierung der im Abgas von Dieselmotoren enthaltenen Partikel. Der Filter wird auch nach der Herkunft der Partikel Dieselpartikelfilter (DPF), oder nach ihrer Zusammensetzung Rußpartikelfilter (RPF) genannt. Man unterscheidet zwei Funktionsweisen: Wandstromfilter, bei denen das Abgas im Filter eine poröse Wand durchquert und Durchflussfilter, bei denen das Abgas den Filter an seiner inneren Oberfläche entlang durchfließt.

A56.13

a) Das Gemisch wird in Wasser gegeben. In Wasser schwimmen Polypropylen und Polyethylen aufgrund ihrer geringen Dichten oben und können abgeschöpft werden. Das Restgemisch wird in Kochsalz-Lösung gegeben: Polystyrol schwimmt auf und kann abgeschöpft werden. Das Restgemisch wird in Fixiersalz-Lösung gegeben: Gummi schwimmt auf und kann abgetrennt werden. Polyvinylchlorid sinkt auf den Boden und kann abfiltriert werden.
Das Verfahren beruht auf der unterschiedlichen Dichte von Wasser und den verwendeten Lösungen.

b) Die einzelnen Kunststoffe setzten sich unterschiedlich schnell ab. Die Sedimentation erfolgt umso schneller je größer die Dichte ist. Die leichteren Kunststoffe schwimmen oben auf.

A57.1

a) Halle (Saale), Bad Reichenhall, Hallstatt, Bad Langensalza, Bad Salzdetfurth, Bad Salzhausen, Bad Salzelmen, Bad Salzig, Bad Salzschlirf, Bad Salzungen, Bad Salzuflen, Salzbergen, Salzbrunn, Salzerhelden, Salzgitter, Salzhausen, Salzhemmendorf, Salzkotten, Salzmünde, Salzwedel, Salzweg

b) Bad Reichenhall, Berchtesgaden, Haldensleben, Hechingen, Heringen, Neckarwestheim, Neuhof, Stade, Staßfurt, Wunstorf
Hinweis: Nicht alle hier aufgeführten Orte lassen sich möglicherweise auf einer Karte „Deutschland-Wirtschaft" finden. Hier muss eventuell mit Karten in einem anderen Maßstab gearbeitet werden.

c) In der Gegend um Lüneburg sind unterirdische Salzlagerstätten zu finden. Das Grundwasser löst das Salz, welches durch Eindampfen des Wassers gewonnen werden kann. Für das Eindampfen kamen große Siedepfannen zum Einsatz. Zum Heizen der Siedepfannen benötigte man große Mengen an Holz, das in der Umgebung geschlagen wurde. Anstelle der Wälder traten nun Heidegesellschaften. Außerdem hat die damalige extensive Nutzung der Wälder zur Viehzucht zur Ausbreitung der Heide beigetragen. Die Heidepflanze kann nur dort großflächig gedeihen, wo keine Wälder wachsen. Ohne Abholzung und Viehhaltung wird die Heide bald wieder durch Wälder verdrängt.

d) Im Mittelalter war Salz vor allem zur Konservierung von Lebensmitteln von Bedeutung. Die Salzgewinnung war mühselig und von Salzlagerstätten abhängig. Entsprechend war Salz früher ein teures Gut. Heute wird Salz vorwiegend als Geschmacksverstärker in Speisen verwendet. Durch moderne Salzgewinnungsverfahren, zum Beispiel durch Entsalzung von Meerwasser oder Auswaschen und Filtern von salzhaltigen Stoffen, ist Salz leichter zu erhalten und entsprechend günstiger geworden.

e) Individuelle Lösung

A57.2

a)

Produktionsschritt	Trennverfahren
Waschen, Schneiden, Behandeln mit Wasser	Lösen von Zucker, Filtrieren von festen Bestandteilen
Saftreinigung	Ausfällen von Begleitstoffen, Filtrieren von festen Bestandteilen
Safteindickung	Eindampfen
Kristallisation	Zentrifugieren
Raffination	Lösen von Zucker, Zentrifugieren

b) Die ausgelaugten Rübenschnitzel werden mit Melasse getränkt und als Viehfutter verwendet. Die ausgefällten Begleitstoffe werden als Düngemittel genutzt.

c) Individuelle Lösung

4 Chemie in der Küche

A59.1

Vor dem Backen ist der Kuchenteig hell, sehr weich und leicht verformbar. Beim Backen geht der Kuchen auf, das Volumen nimmt zu. Er wird zunehmend brauner. Der fertige Kuchen ist fest und brüchig.

A59.2

Beim Eischnee bildet sich ein stabiler weißer Schaum, der nach längerer Zeit wieder zusammenfällt. Bei der Majonäse bildet sich eine stabile Emulsion. Beim Braten eines Eis wird das Eiklar fest und weiß, das Eigelb wird ebenfalls fest. Die Veränderung ist dauerhaft.

A59.3

Individuelle Lösung
Mögliche Beispiele: Puddingkochen, mit Käse überbacken, ...

A59.4

Dünsten: fettarme Zubereitungstechnik, bei der Fisch, Fleisch oder Gemüse in etwas Flüssigkeit (z. B. Wasser, Brühe) gegart werden.
Dampfgaren: Unterscheidung: druckloses Dampfgaren und Druck-Dampfgaren. Bei ersterem werden die zu erhitzenden Speisen dem Dampf siedenden Wassers bei Umgebungsdruck ausgesetzt. Bei letzterem Verfahren bilden siedendes Wasser und Gargut ein gegenüber der Umgebung abgeschlossenes System. Dabei führt das siedende Wasser zu einem Druckanstieg innerhalb des Systems.
Schmoren: eine Kombination der Garmethoden Braten, Kochen und Dünsten; dient hauptsächlich der Zubereitung von Fleisch aber auch Gemüse und Pilzen.
Pochieren: sanfte Garmethode in heißem, aber nicht kochenden Wasser für Gemüse und zartes Fleisch.
Frittieren: mit dem Braten verwandte Garmethode, Lebensmittel werden in heißem Fett schwimmend gebraten.

A60.1

Aus weißem kristallinen Zucker entstehen beim Erhitzen neue Stoffe. Zunächst bildet sich eine farblose Schmelze, die mit weiterem Erhitzen zähflüssiger und bräunlich wird. Der typische süßliche Karamellgeruch wird wahrnehmbar; ein gasförmiger Stoff und ein Feststoff entstehen. Die Veränderung ist dauerhaft.

A60.2

Es verändern sich die Eigenschaften dauerhaft.

A60.3

Man möchte nicht, dass der enthaltene Zucker zu einem bitteren schwarzen Feststoff verkohlt.

A60.4

Beim Erhitzen von Kuvertüre findet eine reversible Aggregatzustandsänderung statt. Die Kuvertüre wird nach dem Abkühlen wieder fest.

A60.5

Individuelle Lösung
Mögliche Beispiele: Reifungsprozesse bei Pflanzen, Laubfärbung

V61.1

a) Zunächst bildet sich eine farblose Schmelze, die mit weiterem Erhitzen zähflüssiger und bräunlich wird. Der typisch süßliche Karamellgeruch wird wahrnehmbar; erwärmt man noch etwas weiter, entsteht ein beißender Geruch.

b) Es handelt sich um eine chemische Reaktion.
Aus weißem kristallinen Zucker entstehen beim Erhitzen neue Stoffe: ein gasförmiger Stoff und ein Feststoff. Die Veränderung ist dauerhaft.

V61.2

a) Die Kuvertüre wird langsam flüssig; nimmt man den Topf mit der Masse von der Heizplatte, wird sie nach einer Weile wieder fest.

b) Beim Erhitzen von Kuvertüre findet eine reversible Aggregatzustandsänderung statt. Die Kuvertüre wird nach dem Abkühlen wieder fest. Es handelt sich hierbei nicht um eine chemische Reaktion.

A61 Experimentelle Hausaufgabe

a) Individuelle Lösung

b) Individuelle Lösung

A62.1

Bei der Zugabe von Wasser kann man einen Temperaturanstieg messen. Das weiße Kupfersulfat wird durch die Zugabe von Wasser blau.

A62.2

Zucker $\xrightarrow{\text{Erhitzen}}$ Karamell + gasförmige Stoffe (+ Wasser)

A62.3

Individuelle Lösung
Mögliche Beispiele:
Kuchenteig → fester Kuchen
Eiklar → Eiweiß
Brausetablette + Wasser → Lösung + Gas

A63.1

Energie kann weder erzeugt noch vernichtet werden. Energie kann nur umgewandelt werden.

A63.2

Kupfer und Wasser reagieren zu Kupfersulfathydrat.
Verbrennung von Benzin im Kolben des Motors.
Verbrennung von Holz oder einem anderen Brennstoff.

A64.1

Der Grundumsatz ist die Energie, die ein Mensch in völliger Ruhe im Liegen benötigt. Die Energiemenge, die ein Mensch für zusätzliche Leistungen über den Grundumsatz hinaus benötigt, bezeichnet man als Leistungsumsatz.

A64.2

Wir können die Energie, die in den Lebensmitteln enthalten ist z. B. in Bewegungsenergie umwandeln. Nehmen wir zu viel Energie durch die Nahrung auf, so bindet unser Körper die Energie in Fett.

A64.3

Individuelle Lösung
Mögliche Beispiele:
Hoher Energiegehalt: Süßigkeiten, Schnaps, ...
Niedriger Energiegehalt: Wasser, Knäckebrot, ...

A65.1

Nährstoff: natürliche Nahrungsbestandteile
Hauptnährstoffe sind Fette, Kohlenhydrate und Eiweiße → Energielieferanten
Ergänzungsstoffe sind notwendig, liefern aber keine Energie
Vitamine, Mineralstoffe, Ballaststoffe
Graphische Darstellung: Individuelle Lösung z. B. in einem Kreis

A65.2

Individuelle Lösung

A66 Experimentelle Hausaufgabe

a) Man kann die verschiedenen kristallinen Bestandteile gut erkennen. Der Zucker schmeckt süß, die Zitronensäure sauer, Natron ist geschmacksneutral. Bei Wasserzugabe reagieren die Stoffe zu einer Lösung und Gas (Sprudel). Die Lösung ist klar.

b) Es haben sich neue Stoffe gebildet.

A68.1

chemische Reaktion: Bei chemischen Reaktionen entstehen neue Stoffe. Die Produkte unterscheiden sich durch ihre charakteristischen Eigenschaften von den Ausgangsstoffen.

Reaktionsschema: Chemische Reaktionen können in Kurzform durch ein Reaktionsschema beschrieben werden. Die Ausgangsstoffe stehen links, die Produkte rechts. Die Reaktion wird durch einen Reaktionspfeil dargestellt.

Energieformen: Wärmeenergie, Bewegungsenergie, Lichtenergie, elektrische Energie, chemische Energie

chemische Energie: In Stoffen ist Energie gespeichert: chemische Energie

exotherm: Bei exothermen Reaktionen wird Energie an die Umgebung abgegeben.

endotherm: Bei endothermen Reaktionen wird Energie von der Umgebung aufgenommen.

Aktivierungsenergie: die Energie, die benötigt wird um eine exotherme Reaktion in Gang zu bringen.

Katalysator: ein Stoff, der dafür sorgt, dass die Aktivierungsenergie herabgesetzt wird. Er geht aus der Reaktion wieder hervor.

Energiegehalt: Lebensmittel haben einen bestimmten Energiegehalt. Er wird in Kilojoule (kJ) angegeben.

Nährstoffe: Alle natürlichen Nahrungsbestandteile bezeichnet man als Nährstoffe: Fette, Kohlenhydrate und Eiweiße bilden die Hauptnährstoffe.

A68.2

Chemische Reaktionen laufen bei b), e) und f) ab. Bei diesen Reaktionen entstehen neue Stoffe mit anderen Eigenschaften.

A68.3

a) Es wird Energie frei, die der Mensch zum täglichen Leben braucht.

b) *Hinweis:* Hierbei handelt es sich um einen Druckfehler: die Reaktion ist endotherm. Blaues Kupfersulfat-Hydrat muss erhitzt werden, damit weißes Kupfersulfat entsteht.

c) Es wird Energie in Form von Licht und Wärme frei.

A68.4

Individuelle Lösung

A68.5

Individuelle Lösung
Siehe dazu auch Schülerband S. 63 Diagramm links unten

A68.6

a) Kupfersulfat + Wasser ⟶ Kupfersulfat-Hydrat; exotherm

b) Kupfersulfat-Hydrat ⟶ Kupfersulfat + Wasser; endotherm

A68.7

Der Begriff ist falsch. Energie kann weder erzeugt noch verbraucht werden. Es wird lediglich Energie von der einen in eine andere Form umgewandelt.

A68.8

a) elektrische Energie (+ Wärmeenergie)

b) Wärmeenergie, Lichtenergie

c) Wärmeenergie

d) Bewegungsenergie (+ Wärmeenergie)

A68.9

a) Traubenzucker + Sauerstoff ⟶ Wasser + Kohlenstoffdioxid

b) Es handelt sich um eine exotherme Reaktion, deren Energie der Sportler „nutzen" kann.

A68.10

Die chemische Energie wird in Licht-, Wärme- und Bewegungsenergie umgewandelt. Es treten bunte Lichterscheinungen auf, die Raketen werden heiß und schießen in die Luft.

A68.11

Blanchieren wird vor allem bei Gemüse und Pilzen angewendet, um Enzyme zu deaktivieren und somit ein Braunwerden zu verhindern. Empfindliche Blattgemüse, wie Spinat, garen beim Blanchieren bereits. Die Oberfläche von Fleisch nimmt beim Blanchieren eine weißliche Farbe an und wird fester.
Hier müssen also chemische Reaktionen stattfinden.

A68.12

Erhitzt man blaues Kupfersulfat-Hydrat, so verschwindet die blaue Farbe; gleichzeitig entstehen Tröpfchen einer farblosen Flüssigkeit: Wasser. Weißes Kupfersulfat ist entstanden.
Tropft man Wasser auf weißes Kupfersulfat, so entsteht ein blauer Stoff. Dabei erwärmt sich das Gemisch. Es hat sich blaues Kupfersulfat-Hydrat gebildet.
Die Bildung von blauem Kupfersulfat-Hydrat ist die Umkehrung zur Bildung von weißem Kupfersulfat.

A69.1

a), b), c)
Schritt 1: Auskeimen und Wachsen: Es liegen chemische Reaktionen vor.
Photosynthese: Es liegt eine chemische Reaktion vor.
Kohlenstoffdioxid(g) + Wasser(l) ⟶
Traubenzucker(s) + Sauerstoff(g)
Die Reaktion verläuft endotherm.
Umwandlung von Traubenzucker in Stärke: Es liegt eine chemische Reaktion vor.
Traubenzucker(s) ⟶ Stärke(s); endotherm

Schritt 2: Trennung der Kartoffelknollen vom Rest der Pflanze: keine chemische Reaktion
Zerquetschen der Kartoffel: keine chemische Reaktion
Verfaulen: Es liegt eine chemische Reaktion vor.

Schritt 3: Kochen der Kartoffeln: Es liegt eine chemische Reaktion vor. Die Reaktion verläuft endotherm.
Umwandlung der Stärke in Traubenzucker: Es liegt eine chemische Reaktion vor.
Stärke(s) ⟶ Traubenzucker(s)
Verbrauch von Traubenzucker in den Muskeln: Es liegt eine chemische Reaktion vor
Traubenzucker(s) + Sauerstoff(g) ⟶
Wasser(l) + Kohlenstoffdioxid(aq)
Die Reaktion verläuft exotherm.

Schritt 4: Kartoffeln schälen und schneiden: keine chemische Reaktion
Kartoffeln frittieren: Es liegt eine chemische Reaktion vor.
Pommes-Frites einfrieren: keine chemische Reaktion

Schritt 5: Kartoffeln zerreiben: keine chemische Reaktion
Stärke auswaschen und trocknen: keine chemische Reaktion

Schritt 6: Alkoholische Gärung: Es liegt eine chemische Reaktion vor.
Stärke(s) ⟶ Alkohol(l)
Destillation: keine chemische Reaktion

5 Feuer und Flamme

A71.1

Der Docht einer Kerze saugt flüssiges Paraffin auf und verdampft aufgrund der großen Oberfläche das geschmolzene Paraffin, der Paraffin-Dampf reagiert mit dem Sauerstoff aus der Luft.

A71.2

In einer Kerzenflamme brennt am Docht gasförmiges Paraffin. Am Rand der Flamme tritt die für die Verbrennung notwendige Luft hinzu, dort findet die exotherme Reaktion des Paraffin-Dampfes mit Sauerstoff statt; der äußere Rand der Flamme bildet die heißeste Zone.

A71.3

Individuelle Lösung

A71.4

Individuelle Lösung
Hinweis: Unter dem größten Glas sollte die Flamme am längsten brennen, da hierunter die größte Menge an Sauerstoff vorhanden ist.

V72.1

a) Die Kerzenflamme sieht am unteren Ende des Dochtes relativ dunkel aus, am oberen Ende sehr hell.

b) Man bläst Luft unter das Becherglas, um die gasförmigen Verbrennungsprodukte zu verdrängen. Bläst man die Kerze aus, so bildet sich Qualm, der unverbrannten Paraffindampf enthält: dieser kann erneut entzündet werden.

c) Am Trichter bildet sich ein Wasserbeschlag, der in der Hitze der Flamme schnell wieder verdampft. Die Verbrennungsgase verursachen im Kalkwasser einen milchig-weißen Niederschlag: Nachweis von Kohlenstoffdioxid.

d) Der Paraffin-Dampf reagiert mit dem Sauerstoff aus der Luft zu Wasserdampf und Kohlenstoffdioxid.

A73.1

Man spannt ein kurzes Dübelholz in den Kopf der Bohrmaschine und drückt das sich drehende Holzstück solange auf ein Holzbrett, bis die Druckstelle zu glimmen beginnt. In die Glut gibt man bereit liegende feine Holzspäne, die sich aufgrund ihrer großen Oberfläche schnell entzünden können.

A73.2

Aus dem Ventil des Gasfeuerzeugs tritt beim Öffnen sofort Gas aus, das man an einem Funken entzündet. Beim Benzinfeuerzeug muss ein Docht erst für das schnelle Verdampfen sorgen, ehe der Benzin-Dampf mit einem Funken entzündet werden kann.

A73.3

Im Feuerzeug oder in der Patrone des Campinggaskochers befindet sich unter Druck sowohl flüssiger als auch gasförmiger Brennstoff, etwa Butan. Beim Öffnen des Ventils verdampft flüssiges Butan zu gasförmigem Butan, dieses reagiert in der Flamme mit Sauerstoff aus der Luft.

A73.4

Individuelle Lösung

A73.5

Individuelle Lösung

A74.1

Es werden einige Bogen Zeitungspapier locker gefaltet und entzündet. In diese Flamme wird nach und nach das weitere Papier geworfen.

A74.2

Nachdem der Brennstoff, etwa Holz oder Kohlen, durch die Brennstoffklappe eingefüllt wurde, öffnet man wegen der besseren Frischluft-Zufuhr die Luftklappe: die Reaktion des Brennstoffes mit Sauerstoff wird beschleunigt.

A74.3

Die Harze und Öle verdampfen bei Entzündung des Holzes sofort, die Dämpfe reagieren mit dem Sauerstoff.

A74.4

In ein Reagenzglas, das wenig Benzin enthält, wird ein Thermometer eingeführt und am Stativ befestigt. Das Reagenzglas wird erhitzt, bis das Benzin ohne einen Entzündungsfunken brennt: die gemessene Temperatur zeigt die Entzündungstemperatur an.

A74.5

Es sind verschiedene Metallcarbonate in der Asche enthalten: Natriumcarbonat, Kalium-, Calcium- oder Magnesiumcarbonat.

A76.1

Holzkohle glimmt dunkelrot nach Entzündung mit einem Brenner an der Luft, bei Zufuhr von Sauerstoff brennt sie unter sehr heller Lichterscheinung. In reinem Sauerstoff ist die Reaktionsgeschwindigkeit viel größer als in Luft, in der der Sauerstoffgehalt nur 20 Vol.-% beträgt.

A76.2

Kupfer + Sauerstoff $\longrightarrow$ Kupferoxid. Kupfer oxidiert bei Anwesenheit von Sauerstoff zu Kupferoxid.

A76.3

Die Dichte von Kohlenstoffdioxid beträgt $2{,}0\ \frac{g}{l}$, sie ist größer als die von Luft, die nur $1{,}3\ \frac{g}{l}$ beträgt.

A76.4

Kohlenstoffmonooxid reagiert nach dem Einatmen in der Lunge mit den roten Blutkörperchen des Blutes und verhindert die Aufnahme des lebenswichtigen Sauerstoffs.

V77.1

a) Der brennende Holzspan reagiert in Sauerstoff mit sehr heller Flamme, der glimmende Holzspan entzündet sich und brennt hell weiter.

b) Reiner Sauerstoff reagiert viel heftiger als Luft, da in Luft nur 20 Vol.-% Sauerstoff enthalten sind.

c) Das Holz des Holzspans reagiert mit Sauerstoff unter Bildung von Wasserdampf und Kohlenstoffdioxid. Das letztgenannte Gas bildet in Gegenwart von Kalkwasser einen weißen Niederschlag.

V77.2

a) Die Holzkohle glimmt dunkelrot, das entstehende Gas bildet in Kalkwasser einen weißen Niederschlag.

b) Kohlenstoff und Sauerstoff reagieren zu Kohlenstoffdioxid, dabei wird Wärmeenergie frei.

c) Kalkwasser ist ein Nachweismittel für das Gas Kohlenstoffdioxid. Da das Gas im Experiment einen weißen Niederschlag bildet, handelt es sich hierbei um Kohlenstoffdioxid.

V77.3

a) Kupfer und Eisen reagieren zu einem schwarzen Stoff, Magnesium reagiert zu einer weißen Substanz. Eisenwolle glimmt bei der Reaktion, der Eisennagel nicht.

b) Da Eisenwolle gegenüber dem Eisennagel eine große Oberfläche hat, ist die Reaktionsgeschwindigkeit größer und die entstehende Wärmeenergie größer.

c) Metall + Sauerstoff $\longrightarrow$ Metalloxid; Wärmeenergie wird frei

d) Energie (Kupfer) < Energie (Eisen) < Energie (Magnesium)

V77.4

a) Das Magnesiumband brennt mit heller Flamme, der Wasserspiegel im Standzylinder steigt an.

b) Vom Luftvolumen vor der Reaktion fehlen etwa 20 Vol.-% nach der Reaktion: der Sauerstoff aus der Luft hat zu festem Magnesiumoxid reagiert, er ist dadurch aus dem Luftvolumen entfernt worden.

c) Magnesium + Sauerstoff $\longrightarrow$ Magnesiumoxid; Wärmeenergie wird frei.

d) Anderenfalls würde neue Luft hineingelangen und die Volumenreduktion von 20 Vol.-% nicht beobachtbar sein.

A78.1

Die Silvesterrakete enthält einen Treibsatz, der mit einer Zündschnur gezündet wird. Ist er abgebrannt, entzündet er einen Leuchtsatz, der farbig brennende Funken erzeugt.

A78.2

Individuelle Lösung

A78.3

Individuelle Lösung
Knallkörper selbst zu bauen und zu verwenden, wäre sehr gefährlich. Ein selbst gebautes Feuerwerk wäre unberechenbar und könnte beispielsweise bereits beim Entzünden in der Hand explodieren und in alle Richtungen fliegen.

A80.1

Brennstoff: ein brennbarer Stoff, wie Papier, trockenes Holz oder Holzkohle

Zerteilungsgrad: Der Zerteilungsgrad eines Stoffes gibt an, wie stark zerkleinert oder fein verteilt dieser Stoff ist. Je stärker der Stoff zerkleinert ist, umso leichter ist er entflammbar.

Zündtemperatur: ist die Temperatur, auf die man einen Stoff erhitzen muss, damit er mit dem Sauerstoff der Luft reagiert und brennt.

Verbrennung: Bei einer Verbrennung reagiert ein Stoff mit dem Sauerstoff aus der Luft zu einem Oxid.

Oxidation: Reaktion, bei der ein Stoff Sauerstoff aufnimmt.

Oxidieren: Stoffe reagieren mit Sauerstoff zu Oxiden: sie werden oxidiert.

Oxide: Verbindungen eines Elements mit Sauerstoff. Ein Oxid ist damit das Produkt einer Oxidationsreaktion.

Kohlenstoffmonooxid: farbloses, brennbares Gas; entsteht bei der Verbrennung, wenn nicht genügend Sauerstoff vorhanden ist; ein starkes Atemgift.

Kohlenstoffdioxid: nicht brennbares Gas, das bei der Verbrennung von Kohle entsteht und mit Kalkwasser nachgewiesen werden kann.

A80.2

a) Brennstoffe sind: Paraffin, Pflanzenöl, Benzin, Alkohol, Kerosin.

b) *Paraffin:* Herstellung von Kerzen, Tränken von Streichhölzern, Brennstoff für Öllampen, zur Imprägnierung von Textilien und Papier
Pflanzenöl: Nahrungsmittel (Salatöl, Margarine), Rohstoff für Kosmetika und chemische Industrie, Kraftstoff
Benzin: Kraftstoff
Alkohol: Genuss- und Nahrungsmittelindustrie, Haushalts- und Konsumprodukte, Medizin (Desinfektionsmittel), Kraftstoff

A80.3

a) Die Flamme eines Holzstückes ist als gelb verbrennendes, heißes Gas zu beobachten, die Glut als dunkelrote und Hitze abstrahlende Zone des Holzes.

b) Mit Rauch wird ein Gemisch aus Luft und feinen Feststoff-Körnchen genannt, Qualm ist ein Aerosol: sowohl Rußpartikel als auch Flüssigkeitströpfchen können enthalten sein.

c) Verbrennungsprodukte des Holzes sind die Gase Wasserdampf und Kohlenstoffdioxid. Asche bleibt zurück, weil Holz auch Mineralien bildet, wie beispielsweise weißes Kalium- oder Calciumcarbonat.

A80.4

a) Alle Stoffe sind Oxide, also Sauerstoff-Verbindungen.

b) Substanz + Sauerstoff ⟶ Substanzoxid.

c) Kohlenstoffdioxid, Kohlenstoffmonooxid und Schwefeldioxid sind Nichtmetalloxide; Kupferoxid, Magnesiumoxid und Eisenoxid sind Metalloxide.

A80.5

Grillkohle verdampft durch Erhitzen mit einem Brenner nicht in ausreichendem Maße. Deshalb gibt man einen Brandbeschleuniger hinzu: entweder Spiritus oder Grillanzünder, die brennbare Dämpfe bilden.

Man kann jedoch auch zunächst ein Feuer aus Papier und Holzspänen entzünden und dann die Holzkohle auflegen. Schließlich wird durch das Holzfeuer auch die Entzündungstemperatur der Kohle erreicht. Außerdem muss für ausreichend Luftzufuhr gesorgt werden.

A80.6

Eisenwolle besitzt eine große Oberfläche und reagiert schneller als ein Eisennagel zu schwarzem Eisenoxid.

A80.7

Kohlenstoffdioxid und Wasserdampf löschen die Kerzenflamme aus, Luft ändert die Flamme nicht, dagegen brennt sie in reinem Sauerstoff sehr viel heller. Kohlenstoffmonooxid ist brennbar, entzündet sich an der Flamme und brennt mit blauer Flamme solange es eingeleitet wird.

A80.8

a) Auf der Reibfläche der Streichholzschachtel befindet sich als Brennstoff beispielsweise roter Phosphor, der mit dem Sauerstoff aus dem Kaliumchlorat zu Phosphoroxid reagiert und das Streichholz entzündet.

b) Das Holz brennt nach Entzündung sicherer, wenn es mit dem leicht verdampfbaren Paraffin getränkt ist.

A80.9

a) Die gelb leuchtende Flamme zeigt an, dass der Brennstoff unvollständig mit Sauerstoff reagiert, sie enthält unverbrannte Rußpartikel, die sich auf einer kalten Porzellanschale niederschlagen können und Russ bilden.

b) Das brennende Gas der rauschenden Flamme reagiert vollständig mit Sauerstoff und bildet deshalb keinen Russ.

A80.10

a), b) Der Brandherd einer Kerzenflamme ist so klein, dass die Kühlung des Pustens ausreicht, um sie zu erlöschen. Glühende Holzkohle erlischt nicht durch kurzzeitige Kühlung, sondern reagiert mit dem in der Atemluft enthaltenen zusätzlichen Sauerstoff schneller als mit umgebender Luft.

A80.11

Glühlampen enthalten das Edelgas Argon, damit der feine Faden aus Wolfram bei der großen Hitze des Glühens nicht verbrennt. Gerät Sauerstoff mit der eintretenden Luft an den glühenden Metallfaden, so reagiert Wolfram zu weißem Wolframoxid.

A80.12

Bei der elektrischen Zündung des Magnesiums in der Sauerstoffatmosphäre reagiert es augenblicklich unter Abgabe von weißem Licht zu Magnesiumoxid.

A80.13

a) Das Gas Kohlenstoffdioxid hat eine größere Dichte als Luft, es steigt deshalb nicht nach oben, sondern bleibt am Boden. Da das Gas sich auf dem Boden eines Tals sammelte, wurden alle Feuer gelöscht und die Menschen konnten keinen Sauerstoff mehr einatmen.

b) An dem Tag des Unglücks musste es windstill gewesen sein. Wäre es stark windig gewesen, hätte sich das Gas Kohlenstoffdioxid mit Frischluft gemischt und ein Überleben wäre möglich gewesen.

A81.1

a) Individuelle Lösung

b) Holzpellets lassen sich motorisch mit einem Transportband transportieren.

c) Holzpellets haben eine ausgeglichene Kohlenstoffdioxid-Bilanz: Holz entsteht durch Reaktion des Kohlenstoffdioxids bei der Fotosynthese und lässt es beim Verbrennungsvorgang wieder frei. Heizöl oder Erdgas sind urgeschichtlich entstanden und weisen bei der Verbrennung eine negative Bilanz aus: entstehendes Kohlenstoffdioxid belastet die Atmosphäre und trägt zur Klimaveränderung bei.

A81.2

a) In der Abdampfschale reagiert Benzin an der Oberfläche mit dem Sauerstoff, im Motor sind Benzindampf und Luft gemischt und reagieren explosionsartig.

b) Individuelle Lösung

c) Individuelle Lösung

d) Die chemische Energie des Systems Benzin/Sauerstoff wird in Wärmeenergie umgewandelt, die Motorkonstruktion verwandelt die Wärmeenergie in mechanische Energie, die schließlich auf die Räder des Autos übertragen wird.

e) Benzin + Sauerstoff $\longrightarrow$ Kohlenstoffdioxid + Wasser; Wärmeenergie wird frei.

6 Feuer – bekämpft und genutzt

A83.1

Bedingungen, die zur Entstehung eines Brandes führen, sind das Vorhandensein von brennbaren Stoffen, genügend Sauerstoff und das Erreichen der Zündtemperatur des brennbaren Stoffes.
Beim Löschen eines Brandes versucht man, eine dieser Bedingungen zu beseitigen: 1. Entfernen des brennbaren Stoffes, 2. Abdecken des brennenden Stoffes (dadurch wird die Sauerstoffzufuhr verhindert), 3. Löschen mit Wasser/Feuerlöscher (dadurch wird gekühlt, sodass die Zündtemperatur nicht erreicht wird).

A83.2

- Fenster/Türen öffnen und Durchzug hervorrufen → Gas kann entweichen
- Hähne an Gasgeräten schließen → weiteres Austreten von Gas verhindern
- keine elektrischen Geräte (Handy, Telefon, Lichtschalter usw.) einschalten → Funke könnte Gas entzünden
- kein offenes Feuer/nicht rauchen → Funke könnte Gas entzünden
- andere Personen warnen (nicht klingeln) → Personenschutz
- Gebäude verlassen → Personenschutz
- Feuerwehr/Störungsdienst von außerhalb (nicht im Gebäude) benachrichtigen → Hilfe, Beseitigung des Problems

A83.3

Waldbrände werden in verschiedene Arten unterteilt: Erdfeuer, Boden- oder Lauffeuer, Kronenfeuer und Vollfeuer.
Mögliche Schutzmaßnahmen sind:
- Anlegen von Feuerschneisen
- Anpflanzung von Laubholzgewächsen in Nadelholzbeständen, da Laubbäume nicht so schnell Feuer fangen wie Nadelhölzer.
- größere Abstände zu Straßen und Eisenbahnstrecken
- regelmäßige Entfernung von Unterholz
- Aufstellen von Informationstafeln mit Geboten und Verboten (z. B. Rauchverbot, Verbot von offenem Feuer)

A85.1

Bei Handfeuerlöschern strömt entweder Wasser oder Kohlenstoffstoffdioxid heraus. Beides kühlt den Brandherd ab, sodass die Zündtemperatur nicht mehr erreicht wird. Kohlenstoffdioxid deckt sich außerdem über den Brandherd, sodass die Sauerstoffzufuhr unterdrückt wird.
Mithilfe der Löschdecke wird die notwendige Sauerstoffzufuhr verhindert, dadurch kann die Flamme recht schnell erstickt werden.

A85.2

Löschen: Feuer aller Art und Größe bekämpfen.
Retten: In Not geratene Menschen und Tiere befreien, z. B. bei einem Brand oder bei Hochwasser.
Bergen: Aus verunglückten Fahrzeugen werden die Menschen gerettet und die Fahrzeuge werden geborgen.
Schützen: Verletzte und kranke Menschen werden von der Feuerwehr transportiert.

A85.3

Individuelle Lösung
Wichtige Regeln: Ruhe bewahren, Fenster/Türen schließen (aber nicht absperren), Klassenbuch mitnehmen, auf direktem Weg ins Freie gehen und sich dort versammeln.

A85.4

Individuelle Lösung

A85.5

Beispiel: In unserem Heizungsraum steht ein Feuerlöscher und an der nächsten Straßenecke steht ein Hydrant.
Hinweis: Welche Antworten Schülerinnen und Schüler geben, hängt – wie auch bei den Fragen zuvor – von den örtlichen Gegebenheiten ab.

A85.6

Wenn in der gleichen Zeit ein echter Notruf eingeht, ist die Feuerwehr zu spät dort.

A86.1

Ein Feuerlöscher, der die Buchstaben A, B und C trägt, kann zum Löschen von brennbaren Feststoffen, Flüssigkeiten und Gasen eingesetzt werden.

A86.2

Ein *Nasslöscher* enthält Wasser als Löschmittel. Nach dem Auslösen öffnet sich im Inneren eine Patrone mit komprimiertem Kohlenstoffdioxid-Gas, das das Wasser durch eine Düse austreibt. Das Wasser kühlt den Brandherd ab.

Ein *Schaumlöscher* enthält ein Schaummittel: Durch chemische Reaktion zwischen Aluminiumhydrogensulfat und Natriumhydrogencarbonat (Natron) entsteht Kohlenstoffdioxid, das das Löschmittel aufschäumt. Der zähe Schaum überzieht den Brandherd, kühlt ihn ab und hält den Sauerstoff fern.

A86.3

Durch die bei dem Austreten des Löschmittels entstehenden tiefen Temperaturen können Erfrierungen auftreten. Außerdem behindert das entstehende Kohlenstoffdioxid die Atmung.
Brände an Menschen löscht man mit Wasser oder mit einer Löschdecke.

V87.1

a) Durch das Verschließen mit dem Deckel wird der Brand gelöscht. Bleibt der Deckel jedoch zu kurz auf dem Tiegel, entzündet sich das noch heiße Paraffin beim Öffnen des Deckels erneut. Durch das Abkühlen des Tiegels mit Wasser wird der Brand gelöscht. Durch den Sand wird der Brand ebenfalls gelöscht.

b) Durch das Auflegen des Deckels wird die Sauerstoffzufuhr unterbunden. Das Kühlen mit Wasser bewirkt, dass die Temperatur unter die Zündtemperatur absinkt. Durch den Sand wird ebenfalls die Sauerstoffzufuhr unterbrochen.

V87.2

a) Im Becherglas bildet sich ein Gas; das Spülmittel wird aufgeschäumt. Der Schaum gelangt auf den Span bzw. in die Porzellanschale mit brennendem Heptan und löscht dort den Brand.

b) Der Schaum legt sich über den brennenden Stoff und erstickt den Brand, weil kein Sauerstoff mehr hinzutreten kann. Das Löschmittel kann auch brennendes Benzin abdecken und auf die gleiche Weise löschen.

V87.3

a) In beiden Fällen entsteht ein Gas, das den brennenden Stoff löscht.

b) Bei dem entstehenden Gas handelt es sich um Kohlenstoffdioxid. Es ist nicht brennbar und schwerer als Luft. Es legt sich über den Brandherd, unterbindet die Sauerstoffzufuhr und löscht so den Brand.

c) Trockenlöscher eignen sich besonders für Autobrände und Brände an elektrischen Anlagen.

A88.1

Bei jeder Verbrennung entstehen auch *Stickstoffoxide*. Es gibt eine große Anzahl verschiedener Stickstoffoxide, weswegen man häufig auch die Formel NO_x lesen kann. Stickstoffoxide in der Luft führen zu Umweltproblemen; beispielsweise sind sie Mitverursacher des sauren Regens (Salpetersäure) und bilden bodennahes Ozon aus.

Chlorwasserstoff ist ein bei Raumtemperatur gasförmiger Stoff. Die Verbindung entsteht häufig als Nebenprodukt in der chemischen Industrie. Chlorwasserstoff löst sich sehr gut in Wasser und reagiert sauer. Jährlich werden weltweit etwa 100 000 000 Tonnen Chlorwasserstoff, meist in Form von Salzsäure, verbraucht.

A89.1

1 kg Kohle = 25 000 kJ bzw. 25 000 000 J

25 000 000 J = x g · 80 · 4,2 J   (ΔT = 80 °C)

x g = 74 404 g = 74,4 kg Wasser

V89.1

a) T_1(Wasser) = 18,8 °C; T_2(Wasser) = 45,4 °C
m_1(Teelicht) = 12,166 g; m_2(Teelicht) = 12,002 g
Die Temperatur des Wassers steigt.

b) $\Delta T = T_2 - T_1$ = 26,6 °C

c) aufgenommene Wärme: 30 · 26,6 · 4,2 J = 3351,6 J
(30 ml = 30 g Wasser)

d) mit 45 000 $\frac{kJ}{kg}$ ⟶ 3351,6 J = 0,074 g Paraffin

e) Δm(Paraffin) = 0,164 g
Im Experiment wurde deutlich mehr Paraffin verbrannt. (0,164 g zu 0,074 g) Dieser Unterschied kann zum einen durch Messfehler hervorgerufen worden sein; zum anderen kann das Wachs des Teelichtes aber noch Verunreinigungen enthalten haben, so dass nicht nur reines Paraffin verbrannt wurde.

f) tatsächliche Wärme: mit 0,164 g Paraffin → 7380 J

A90.1

Zunächst wird durch den Verbrennungsvorgang chemische Energie in Wärmeenergie umgewandelt. Diese Wärmeenergie betreibt Turbinen, wird also in mechanische Energie umgesetzt, welche letztendlich in elektrische Energie umgewandelt wird.

A90.2

Individuelle Lösung
Mögliche Gestaltung der Plakate:
Alternative Energieträger sind Sonnenenergie (z. B. Photovoltaik), Wasserkraft, Windenergie, Bioenergie, Geothermik und Gezeitenenergie.
Der Vorteil dieser Energieträger besteht darin, dass sie zum einen unerschöpflich sind, d. h. in unbegrenztem Maße verfügbar sind. Zum anderen belasten sie die Umwelt nicht oder nur in geringem Maße und tragen beispielsweise nicht zur globalen Erwärmung bei.

Nachteile:
- Photovoltaik: hoher Energieaufwand zur Herstellung der Module; große Flächen für Anlagen notwendig
- Wasserkraft: Eingriff in die Natur durch Bau von Talsperren/Staumauern
- Windkraft: große Flächen notwendig; in der näheren Umgebung: Lärmbelästigung; elektrische Energie kann nicht gespeichert werden; Windkraftanlagen laufen zu unregelmäßig
- Bioenergie: Entstehung von Luftschadstoffen, deswegen sind entsprechende Filteranlagen notwendig; große Ackerflächen sind nötig, die zum Anbau von Lebensmitteln genutzt werden könnten

A92.1

Brennstoff: Stoff, der brennbar ist

Brandentstehung: Ein Brand kann nur entstehen, wenn ein Brennstoff und Sauerstoff vorhanden sind. Der brennbare Stoff entzündet sich allerdings erst, wenn seine Zündtemperatur erreicht ist.

Zündtemperatur: Temperatur, auf die man einen Stoff erwärmen/erhitzen muss, damit er mit dem Sauerstoff der Luft reagiert und brennt.

Zerteilungsgrad: Der Zerteilungsgrad eines Stoffes gibt an, wie stark zerkleinert oder fein verteilt dieser Stoff ist. Je stärker zerkleinert der Stoff ist, umso leichter entflammbar ist er.

Brandbekämpfung: Die Feuerwehr bekämpft Brände. Ein Prinzip ist dabei, den Brandherd abzukühlen, damit die Temperatur unterhalb der Zündtemperatur des brennbaren Stoffes liegt. Ein weiteres Prinzip ist der Ausschluss von Frischluft und damit das Entziehen von Sauerstoff.

Brandschutz: Schutzmaßnahmen, die ein weiteres Ausbreiten oder Entstehen eins Brandes verhindern können, z. B. feuerfeste Türen, Rauchmelder

Feuerlöscher: dienen zum Löschen von Bränden. Je nach Brandklasse (A, B, C, D) ist der entsprechende Feuerlöscher zu nutzen:
- Nasslöscher: enthält Wasser, bei leichten, kleinen Bränden
- Kohlenstoffdioxidschnee-Löscher: Beim Löschen entweicht Kohlenstoffdioxid, das sich stark abkühlt und erstarrt; legt sich wie ein Teppich über den Brandherd.
- Trockenlöscher: enthält Natron, legt sich über den Brandherd und erstickt das Feuer
- Schaumlöscher: bei Öl- und Fettbränden

chemische Energie: Energie, die bei der Reaktion von Stoffen bzw. beim Verbrennen eines Brennstoffes frei wird. Diese chemische Energie kann in Wärme- oder Lichtenergie umgewandelt werden.

A92.2

Fackel: Lichtquelle
Kaminfeuer: Wärmequelle, Lichtquelle
Teelicht unter einer Teekanne: Wärmequelle
Brennerflamme in der Heizungsanlage: Lichtquelle
Lagerfeuer: Lichtquelle, Wärmequelle
Feuerzeugflamme: Wärmequelle
Brennende Kerze in einer Weihnachtspyramide: Wärmequelle
Windlicht: Lichtquelle
Gasflamme eines Heißluftballons: Wärmequelle
Brennende Gaslaterne: Lichtquelle

A92.3

a) Kohle, Erdgas

b) Steinkohle ist älter als Braunkohle und ist in Tiefen bis 1000 m zu finden. Der Abbau von Steinkohle erfolgt meist bergmännisch im Unter-Tage-Betrieb. Steinkohle weist einen Kohlenstoffgehalt von 85 % auf.
Braunkohle ist jünger als Steinkohle, sie ist daher weniger tief in der Erdkruste zu finden als Steinkohle. Der Abbau von Braunkohle erfolgt meist mit Baggern im Tagebau. Der Kohlenstoffgehalt von Braunkohle beträgt nur 70 %.

c) Individuelle Lösung

d) Je höher der Zerteilungsgrad des Brennstoffs (hier fein verteilte Kohle) ist, umso leichter entflammbar ist der Stoff.

A92.4

- sofort den Lehrer informieren/andere Schüler auf den Brand hinweisen
- brennbare Stoffe entfernen
- mit Wasser löschen ggf. mit dem Handfeuerlöscher

A92.5

a) Ersticken mit einem Handtuch/Löschen mit Wasser

b) Trockenlöscher/Kohlenstoffdioxidschneelöscher

c) Wasser/Sand

d) Feuerlöscher

A92.6

Eine Löschdecke benutzt man eher, um Flammen zu ersticken, z. B. bei brennenden Menschen.
Einen Feuerlöscher benutzt man beispielsweise bei Öl- oder Fettbränden.
Wasser würde man eher bei offenen Flammen benutzen, wie etwa einem Feuer aus Holz.

A92.7

150 l Wasser pro Morgen = 4500 l Wasser pro Monat (30 T.)
4500 l Wasser = 4500 kg Wasser = 4 500 000 g Wasser

$4\,500\,000 \cdot 18 \cdot 4{,}2\ J = 3{,}4 \cdot 10^8\ J$
(bei Erwärmung des Wassers von 20 °C auf 38 °C)
= 340 200 kJ für 4500 l Wasser

mit Brennwert von Erdgas: $39\,000\ \frac{kJ}{kg}$
→ 8,7 kg Erdgas ≈ 9 kg Erdgas

A92.8

Mit dem gezielten Feuerlegen in Nationalparks versucht man, Brandschneisen in den Wald zu schlagen, damit ein ausbrechender Waldbrand nicht so leicht auf einen benachbarten Bereich überspringen kann.

A92.9

Automatische Kohlenstoffdioxid-Löschanlagen werden beispielsweise in Maschinenräumen von Schiffen verwendet. In normalen Wohnräumen ist eine solche Löschanlage wenig sinnvoll, da ein Übermaß an Kohlenstoffdioxid Menschen gefährden kann. In einem abgeschlossenen Maschinenraum von Schiffen ist eine solche Löschvorrichtung jedoch durchaus sinnvoll, da ein eventuell entstehender Brand schnell gelöscht werden kann und ein weiteres Zerstören und eventuelles Sinken des Schiffes verhindert wird.

A92.10

a) Das brennbare Material würde sich erwärmen, eventuell würde die Zündtemperatur erreicht werden und ein kleiner Funke würde bereits ausreichen, um einen Brand auszulösen.

b) Durch das starke Erhitzen des Bügeleisens kann es dazu kommen, dass die Unterlage schmort oder gar zu brennen beginnt. Durch die Überhitzung kann im Extremfall auch das Gerät schmelzen. Die heutigen Bügeleisen sind mit einem Thermostat ausgestattet, das sich nach einiger Zeit ausschaltet. Durch Hochkantstellen des Bügeleisens schaltet sich das Bügeleisen aus, es findet keine Überhitzung statt und man spart zudem Strom. Die bis zum Ausschalten des Gerätes abgegebene Wärme kann außerdem nur an die Luft abgegeben werden.

c) An Tankstellen kann es häufig passieren, dass Ölflecken oder kleine Ölpfützen auf dem Boden sind. Außerdem können leicht entzündliche Dämpfe in der Nähe der Zapfsäulen sein. Eine Zigarette oder eine Feuerzeugflamme könnten einen Brand verursachen.

A92.11

Beim Löschen mit Druckwellen nutzt man das gleiche Prinzip wie beim Auspusten einer Kerze: Durch das Blasen wird die Flamme vom Docht und damit den Paraffindämpfen entfernt. Die Zündquelle fehlt also, die Kerze erlischt.
Die beim Löschen durch Sprengung erzeugte Druckwelle entfernt in ähnlicher Weise die Flamme vom Öl. Es fehlt also eine Zündquelle, der Brand ist somit gelöscht.

A92.12

Kohle/Kohlekraftwerk: Hier gibt es eine so genannte Rauchgasreinigung, bei der die beim Verbrennungsvorgang entstehenden Abgase von Staub, Stickstoffoxiden und Schwefeldioxid entfernt werden.
In der Entstickungsanlage werden Stickstoffoxide zu Stickstoff und Wasserdampf umgewandelt. In der Entschwefelungsanlage werden Kalk und Wasser hinzugesetzt, sodass Schwefeldioxid unter Beteiligung von Luftsauerstoff in Gips überführt wird, welcher als Baustoff genutzt werden kann.

Erdgas/Gasturbinenkraftwerk: Hier entsteht nur wenig Kohlenstoffdioxid und auch wenige sonstige umweltgefährliche Gase, sodass eine Rauchgasreinigung komplett entfällt.

A93.1

a) Individuelle Lösung
Mögliche Beispiele: Kaufhäuser, Büros, größere Betriebe und Firmen

b) Die Menge Wasser, die aus einem einzelnen Sprinkler herauskommt, würde nicht ausreichen, um einen Brand zu löschen. Durch die regelmäßige Verteilung der Sprinkler in der Decke kann der Brand flächendeckend gelöscht werden.

c) Die Sprinklerröhrchen enthalten unterschiedliche Flüssigkeiten. Diese dehnen sich bei einem Brandfall aus und bringen die Röhrchen zum Platzen. Die unterschiedlichen Farben deuten auf verschiedene Flüssigkeiten hin, die sich bei unterschiedlichen Temperaturen (60–180 °C) ausdehnen.

d) Durch das Zerplatzen der Röhrchen ist die Wasserleitung „geöffnet" (vergleichbar mit einem aufgedrehten Wasserhahn) und es strömt ständig Wasser nach.

A93.2

a) Oftmals werden Fettbrände falsch gelöscht. Löscht man nämlich einen Fettbrand mit Wasser, so bildet sich aufgrund der hohen Temperaturen Wasserdampf, der sich schnell ausdehnt, Öltröpfchen werden mitgerissen und es entsteht eine große Hitze.

b) Durch das Abdecken eines Fettbrandes mit einem Deckel oder Handtuch verhindert man die Sauerstoffzufuhr und erstickt somit langsam die Flammen.
Trägt man das brennende Gefäß ins Freie, so kühlt sich der Fettbrand langsam ab. Auch hier sollte das brennende Fett abgedeckt werden.

7 Verbrannt – aber nicht vernichtet

A95.1

Eisen und Sauerstoff reagieren zu Eisenoxid. Da eine bestimmte Portion Sauerstoff zu der Portion Eisen hinzukommt, ist die Portion des festen schwarzen Eisenoxids schwerer als die des Eisens zuvor.

A95.2

Paraffin und Sauerstoff reagieren zu Kohlenstoffdioxid und Wasserdampf: das Paraffin ist zwar nicht mehr da, dafür sind beide Produkte entstanden. Da diese Produkte als heiße Gase bei der Verbrennung des Teelichts nach oben aufsteigen, fehlen sie in der Massenbilanz: das Paraffin wird bei dieser Versuchsanordnung scheinbar leichter.

V96.1

a) Abgebrannte Streichhölzer sind leichter als vor dem Entzünden, in der abgeschlossenen Apparatur des Reagenzglases sind die Massen vorher und nachher gleich groß.

b) In der abgeschlossenen Apparatur werden die gasförmigen Reaktionsprodukte festgehalten und mitgewogen: es gilt das Gesetz von der Erhaltung der Masse bei Reaktionen.

V96.2

a) Die Portion Eisenoxid ist nach der Reaktion mit Sauerstoff schwerer als die Portion Eisenwolle zuvor. Im abgeschlossenen Reagenzglas sind gleiche Massen vorher und nachher festzustellen.

b) Im festen Eisenoxid wird Sauerstoff aus der Luft chemisch gebunden: Die Portion Eisenoxid hat eine größere Masse als die Portion Eisenwolle zuvor. Gibt man die Eisenwolle in eine abgeschlossene Apparatur, so wird der reagierende Sauerstoff vor der Reaktion mitgewogen: die Massen vorher und nachher sind gleich groß.

A97.1

a) Magnesium + Sauerstoff ⟶ Magnesiumoxid

b) Die gebildete Portion des festen Magnesiumoxids ist um die Masse des Sauerstoffs größer, die an Magnesium chemisch gebunden wird.

A97.2

a) Kupfer + Sauerstoff ⟶ Kupferoxid

b) In diesem Experiment wird der Sauerstoff, der mit Kupfer reagiert, in der geschlossenen Apparatur mitgewogen: Kupfer und Sauerstoff haben die gleiche Masse wie das gebildete Kupferoxid nach der Reaktion.

A97.3

In dem Glaskolben werden sowohl Phosphor als auch Sauerstoff gewogen. Nach der Reaktion ist ein Teil des Sauerstoffs an Phosphor zu weißem Phosphoroxid chemisch gebunden worden: die Portion Phosphoroxid hat dieselbe Masse wie die Portionen der Ausgangsstoffe. Solange der Glaskolben verschlossen bleibt, ändert sich seine Masse deshalb nicht.

A98.1

Feste Metalle, flüssiges Quecksilber und Brom, gasförmiger Sauerstoff und Stickstoff.

A98.2

Kupferoxid entsteht aus Kupfer und Sauerstoff; Amalgam für Zahnfüllungen entsteht aus Silber, Zinn und Quecksilber.

A98.3

a) Individuelle Lösung

b) Individuelle Lösung
Mögliche Beispiele:
Reinstoffe: Wasser, Sauerstoff
Gemische: Luft, Sand-Wasser-Suspension
homogene Gemische: Luft, Zucker-Lösung
heterogene Gemische: Sand-Wasser-Suspension, Granit
Elemente: Sauerstoff, Stickstoff
Verbindungen: Wasser, Kohlenstoffdioxid

A99.1

a) *Helium* (Nr. 2) ist nach der Sonne benannt: helios (griech.): Sonne; der Planet Pluto gab dem *Plutonium* (Nr. 94) seinen Namen.

b) *Rutherfordium* (Nr. 104) und *Bohrium* (Nr. 107) sind nach bekannten Physikern benannt.

A99.2

Der Name *Rubidium* stammt von der dunkelroten Flammenfarbe: rubidius (lat.): dunkelrot; *Caesium* (auch Cäsium) weist eine hellblaue Spektralfarbe auf: caesius (lat.): himmelblau; *Rhodium* geht auf die rosarote Farbe einiger Salze zurück: rhodon (griech.): Rose.

A100.1

Analyse: Quecksilberoxid ⟶ Quecksilber + Sauerstoff
Synthese: Quecksilber + Sauerstoff ⟶ Quecksilberoxid

V100.1

a) Im ersten Experiment entsteht Kupferiodid als neuer Stoff, im zweiten Experiment wird Kupferiodid zersetzt.

b) Kupfer + Iod ⟶ Kupferiodid
Kupferiodid ⟶ Kupfer + Iod

c) Die Elemente Kupfer und Iod sind beiden Reaktionen gemeinsam: einmal reagieren sie zum Kupferiodid und einmal entstehen sie bei der Zersetzung dieser Verbindung.

A101.1

Man kann veranschaulichen, aus welchen Atomsorten eine Verbindung aufgebaut ist: anstelle des Wasser-Teilchens kann das H_2O-Molekül dargestellt werden, das aus zwei H-Atomen und einem O-Atom besteht.

A101.2

Ag-Atome und I-Atome bauen die Verbindung Silberiodid auf. Trennt man die beiden Atomsorten voneinander, so erhält man Silber-Atome im Silberkristall auf der einen Seite und Iod-Atome im Iod-Kristall auf der anderen Seite.

A103.1 oben

Gesetz von der Erhaltung der Masse: garantiert, dass die Gesamtmasse der Stoffe bei einer Verbrennung nicht geringer wird. Allgemein gilt: Bei chemischen Reaktionen ist die Masse der Endstoffe gleich der Masse der Ausgangsstoffe.

Chemische Elemente: Reinstoffe, die mit chemischen Mitteln nicht weiter zerlegt werden können. Jedem Element entspricht eine bestimmte Atomart.

Chemische Verbindungen: Reinstoffe, die durch chemische Reaktionen in Elemente zerlegt werden können.

Analyse: Zerlegung einer Verbindung in die Elemente.
Synthese: Aufbau einer Verbindung aus den Elementen.

Atom: Grundbaustein der Materie; es gibt ebenso viele Atomarten, wie es Elemente gibt.

Atommodell: Modellvorstellung über die kleinsten Teilchen der Elemente, den Atomen; Atome werden als winzig kleine Kugeln dargestellt.

A103.2

Elemente: Kupfer, Schwefel
Verbindungen: Kupfersulfid (wird aus Kupfer und Schwefel gewonnen), Eisenoxid (entsteht bei der Reaktion von Eisen mit Sauerstoff).

A103.3

Der Eisennagel ist schwerer geworden, weil Eisen mit Sauerstoff und Wasserdampf aus der Luft zu Rost reagiert hat: Eisenoxide und Eisenhydroxide haben sich gebildet.

A103.4

Alkohol reagiert mit Sauerstoff aus der Luft zu Kohlenstoffdioxid und Wasserdampf. Gelingt es, die Verbrennung in einem abgeschlossenen Glaskolben durchzuführen, so wiegt dieser vor und nach der Reaktion gleich viel.

A103.5

Jedem Element entspricht eine Atomsorte: das Element Silber ist aus Silber-Atomen aufgebaut, das Element Schwefel aus Schwefel-Atomen. Es existieren so viele Atomsorten wie es Elemente gibt.

A103.6

Die Geschichten sind nicht wahr, weil Gold ein Element ist und Gold-Atome nicht erschaffen werden können.

A103.7

Das zunächst reine Kupfer reagiert mit Regenwasser zu einer grünen Verbindung: zu Kupfercarbonat. Das Regenwasser ist immer eine Lösung von Kohlenstoffdioxid – diese Verbindung kann mit vielen Metallen zu Carbonaten reagieren.

A103.1 unten

a) Kupfer + Sauerstoff ⟶ Kupferoxid

b) Kupfer ⟶ Kupferkalk + Phlogiston

c) LAVOISIER hat tatsächlich eine Waage genommen und bei Quecksilberoxid das Gegenteil gefunden: eine bestimmte Masse an Sauerstoff kommt zur Quecksilber-Portion hinzu, um festes, rotes Quecksilberoxid zu bilden. LAVOISIER konnte somit die Phlogistontheorie widerlegen und die Oxidationstheorie entwerfen.

8 Luft – ein lebenswichtiges Gasgemisch

A105.1

Zunächst war die Erde ein heißer Ball, der sich abkühlte, als die Anzahl der Meteoriteneinschläge weniger wurde. Dadurch entstand die feste Erdkruste. Mit der Zeit bildete sich aus den durch Vulkanausbrüche frei werdenden Gasen eine erste Uratmosphäre. Die Erde kühlte sich weiter ab und da das Wasser nun kondensieren konnte, bildeten sich die ersten Meere. Hier entstanden die ersten Lebewesen. Sie produzierten Sauerstoff, der in die Atmosphäre aufstieg und dadurch die Zusammensetzung der Atmosphäre insoweit veränderte wie wir sie heute kennen.

A105.2

Durch die Verbrennung fossiler Brennstoffe wurden seit der Industrialisierung immer mehr Gase freigesetzt, die die Zusammensetzung der Atmosphäre verändern. Dies beeinflusst natürliche Prozesse und Folgen daraus können wir schon heute anhand von Phänomenen wie dem Treibhauseffekt, dem sauren Regen oder dem Ozonloch sehen.
Zusätzlich breitet sich der Mensch immer weiter räumlich aus, sodass die Natur immer mehr zurückgedrängt wird. Dadurch wird das natürliche Gleichgewicht ebenfalls nachhaltig beeinflusst.

A106.1

Troposphäre (bis zu 10 km Höhe)
Stratosphäre (bis zu 70 km Höhe)
Ionosphäre (ab 70 km Höhe)

A106.2

In 6000 m Höhe herrscht ein Luftdruck von etwa 500 hPa.

A106.3

Im Flugzeug herrscht ein Luftdruck wie in 2200 m Höhe. Er ist also geringer als wir es gewohnt sind. Damit steht weniger Sauerstoff für die Atmung zur Verfügung. Um dieses Defizit auszugleichen, wird die Luft im Flugzeug mit Sauerstoff angereichert.

A107.1

Individuelle Lösung
Mögliche Beispiele: starker Wind auf einem Berggipfel oder an der See, Luftzug während der Autofahrt bei geöffnetem Fenster, Fahrtwind beim Fahrradfahren, …

A107.2

Bei Normaldruck und 20 °C hat 1 l Luft eine Masse von 1,2 g. 2400 l Luft wiegen demnach 2880 g.

A107.3

1,2 kg Luft nehmen ein Volumen von 1000 l ein. Für 18 kg Luft ergibt sich ein Volumen von 15 000 l.

A107.4

Ein Formel-1-Wagen wird mit einem Schlauch betankt, der gleichzeitig die Luft absaugt und Benzin mit Druck in den Tank füllt. Die Betankung erfolgt somit in einem geschlossenen System. Würde man die Luft nicht absaugen, müsste sie von selbst entweichen, während das Benzin in den Tank fließt. Diese Verdrängung der Luft würde um einiges länger dauern, als wenn man durch Absaugung „nachhilft".
Zusätzlich könnte die Luft in einem geschlossenen System auch nicht entweichen und daher könnte die gewünschte Menge an Benzin nicht eingefüllt werden, da ein Teil des Volumens durch die Luft eingenommen wird.

A108.1

Führte man das Experiment mit einem Fisch und einer Wasserpflanze durch, so würde man das Gleiche beobachten wie bei der Maus und der Pflanze.
Ein Fisch alleine in einem Gefäß mit Wasser würde sterben; ebenso würden auch nach einiger Zeit viele Wasserpflanzen eingehen. Nur wenn Fisch und Wasserpflanze gemeinsam in einem Behälter sind, würden beide auf Grund des geschlossenen Kreislaufes überleben.
Dies ist damit zu erklären, dass ein Fisch Sauerstoff zum Überleben braucht und viele Wasserpflanzen Kohlenstoffdioxid dafür benötigen.

A109.1

Sauerstoff ist nicht brennbar, unterhält aber die Verbrennung. Er reagiert sehr leicht mit vielen Metallen und Nichtmetallen.
Stickstoff erstickt die Verbrennung, er ist äußerst reaktionsträge.

A109.2

a) Wenn nicht genügend Eisenwolle während des Versuchs verwendet werden würde, könnte nicht der gesamte Sauerstoff der Luft reagieren. Dadurch könnten keine Rückschlüsse auf den Anteil an Sauerstoff in der Luft gezogen werden.

b) Bei der Reaktion von Eisen mit Luft ist der Sauerstoff der eigentliche Reaktionspartner des Metalls. Daher bleibt in jedem Fall der Stickstoff zurück. Sein Volumen beträgt – entsprechend seinem Anteil in der Luft – rund $\frac{4}{5}$ des ursprünglichen Luftvolumens.

A109.3

Als Edelgase bezeichnet man die Elemente Helium, Neon, Argon, Krypton, Xenon und Radon. Sie gehen kaum Reaktionen ein.

Verwendung: Leuchtreklameröhren enthalten Glasröhren, die mit Edelgasen gefüllt sind; mit Helium gefüllte Ballons werden in der Wetterforschung eingesetzt; flüssiges Helium wird als Kühlmittel verwendet; Atemgas in Taucherflaschen enthält neben Sauerstoff auch Helium, um Tiefenrausch und die Taucherkrankheit zu verhindern; Argon wird oft als Schutzgas beispielsweise beim Schweißen eingesetzt.

V111.1

a) Es steigen Luftbläschen auf und das Reagenzglas füllt sich mit einem Gas. Die Glimmspanprobe für dieses Gas verläuft positiv.

b) Die Wasserpest hat Sauerstoff freigesetzt. Daher verläuft die Glimmspanprobe positiv, da Sauerstoff Verbrennungen unterhält.

c) Die Wasserpest benötigt für die erfolgreiche Photosynthese Kohlenstoffdioxid und Licht. Daher findet bei Zusatz von Kaliumhydrogencarbonat eine Reaktion statt. (Die Reaktion wäre nicht so stark ausgeprägt, wenn man nur das im Wasser gelöste Kohlenstoffdioxid verwendet.)

V111.2

a) Das Kalkwasser wird trüb, das Kupfersulfat wird blau.

b) Kalkwasser wird trüb, wenn Kohlenstoffdioxid eingeleitet wird. Bei unserer Atmung entsteht aus Sauerstoff Kohlenstoffdioxid, das wir ausatmen und das mit diesem Versuch nachgewiesen wird.
Gleichzeitig atmen wir auch Wasserdampf aus, der durch die Verfärbung des Kupfersulfats erkannt werden kann.

c) Der Nachweis von Kohlenstoffdioxid mit Kalkwasser ist so empfindlich, dass sich auch die geringe Menge Kohlenstoffdioxid in der (frischen) Luft nachweisen lässt. Das weiße Kupfersulfat würde sich durch das in der (frischen) Luft befindliche Wasser nach einiger Zeit blau verfärben. Somit verlaufen beide Nachweisreaktionen auch bei frischer Luft positiv.

V111.3

a) Mit Hilfe dieses Experiments können die Masse und das Volumen der in der Flasche befindlichen Luft bestimmt werden.

b) Die Dichte von Luft beträgt 1,2 Gramm pro Liter.

V111.4

a) Die Glimmspanprobe verläuft negativ.

b) Die Glimmspanprobe mit Stickstoff verläuft negativ, da Stickstoff die Verbrennung erstickt. Im Gegensatz dazu verläuft eine Glimmspanprobe mit Sauerstoff positiv, da Sauerstoff die Verbrennung unterhält.

A112.1

Durch Partikelfilter kann der Ausstoß von Feinstaub in die Atmosphäre reduziert werden. Zusätzlich gibt es in einigen Städten Umweltzonen, die nur für feinstaubarme Autos zugänglich sind.

Der Ausstoß von Stickstoffoxiden durch Verbrennungsmotoren konnte durch den Einsatz von Katalysatoren stark reduziert werden.

Rauchgasentschwefelungsanlagen in Kraftwerken und Industrieanlagen bewirken, dass das Schwefeldioxid weitgehend aus den Abgasen entfernt wird.

A112.2

Individuelle Lösung

A113.1

Individuelle Lösung

A113.2

Individuelle Lösung

A113.3

Individuelle Lösung

A113.4

Individuelle Lösung

A114.1

Individuelle Lösung

V114.1

Individuelle Lösung
Als Beispiel zur Untersuchung der Staubbelastung können Klebefilmstreifen mit der Klebeseite nach oben über Bechergläser gespannt werden und an den ausgesuchten Stellen für 24 Stunden stehen gelassen werden. Aussagen können anhand von Menge, Größe und Form der Partikel getroffen werden.

V114.2

Individuelle Lösung

A114.2

Individuelle Lösung

V114.3

Individuelle Lösung
Möglicher Modellversuch zur Smog-Bildung:
Materialien: Becherglas (2000 ml), Standzylinder (etwa 60 cm hoch), 3 Thermometer, Heizplatte, Eis/Kochsalz-Mischung, Räucherstäbchen.

Durchführung:
1. Befestige drei Thermometer in unterschiedlicher Höhe in dem Standzylinder.
2. Stelle den Standzylinder in ein Gemisch aus Eis und Kochsalz, sodass das untere Drittel gekühlt wird.
3. Zünde ein Stück eines Räucherstäbchens an und lege es auf den Boden des Standzylinders.
4. Wiederhole den Versuch mit dem Standzylinder auf einer Heizplatte.

Aufgabe: Trage die Temperaturen in Abhängigkeit von der Höhe in ein Diagramm ein. Beschreibe und erkläre die Verteilung des Rauchs im Standzylinder.

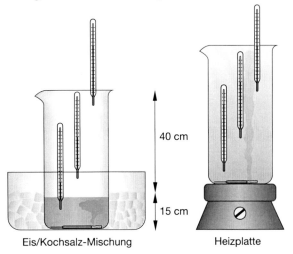

A115.1

Schwefeldioxid und Stickstoffoxide in der Atmosphäre werden im Regen gelöst und bilden eine saure Lösung. Der Regen hat daher einen sauren pH-Wert.
Durch die Verbrennung von fossilen Brennstoffen, durch die der Mensch seine Energiebedürfnisse stillt, gelangen immer mehr Schwefel- und Stickstoffoxide in die Atmosphäre. Hauptverursacher sind Industrieanlagen, Kraftwerke und der Straßenverkehr.

A115.2

Ein Katalysator im Auto wandelt Stickstoffoxide in Stickstoff um. Dieser bildet keine sauren Lösungen mit Regenwasser.

A116.1

Die Atmosphäre lässt Sonnenstrahlung passieren, die den Erdboden erwärmt. Dieser strahlt die Wärme wieder ab, die allerdings nicht mehr vollständig durch die Atmosphäre ins Weltall gelangen kann. Verantwortlich dafür sind die Treibhausgase Wasserdampf, Kohlenstoffdioxid, Distickstoffoxid und Methan. Die Wärme wird somit auf der Erde gestaut und führt dazu, dass die durchschnittliche Temperatur auf der Erde +15 °C beträgt.

A116.2

Die Plastikfolie hat die gleiche Funktion wie das Glas eines Treibhauses: sie lässt Sonnenlicht hindurch, Wärme kann jedoch nicht passieren.

A116.3

Anthropogenes Methan entsteht zum größten Teil in der Land- und Forstwirtschaft, durch Massentierhaltung, in Klärwerken und auf Mülldeponien. Auch Leckagen bei der Förderung, Verarbeitung und dem Transport von Erdgas setzen zusätzliches Methan frei.

A117.1

Das *Wetter* ist lokal und zeitlich begrenzt. Betrachtet man das gesamte Wettergeschehen über einen längeren Zeitraum, so spricht man von *Klima*.

A117.2

Individuelle Lösung

A117.3

Individuelle Lösung
Beispiel für ein mögliches Rollenspiel:
Klimawandel – welchen Einfluss haben wir auf die Zukunft der Erde?

Arbeitsauftrag:
Bildet fünf Gruppen. Jede Gruppe bekommt eine Rolle zugewiesen.
Versetzt euch in die Person eurer Rolle und haltet ihre Meinung zum Thema Klimawandel in Stichworten fest. Bereitet einige Argumente vor, die diese Person in einer Podiumsdiskussion verwenden kann. Werft hierbei auch einen Blick auf die Positionen der anderen Rollen. Überlegt, auf welche Gegenargumente der anderen Personen ihr eventuell eingehen müsst und wie ihr eure Position verteidigen könnt.
Wählt nun eine Person aus eurer Gruppe aus, die an der Diskussion in eurer Rolle teilnimmt.

Mögliche Rollen:

Greenpeace-Aktivist
- Du studierst Ökologie und engagierst dich neben deinem Studium bei Greenpeace.
- Du nimmst oft an Demonstrationen zum Thema „Schützt den Regenwald" teil.
- Du erledigst alles Alltägliche mit dem Fahrrad.

Erfolgreiche Geschäftsfrau
- Du bist Geschäftsführerin einer Firma und reist oft mit dem Auto oder Flugzeug von einem Termin zum anderen.
- Du ärgerst dich oft über die strengen Umweltauflagen in Deutschland, die deiner Firma hohe Summen Geld kosten. Daher überlegst du, den Hauptsitz deiner Firma in ein anderes Land zu verlegen, das weniger Auflagen hat.

Besorgte Mutter
- Du bist Mutter von drei Kindern im Alter von 3, 5 und 7 Jahren.
- Du bringst jeden Morgen deine Kinder mit dem Auto zum Kindergarten beziehungsweise in die Schule und fährst anschließend mit dem Bus zur Arbeit.
- Du achtest darauf, dass du sparsam mit Strom und Wasser umgehst und versuchst, deinen Kindern dieses Verhalten ebenfalls beizubringen.

Arbeitender Vater
- Du bist Vater von zwei Kindern im Alter von 11 und 15 Jahren.
- Du bist Pilot. Als Alleinverdiener ist die Familie auf dein Gehalt angewiesen.
- Zum 16. Geburtstag hast du für deinen Sohn ein Mofa als Geschenk.

Politiker
- Du bist Mitglied des Bundestages für die Partei Bündnis 90/Die Grünen.
- Du setzt dich dafür ein, dass regenerierbare Energien in Deutschland mehr gefördert werden.
- Du vertrittst die Meinung, dass die Steuern für Autos erhöht werden müssen, wobei im Gegenzug öffentliche Verkehrsmittel billiger werden sollen.

V118.1

a) Die Temperatur des verschlossenen Becherglases steigt stärker an.

b) Licht kann in beide Bechergläser eindringen. Jedoch kann die entstandene Wärme nur aus dem offenen Becherglas wieder entweichen. Die gestaute Wärme im geschlossenen Becherglas bewirkt eine Temperaturerhöhung.

c) Das Glas des verschlossenen Becherglases hat die gleiche Wirkung wie unsere Atmosphäre: sie lässt Licht hindurch, Wärme kann jedoch nicht passieren.

V118.2

a) Das Becherglas, in dem sich Kohlenstoffdioxid befindet, erwärmt sich stärker.

b) Die Styroporplatte soll als Isolatorschicht zwischen den beiden Bechergläsern dienen, sodass keine Wärme vom einen Becherglas in das andere gelangen kann. Zusätzlich kann das Kohlenstoffdioxid aus dem einen Becherglas auch nicht entweichen.

c) Ein erhöhter Kohlenstoffdioxid-Gehalt in der Atmosphäre hat einen erhöhten Wärmestau an der Erdoberfläche zur Folge. Das heißt, dass sich die durchschnittliche Temperatur auf der Erde erhöhen würde.

A120.1

Atmosphäre: Die Atmosphäre ist die Lufthülle, die die Erdoberfläche umgibt. Sie kann in Troposphäre, Stratosphäre und Ionosphäre unterteilt werden.

Atmung: Beim Atmen wandeln Lebewesen Sauerstoff in Kohlenstoffdioxid um.

Photosynthese: Unter Sonneneinstrahlung wandeln Pflanzen Kohlenstoffdioxid in Sauerstoff um.

Zusammensetzung der Luft: 78 % Stickstoff, 21 % Sauerstoff, knapp 1 % sonstige Gase.

Sauerstoff: farbloses, geruchloses und geschmackloses Gas;
Dichte: 1,33 $\frac{g}{l}$ (bei 20 °C und 1013 hPa);
Siedetemperatur: −183 °C;
reagiert mit fast allen Elementen zu den jeweiligen Oxiden.
Verwendung: als Atemgas; zum Schweißen und Schneiden; beim Raketenantrieb.
Nachweis: Glimmspanprobe.

Stickstoff: farbloses, geruchloses und geschmackloses Gas;
Dichte: 1,16 $\frac{g}{l}$ (bei 20 °C und 1013 hPa);
Siedetemperatur: −196 °C;
erstickt Flammen; ist chemisch sehr reaktionsträge.
Verwendung: als Kältemittel, zur Herstellung von Ammoniak für stickstoffhaltige Mineraldünger.

Luftschadstoffe: Luftschadstoffe besitzen Eigenschaften, die schädlich für Menschen, Tiere und/oder Pflanzen sind. Dazu gehören besonders Schwefeldioxid, Stickstoffoxide, Kohlenstoffmonooxid und Feinstaub.

Saurer Regen: Luftschadstoffe wie Schwefeldioxid und Stickstoffoxide reagieren mit Regentropfen in der Atmosphäre zu einer sauren Lösung, dem sauren Regen.

Treibhauseffekt: Die Strahlung der Sonne erwärmt die Erdoberfläche. Die Erde gibt diese Wärme wieder an den Weltraum ab. Doch die Treibhausgase (Kohlenstoffdioxid, Wasserdampf, Distickstoffoxid und Methan) halten die Wärme zum Teil zurück. Es kommt zu einem Wärmestau auf der Erdoberfläche. Dieser Effekt ist natürlich und bewirkt, dass die durchschnittliche Temperatur auf der Erde +15 °C beträgt. Allerdings verstärkt sich der natürliche durch den anthropogenen Treibhauseffekt.

Globale Erwärmung: Als globale Erwärmung wird die Klimaveränderung der letzten Jahrzehnte bezeichnet. Seit Beginn des 20. Jahrhunderts ist die mittlere Lufttemperatur um 0,74 °C gestiegen. Die Ursachen werden kontrovers diskutiert, jedoch wird der anthropogene Treibhauseffekt als Hauptursache von einer Vielzahl der Klimaforscher gesehen.

A120.2

Ein glimmender Holzspan flammt nur auf, wenn der Sauerstoff-Anteil in einem Gasgemisch größer ist als der in der Luft. Der Anteil an Sauerstoff in der Luft beträgt nur etwa ein Fünftel.

A120.3

Kohlenstoffdioxid wird bei der Atmung von Lebewesen gebildet. Lebewesen wandeln dabei Sauerstoff zu Kohlenstoffdioxid um. Pflanzen können Kohlenstoffdioxid mithilfe von Licht bei der Photosynthese in Sauerstoff umwandeln.

A120.4

Der anthropogene Treibhauseffekt ist die zusätzliche Temperaturerhöhung der Erdoberfläche zum natürlichen Treibhauseffekt. Er kommt durch den vermehrten Ausstoß von Treibhausgasen durch den Menschen zustande. Daher wird er von vielen Experten als Hauptursache für die globale Erwärmung gesehen.

A120.5

Sauerstoff: die Kerzenflamme flammt weiter auf
Stickstoff: die Kerzenflamme erstickt
Kohlenstoffdioxid: die Kerzenflamme erstickt

A120.6

Bei der Atmung wird nicht die gesamte Menge des eingeatmeten Sauerstoffs in Kohlenstoffdioxid umgewandelt. Daher atmen wir auch wieder Sauerstoff aus. Dieser kann bei der Mund-zu-Mund-Beatmung Leben retten.

A120.7

a) Im Bohrkern sollten im Zeitraum von vor 150 Jahren bis heute Einschlüsse mit einer immer höheren Konzentration an Kohlenstoffdioxid, aber auch weiteren Treibhausgasen, zu finden sein.

b) Seit der Industrialisierung, also seit knapp 150 Jahren, verändert der Mensch zunehmend die Zusammensetzung der Luft. Die Energienachfrage ist immer größer geworden, dadurch wurden immer mehr fossile Brennstoffe verbrannt.

A120.8

Im Motor findet eine Verbrennungsreaktion statt, deren Hauptprodukt Kohlenstoffdioxid durch den Auspuff in die Umwelt gelangt. In einem geschlossenen Raum, wie einer Garage, würde sich mit der Zeit die Kohlenstoffdioxid-Konzentration erhöhen. Dies kann zu Bewusstlosigkeit und auch zum Tod führen.

A120.9

Im Katalysator eines Autos werden Stickstoffoxide zu Stickstoff umgewandelt. Stickstoffoxide gehören zu den Hauptverursachern von saurem Regen. Durch die Einführung von Katalysatoren konnte somit die Bildung von saurem Regen drastisch reduziert werden.

A120.10

In größeren Höhen ist der Luftdruck geringer, das heißt, dass auch die Sauerstoffkonzentration geringer wird. Befinden wir uns länger in größeren Höhen, so kann sich der Körper zum Teil an die geringere Sauerstoffkonzentration gewöhnen, indem er den vorhandenen Sauerstoff effektiver nutzt.

A120.11

a) Bei normaler Temperaturverteilung nimmt die Temperatur nach oben hin ab und damit die Dichte zu. Die untere, wärmere Luft mit der geringeren Dichte kann nach oben steigen.
Bei einer Inversionslage nimmt die Temperatur nach oben zu. Die oberflächennahe Luft ist kälter und hat eine größere Dichte. Ein Gasaustausch mit höheren Luftschichten ist daher nicht möglich.

b) Durch Reduzierung der Menge an Abgasen lassen sich die Auswirkungen einer Inversionswetterlage reduzieren. Konkret könnte das durch ein Fahrverbot für Kraftfahrzeuge erreicht werden.

A120.12

Elektroautos benötigen Strom, um sich fortzubewegen. Das heißt, dass sie keine Gase ausstoßen. Somit könnte der verkehrsbedingte Ausstoß von Luftschadstoffen reduziert werden.
Allerdings muss der Strom für die Elektroautos auch erzeugt werden. Je nach Erzeugungsmethode werden auch hier Luftschadstoffe freigesetzt.

A121.1

a) Individuelle Lösung

b) Bei der Verbrennung von Kohle in Kraftwerken entsteht Kohlenstoffdioxid. Dieses ist ein Treibhausgas, welches den anthropogenen Treibhauseffekt verstärkt.

c) Individuelle Lösung

A121.2

a) *Angegebene Vorteile des Händlers:*
– die Reifen erwärmen nicht so stark
– der Rollwiderstand wird geringer
– der Spritverbrauch sinkt

b) Der Redakteur ist der Meinung, dass es sich um ein unseriöses Geschäft handelt. Er führt an, dass sich in der Luft bereits 80 % Stickstoff befinden und zweifelt am Nutzen der Stickstofffüllung. Weiter sagt er, dass der geringe Rollwiderstand des Reifens nur erreicht wird, wenn man den Reifen unter zu geringem Druck fährt. Er meint, dass der einzige Vorteil von Stickstofffüllungen im Autoreifen aus der langsameren Diffusion von Stickstoff durch die Reifenwand herrührt. Die Differenz zur „normalen" Druckluft sei aber zu vernachlässigen.

c) In der Anzeige ist das Gemisch Luft wie ein Reinstoff dargestellt. Luft besteht aber aus vielen verschiedenen Teilchenarten. In der Anzeige müssten in der Luft zum Beispiel auch einige große Stickstoff-Teilchen abgebildet werden.

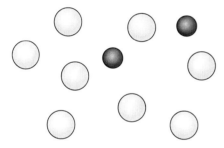

9 Ohne Wasser läuft nichts

A123.1

Wasser ist lebensnotwendig, daher erfolgten die frühen Siedlungen am Wasser, ebenso waren Schiffe neben Tieren erste wichtige Transportmittel. Heute werden große Industrieanlagen oder Kraftwerke wegen ihres hohen Wasserbedarfs an Flüssen errichtet. Mit zunehmender Freizeit wurden Gewässer zu Erholungsorten umgestaltet.

A123.2

Individuelle Lösung
Mögliche Beispiele: Weserbergland, Elbsandsteingebirge, Siegerland mit Siegen und Siegburg, Spreewald, Chiemgau und Chiemgauer Alpen, Lahnstein, Regensburg, Düsseldorf, Havelberg, Donauwörth, Innsbruck, Fulda

A124.1

Das destillierte Wasser verdampft vollständig ohne Rückstand; beim Nordseewasser verbleibt ein weißer Rückstand, der „salzig" schmeckt.

A124.2

Salzwasser ist ein wichtiges Reservoir im natürlichen Wasserkreislauf. Aus Salzwasser kann lebenswichtiges Salz gewonnen werden. In vielen Regionen wird entsalztes Meerwasser als Trinkwasser genutzt. Die Meere sind wichtige Freizeit- und Erholungsgebiete.
Süßwasser ist vor allem als Trink- und Brauchwasser wichtig und damit für die Menschen sehr viel bedeutender.

A124.3

Im Salzwasser ist der Gehalt an Mineralstoffen und Salzen viel zu hoch; im destillierten Wasser sind keine Mineralstoffe mehr enthalten. Daher sind beide zum Trinken ungeeignet.

A125.1

Wasser wird genutzt als Trinkwasser, zur Reinigung und Hygiene, zum Waschen, Putzen und Reinigen, als Lösemittel, als Kühlmittel in der Industrie und in Kraftwerken, zur Bewässerung in der Landwirtschaft.

A125.2

Kraftwerke:
64 % von 41 Milliarden Kubikmetern = 26,24 Milliarden Kubikmeter pro Jahr
Industrie:
22 % von 41 Milliarden Kubikmetern = 9,02 Milliarden Kubikmeter pro Jahr
Haushalt/Kleingewerbe:
11 % von 41 Milliarden Kubikmetern = 4,51 Milliarden Kubikmeter pro Jahr
Landwirtschaft:
1 % von 41 Milliarden Kubikmetern = 0,41 Milliarden Kubikmeter pro Jahr

A125.3

Individuelle Lösung
Mögliche Beispiele:
„Urimat" (www.urimat.com): ein spezieller Schwimmkörper (hydrostatischer Auftriebskörper) dient als Geruchsverschluss (Siphon). Er wird durch den Urin nach unten gedrückt, dadurch öffnet das System. Nach Abfluss schwimmt der Siphon auf und verschließt das System wieder.
„Boxi WC" (www.schwaben-wc.de): eine spezifisch leichtere Sperrflüssigkeit, die nicht mit Wasser (Urin) mischbar ist, verschließt das System und dient als Geruchssperre. Der Urin sinkt durch die Sperrflüssigkeit hindurch.

A125.4

a) *In diesen Bereichen kann Trinkwasser durch Brauchwasser oder Regenwasser ersetzt werden:*
bei der Bewässerung im Garten und in Grünanlagen, in der Toilettenspülung und beim Wäschewaschen, bei der Straßenreinigung.

b) Individuelle Lösung
Mögliche Beispiele: siehe Schülerband S. 125

c) Individuelle Lösung
Klassenspezifisches Vorgehen, z. B. als Klassenrunde, Poster, Präsentation, Expertenrunde

A126.1

Flusswasser ist meist relativ stark verschmutzt. Die Reinigung im Wasserwerk ist daher sehr aufwendig. Als Uferfiltrat ist das Wasser schon vorgereinigt und kann somit im Wasserwerk weiter zu Trinkwasser aufbereitet werden. Man könnte Uferfiltrat nun mit Grundwasser vergleichen.

A126.2

Individuelle Lösung

A127.1 oben

Individuelle Lösungen mit den selbst ermittelten Werten und Preisen.

A127.2

a) Gelbsucht, Cholera, Typhus

b) Kuwait, Ägypten, Israel, Marokko, Libyen, Malta, Jordanien, Katar

A127.1 unten

Wasser verdunstet an der Oberfläche, besonders der großen Gewässer und Meere. In warmer Luft steigt der Dampf auf und kühlt sich in großen Höhen ab. Die so kondensierten Wolken regnen ab, wodurch das Wasser wieder auf die Erdoberfläche gelangt. Über Bäche und Flüsse gelangt das Wasser letztlich wieder ins Meer, sodass sich der Kreislauf schließt.

A128.1

Zunächst erfolgt eine mechanische Reinigung durch Rechen, Ölabscheider, Sandfang und Vorklärbecken. In Belebungsbecken findet dann die biologisch-chemische Reinigung durch den Einsatz von Mikroorganismen und Fällungschemikalien statt. Aus dem Belebtschlamm werden Faulgas und Klärschlamm gewonnen.

A128.2

Bei Ausfall einer Kläranlage könnte stark verschmutztes Abwasser direkt in Bäche und Flüsse gelangen. Aufgrund des starken Sauerstoffverbrauchs für den Abbau der Schmutzstoffe würde der Gehalt an gelöstem Sauerstoff in diesen Gewässern absinken; Fische und andere Wasser-Organismen wären gefährdet.

A128.3

In der biologischen Stufe einer Kläranlage werden Bakterien gezüchtet, die viele Stoffe im Abwasser abbauen und unschädlich machen. Durch Giftstoffe im Abwasser können diese Bakterienkulturen geschädigt werden und absterben.

V129.1

a) Von Kochsalz lösen sich 6 Portionen in 100 ml vollständig; von der siebenten Portion bleibt meist noch ein kleiner Rest als Bodensatz zurück. Von Kupfersulfat-Pentahydrat lösen sich 3 Portionen in 50 ml vollständig; von der vierten Portion bleibt etwa die Hälfte ungelöst. Von wasserfreiem Natriumcarbonat lösen sich 2 Portionen in 50 ml vollständig; die dritte bleibt weitgehend ungelöst. In 100 ml Wasser lösen sich demnach 35 g NaCl, 35 g $CuSO_4 \cdot 5\,H_2O$ bzw. 20 g Na_2CO_3.

Hinweis: Die tabellierte Angabe für die Löslichkeit von Kupfersulfat bezieht sich auf die Masse des wasserfreien Salzes, die mit 100 g Wasser eine gesättigte Lösung ergibt, wobei das Hydrat als Bodenkörper vorliegt. Der Tabellenwert ist mit 21 g (bei 20 °C) deshalb wesentlich niedriger als der hier ohne Korrekturen direkt aus dem Experiment abgeleitete Wert.

b) Eine gesättigte Lösung erkennt man am Bodensatz.

V129.2

a) Individuelle Lösung
Werte je nach Gasgehalt der verwendeten Wasserproben

b) Im Mineralwasser ist Kohlenstoffdioxid gelöst, daher ist das im Messzylinder abzulesende Gasvolumen hier am größten. Im Leitungswasser ist überwiegend Luft gelöst. Aus stillem Mineralwasser entweicht kaum Gas, da es im Gegensatz zum „normalen" Mineralwasser kein gelöstes Kohlenstoffdioxid enthält.
Hinweis: Vor dem Vergleich auf ein einheitliches Wasservolumen im Messzylinder (z. B. 25 ml) umrechnen.

V129.3

a) Beim Erwärmen löst sich der Bodensatz auf. Gibt man bei 100 °C nochmals 10 g Salz hinzu, so lösen diese sich vollständig.

b) Je höher die Temperatur ist, desto größer ist die gelöste Menge Kaliumnitrat (Salz).

c) Die Löslichkeit von Natriumchlorid steigt im Bereich von 0 bis 100 °C nur sehr leicht an. Die Löslichkeit von Kaliumnitrat nimmt bei einer Temperaturerhöhung dagegen stark zu.

V129.4

Individuelle Lösung
typische Messwerte:
destilliertes Wasser: Härtebereich 1
Leitungswasser: Härtebereich 1–4
Mineralwasser: Härtebereich 3–4
Meerwasser: Härtebereich 4
Hinweis: Herstellung von künstlichem Meerwasser siehe RÖMPP Chemielexikon oder Online-Quellen (z. B. 28 g Natriumchlorid, 7 g Magnesiumsulfat-Heptahydrat, 5 g Magnesiumchlorid-Hexahydrat, 2,4 g Calciumchlorid-Hexahydrat, 0,2 g Natriumhydrogencarbonat in 985 ml demineralisiertem Wasser)

V129.5

Die Schaumbildung ist bei destilliertem Wasser am stärksten, bei Meerwasser am schwächsten.
Hinweis: Ein bleibender Schaum bildet sich erst dann, wenn Calcium- und Magnesium-Ionen vollständig als Kalkseifen ausgefällt sind.
Siehe dazu auch Lösung zu V129.4 (Wasserhärte)

A130.1

Der im Wasser gelöste Sauerstoff ist lebensnotwendig für Fische und andere Kiemenatmer, die in diesen Gewässern leben.
Hinweis: Gegebenenfalls kann auch auf die Bedeutung des gelösten Sauerstoffs für die Selbstreinigung dieser Gewässer hingewiesen werden.

A130.2

Individuelle Lösung
Hinweis: Mengenangaben werden zu den Inhaltsstoffen von Erfrischungsgetränken nur selten auf der Verpackung angegeben. Die enthaltenen Mengen werden aber ihrer Größe nach abnehmend auf der Zutatenliste geordnet. Für eine Kräuterlimonade könnte diese z. B. so aussehen:
Wasser, Malz 2 %, Zucker, natürlicher Ingwerextrakt, Kohlensäure, Calciumcarbonat, Magnesiumcarbonat, Orangenaroma

A130.3

An der Schaumbildung und den aufsteigenden Gasblasen erkennt, man, dass sich Gase (Kohlenstoffdioxid) gebildet und gelöst haben.
An der Farbänderung erkennt man, dass sich der feste Farbstoff aus der Tablette gelöst hat. Durch eine Geschmacksprobe lässt sich feststellen, dass sich weitere Feststoffe der Tablette gelöst haben.

A131.1

Der Bodensatz einer Lösung lässt sich auflösen, indem man entweder die Flüssigkeitsmenge vergrößert oder aber die Temperatur erhöht.
In einer größeren Wassermenge löst sich auch eine größere Menge Feststoff auf, sodass aus der gesättigten eine ungesättigte Lösung entsteht.
Bei den meisten Feststoffen steigt die Löslichkeit mit der Temperatur des Lösemittels an.

A131.2

Der erfrischende Geschmack von Cola beruht auf der großen Menge an Kohlenstoffdioxid, die in der Cola unter erhöhtem Druck gelöst ist. Beim Erwärmen unter normalem Druck entweicht der größte Teil des Kohlenstoffdioxids, da unter diesen Bedingungen die Löslichkeit geringer ist. Die warme Cola enthält also weniger Kohlenstoffdioxid und schmeckt daher abgestanden und nicht mehr erfrischend.

A131.3

Durch die Einleitung von erwärmtem Kühlwasser in Flüsse und Seen steigt die Wassertemperatur an. Dadurch sinkt die Löslichkeit des für Fische und andere Wasserlebewesen wichtigen Sauerstoffs.
Hinweis: Siehe auch Lösung zu Aufgabe A130.1

A132.1

Diese Lösemittel entfernen die Fettschicht der Haut. Die Haut wird dann trocken und rissig. Auf den Vorratsgefäßen sind entsprechende Sicherheitshinweise angegeben.

A132.2

Individuelle Lösung
Mögliche Beispiele: Alkohol (Desinfektion), Brennspiritus (Reinigung), Fleckenlöser (Waschen), Nagellackentferner, Pinselreiniger, Verdünner (Farben und Lacke)

A132.3

Das Reinigungstuch muss Lösemittel enthalten, die das Wachs lösen und dadurch von der Autoscheibe entfernen.

A133.1

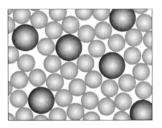

A134.1

Ein Indikator zeigt durch eine Farbe an, ob eine saure oder eine alkalische Lösung vorliegt. Rotkohlsaft nimmt beispielsweise in sauren Lösungen eine hellrote, in neutralen eine rotviolette und in alkalischen Lösungen eine blaue Farbe an. Ein weiterer Indikator, dem man im Alltag begegnet, ist schwarzer Tee. Er wird bei Zugabe von Zitronensaft hellrot. Rotwein ist durch natürliche Säuren rot gefärbt und wird im neutralen bis schwach alkalischen Bereich bläulich.

A134.2

Man erkennt am pH-Wert, ob eine Lösung neutral, sauer oder alkalisch ist. Neutrale Lösungen haben den pH-Wert 7. Bei sauren Lösungen ist der pH-Wert kleiner als 7, bei alkalischen ist er größer als 7.

A134.3

Kaffee ist schwach sauer, Seewasser ist schwach alkalisch

A134.4

Bromthymolblau kann drei Farben annehmen und dabei anzeigen, ob eine Lösung sauer, neutral oder alkalisch ist. Eine Universalindikator-Lösung hat ein größeres Farbspektrum und kann daher auch Abstufungen innerhalb des sauren oder alkalischen Bereichs anzeigen.

A134.5

Kalk wirkt wie Natron als Säureregulator. Durch die Kalkzugabe steigt der pH-Wert; das Gewässer ist also weniger sauer geworden.

V135.1

a) Der rote Farbstoff aus den Radieschenschalen reichert sich im Alkohol an. Die Schalen werden zunehmend heller.

b) Salzsäure: intensiv rot;
Haushaltsessig: hellrot;
Mineralwasser: rosa;
Leitungswasser: hellviolett;
Natriumhydrogencarbonat-Lösung: violett;
Natronlauge: gelb

c) Salzsäure: pH ≈ 1; Haushaltsessig: pH ≈ 3,5; Mineralwasser: pH ≈ 5–6; Leitungswasser: pH ≈ 7; Natriumhydrogencarbonat-Lösung: pH ≈ 9; Natronlauge: pH ≈ 13

V135.2

Gibt man die Proben in Leitungswasser, so ergeben sich folgende Farben:

Probe	Farbe
Kochsalz	grün
Essig	gelb
Zitronensaft	gelb
Rhabarbersaft	gelb
Buttermilch	gelb
Waschpulver	blau
Haushaltsreiniger	gelb, grün oder blau (je nach Produkt)
Entkalker	gelb
Jogurt	gelb
Sauerkraut	gelb
Natron	blau
Abflussreiniger	blau

V135.3

Die Probe, die Essigsäure enthält, wird durch Bromthymolblau gelb gefärbt. Beim Zutropfen von Kalkwasser zeigt sich an der Eintropfstelle eine blaue Färbung, die beim Umschütteln wieder verschwindet. Bei weiterer Zugabe von Kalkwasser bleibt die Mischung schließlich blau. Sie reagiert alkalisch. Die Säure ist also vollständig „neutralisiert" worden und ein kleiner Überschuss an Kalkwasser macht die Lösung alkalisch.

Kalkwasser wird durch Bromthymolblau blau gefärbt. Beim Zutropfen von Essigsäure zeigt sich an der Eintropfstelle eine gelbe Färbung, die beim Umschütteln wieder verschwindet. Bei weiterer Zugabe von Essigsäure bleibt die Mischung schließlich gelb. Sie reagiert sauer. Das Kalkwasser ist also vollständig „neutralisiert" worden und ein kleiner Überschuss an Essigsäure macht die Lösung sauer.

V135.4

Die Lösung mit Phosphorpentoxid färbt Universalindikator rot (stark sauer), die Calciumoxid-Lösung wird tiefblau (stark alkalisch) und die Magnesiumoxid-Lösung blaugrün (schwach alkalisch). Die Lösung mit Atemluft wird gelb (schwach sauer), da in der ausgeatmeten Luft (viel) Kohlenstoffdioxid enthalten ist.

A136.1

Wasser bildet sich durch die Reaktion von Wasserstoff mit Sauerstoff. Es lässt sich auch wieder in die Elemente Wasserstoff und Sauerstoff zerlegen. Als zerlegbarer Stoff ist Wasser also kein Element, sondern eine Verbindung.

A136.2

a) Knallgasreaktion

b) Wasser ist ein Oxid, das bei der Reaktion von Wasserstoff mit Sauerstoff entsteht.

A136.3

Bei der Reaktion zwischen Wasserstoff und Sauerstoff bildet sich Wasser, also ein neuer Stoff mit neuen Eigenschaften. Den Aufbau einer Verbindung aus den Elementen bei einer chemischen Reaktion nennt man Synthese.

A136.4

Bei der Bildung (Synthese) von Wasser aus den Elementen werden die gleichen Elemente (Wasserstoff und Sauerstoff) verwendet, die bei der Zerlegung von Wasser entstehen.

A136.5

Individuelle Lösung
Mögliche Skizze:

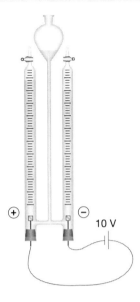

A136.6

Individuelle Lösung
Mögliche Vorgehensweise: Das Reagenzglas muss mit der Öffnung nach unten gehalten werden, dann wird der Wasserstoff von unten eingefüllt und steigt in das Reagenzglas, wobei die Luft verdrängt wird.

A137.1

Für die Verbrennung der Kerze wird Sauerstoff benötigt; in einer reinen Wasserstoff-Atmosphäre ist kein Sauerstoff vorhanden, deshalb erlischt die Kerzenflamme.

V137.1

a) heftige Reaktion, Gasbildung, Wärmeentwicklung, Reagenzglas 1: dumpfes oder pfeifendes Geräusch, Reagenzglas 2: dumpfes Geräusch, langsames Verbrennen des Wasserstoffs

b) farblos, geruchlos, brennbar, geringere Dichte als Luft, (leichter als Luft)

c) Mit der Luft aus der Apparatur kann es zur Bildung eines explosiven Knallgasgemisches kommen.

d) Durch die Knallgasprobe lässt sich erkennen, ob sich noch ein explosives Wasserstoff/Sauerstoff-Gemisch in der Apparatur befindet.

A138.1

Wasserstoff kann durch die (elektrolytische) Zerlegung von Wasser oder durch die (thermolytische) Zerlegung von Erdgas oder Erdöl gewonnen werden.

A138.2

Individuelle Lösung

A140.1

Lebensraum Wasser: Die Lebensentwicklung begann im Wasser, ebenso wurden Kultur und Geschichte des Menschen durch Wasser geprägt, alle Lebewesen sind auf Wasser angewiesen

Süßwasser: ist als Trinkwasser verwertbar und enthält wenig gelöste Salze

Salzwasser: stellt den größten Anteil am Wasser, es enthält viele gelöste Salze

Kreislauf des Wassers: Durch Verdunsten des Wassers, besonders über den Meeren, anschließende Kondensation und Regen sowie Rückfluss der Flüsse ins Meer bildet sich ein ständiger Wasserkreislauf.

Grundwasser: versickertes Oberflächen- oder Regenwasser, das wichtig für die Trinkwassergewinnung ist

Trinkwasser: Süßwasser oder Salzwasser, das in besonderen Verfahren gereinigt und aufbereitet wurde.

Trinkwassergewinnung: Verfahren zur Aufbereitung und Reinigung von Wasser

Uferfiltrat: Flusswasser, das im Uferbereich der Flüsse versickerte und anschließend als Trinkwasser aufbereitet wird.

Wassergebrauch und Wassernutzung: Im privaten und öffentlichen Bereich sowie in der Industrie wird Wasser benötigt. Wasser ist ein wichtiger Bestandteil unserer Ernährung, findet aber auch z. B. für die Körperreinigung, zum Wäschewaschen, für die Toilettenspülung und zur Pflege von Grünanlagen Verwendung. Von der insgesamt genutzten Wassermenge entfallen 12 % auf Haushalte, Landwirtschaft und Kleingewerbe; fast zwei Drittel des Brauchwassers werden in Kraftwerken benötigt, auf die Industrie entfallen etwa 22 %.

Abwasserreinigung und Kläranlage: Kläranlagen dienen der Reinigung von verschmutztem Brauchwasser oder Abwasser; das in Kläranlagen gereinigte Abwasser wird über Bäche und Flüsse in den Wasserkreislauf zurückgeführt.

Lösemittel: Flüssigkeiten wie Wasser oder Waschbenzin, in denen andere Stoffe gelöst werden.

Saure und alkalische Lösungen: Lösungen, die durch aufgelöste Stoffe sauer oder alkalisch geworden sind; sie färben Indikatoren mit einer typischen Farbe

pH-Wert: Der pH-Wert gibt an, ob eine Lösung sauer, alkalisch oder neutral ist.

Wasserstoff: Ein gasförmiges Element, das bei der Zerlegung von Wasser entsteht. Wasserstoff wird als ein wichtiger Energieträger für die Zukunft angesehen.

Knallgasprobe: Die Knallgasprobe ist eine Nachweisreaktion für das Element Wasserstoff. Es bildet mit Sauerstoff ein explosives Gemisch.

A140.2

Wasser verdunstet zum Beispiel über den Meeren; die aufsteigende Luftfeuchtigkeit kondensiert zu Wolken, die als Niederschläge auch auf Festland fallen. Diese Niederschläge versickern entweder im Boden oder bilden Oberflächenwasser, die ins Meer zurückfließen.

A140.3

Alle Lebewesen bestehen aus Wasser; ohne Wasseraufnahme ist man schnell verdurstet, die Gewinnung von Lebensmitteln in der Landwirtschaft erfordert Wasser.

A140.4

Individuelle Lösung
Mögliche Vorgehensweisen:
Die Lösung wird im Reagenzglas mit dem Indikator Bromthymolblau versetzt. Die Indikatorfarbe zeigt an, ob die Lösung sauer (rot), neutral (grün) oder alkalisch (blau) ist.
Statt Bromthymolblau werden in die Lösung einige Tropfen Universalindikator-Lösung gegeben. Die auftretende Färbung wird mit einer pH-Skala verglichen und dann über den pH-Wert sauer (0–6) neutral (7) oder alkalisch (8–14) zugeordnet.

A140.5

Individuelle Lösung
Mögliche Beispiele: Benzin und Waschbenzin, Spiritus oder Alkohol, Nagellackentferner

A140.6

Es entstehen die Gase Wasserstoff und Sauerstoff. Wasserstoff kann durch die Knallgasprobe (mit Hinweis auf die geringe Dichte) nachgewiesen werden. Sauerstoff wird mit der Glimmspanprobe nachgewiesen.

A140.7

Wasserstoff ist ein Energieträger, weil durch sein Verbrennen als Treibstoff oder in Brennstoffzellen Energie freigesetzt wird. Diese freigesetzte Energie kann als Wärme, elektrische Energie oder Bewegungsenergie genutzt werden.
Die Gewinnung von Wasserstoff erfordert selbst einen hohen Energieaufwand und ist deshalb noch teuer. Beim Verbrennen von Wasserstoff entstehen nur Wasserdampf und keine schädlichen Abgase.

A140.8

a) Man erwärmt im Erlenmeyerkolben oder Becherglas eine Portion Mineralwasser bis das Wasser vollständig verdampft ist. Im Gefäß bleibt ein überwiegend weißer Feststoffbelag zurück, der vorher im Mineralwasser gelöst war.

b) Man erwärmt das Mineralwasser wie in a); dabei steigen Gasblasen auf.

A140.9

a) Das Gas aus der Apparatur wird in einem Reagenzglas aufgefangen. Die Öffnung des Glases wird an eine Brennerflamme gehalten, sodass sich das Gas entzünden kann. Die Verbrennung kann mit unterschiedlichen Geräuschen (pfeifend, dumpf) ablaufen.

b) Wenn die Probe fast geräuschlos abbrennt, war in der Apparatur nur reiner Wasserstoff und kein Sauerstoff mehr vorhanden.

A140.10

Wasser + Zink $\longrightarrow$ Wasserstoff + Zinkoxid;   exotherm

A140.11

Man verwendet Alkohol als Lösemittel, weil die Duftstoffe nicht oder nur schlecht wasserlöslich sind.

A140.12

Die schwach alkalisch reagierenden Inhaltsstoffe der Magentabletten wirken als Säureregulatoren. Der Magensaft wird dadurch weniger sauer und es tritt kein Sodbrennen mehr auf.

A140.13

Individuelle Lösung
Mögliche Vorgehensweise:
Zeichnung oder Diagramm mit den Elementen Regenwasserzisterne oder Brunnen, Verbrauchsstellen im Haushalt und in der Industrie und Abfluss ins Klärwerk
siehe dazu auch Abbildungen im Schülerband S. 125 und 128.

A140.14

Mögliche Gründe für die Anlage der Teiche:
als Wasservorrat, um immer ausreichend Brauchwasser zu haben; zur Vorklärung von Industrieabwässern; es handelt sich um Teiche der industrieeigenen Kläranlage; es sind Teiche, in denen Kühlwasser zur Wiederverwendung „gekühlt" wird.

A141.1

a) Durch die lang anhaltende Erwärmung des Wassers ist der Sauerstoffgehalt im Wasser so weit abgesunken, dass die Fische ersticken; hinzu kommt noch der stark abgefallene Wasserstand im Fluss.

b) Der Sauerstoffgehalt im Wasser nimmt mit ansteigender Temperatur kontinuierlich ab. Bei 30 °C ist der Sauerstoffgehalt nur noch gut halb so hoch wie bei 10 °C. Die Löslichkeit von Gasen in Wasser sinkt mit steigender Temperatur des Wassers.

c) Durch die hohen Lufttemperaturen ist auch die Wassertemperatur angestiegen. Entsprechend ist der Sauerstoffgehalt abgesunken und die Fische erstickten wegen des Sauerstoffmangels.

d) Individuelle Lösung
Mögliche Argumente:
Vorteil: der Sauerstoffgehalt könnte so weit angehoben werden, dass für Fische und andere Wasserorganismen ausreichend Sauerstoff vorliegt.
Nachteil: gesunkene Wasserstände können damit nicht ausgeglichen werden, die Verfahren sind sehr aufwendig und erfordern viel Energie, das Problem kann jedes Jahr wieder auftreten.

e) Individuelle Lösung
Mögliche Konsequenzen:
Die Temperaturerhöhung würde eine Veränderung des Lebensraums Nordsee bedeuten, vorhandene Lebewesen könnten abwandern und andere zuwandern;
der Sauerstoffgehalt würde absinken und damit der Fischbestand geringer werden;
das Urlaubsprofil Nordsee verändert sich;
die erhöhte Wasserverdunstung würde sich im Wasserkreislauf und somit auch in der Niedernachschlagsmenge auswirken.

A141.2

a) Die Ursachen des Wassermangels liegen zum einen in den sehr geringen Niederschlägen und zum anderen in der Verdopplung der Bevölkerungszahl und dem auf das Dreifache angestiegenen Wasserverbrauch. Eine weitere Ursache könnte in dem extrem hohen Wasserverbrauch in der Landwirtschaft und in der Tourismusbranche (durch stark gestiegene Urlauberzahlen mit ausgedehnten Hotelanlagen, Grünanlagen, Pools, Golfplätzen usw.) liegen.

b) Individuelle Lösung, z. B. andere Mittelmeerländer

c) Das Wasser wird in Salzgärten vom Meer abgetrennt; durch Sonnenenergie verdunstet und kondensiert das Wasser an schräg gestellten Scheiben; von dort aus läuft es in Sammelsysteme und Rohrleitungen ab. Vor der eigentlichen Verwendung als Trink- oder Brauchwasser muss es gegebenenfalls noch bakteriell behandelt und mit Mineralstoffen und Salzen zu Süßwasser aufbereitet werden.
Das zurückbleibende Salz wird zusammen mit dem geklärten Brauchwasser wieder ins Meer zurückgeführt; der Salzgehalt im Meer bleibt dabei hinreichend gleich. In den Mittelmeerländern steht für diesen Prozess ausreichend Sonnenenergie bereit, problematisch kann jedoch die große Fläche an Land sein, außerdem sind die Ursachen des Wassermangels und der eventuellen Wasserverschwendung so nicht beseitigt.

10 Kupfer – ein wichtiges Gebrauchsmetall

A143.1

Kupfer wird als Material für Rohrleitungen und Elektrokabel verwendet. Bronze findet als Werkstoff für Schmuckstücke und Medaillen Verwendung.

A143.2

a) Stoffname: Kupfer
Aggregatzustand: fest
Farbe: rötlich glänzend
Geruch: geruchlos
Geschmack: geschmacklos
Wärmeleitfähigkeit: sehr gut
elektrische Leitfähigkeit: sehr gut
Schmelztemperatur: 1084 °C
Siedetemperatur: 2567 °C
Dichte: 8,92 $\frac{g}{cm^3}$

b) Individuelle Lösung

V144.1

a) *Beobachtungen:* In Abhängigkeit der Heizleistung des Magnetrührers findet eine Erwärmung des Wasserbades statt. Dabei ist die Erwärmung umso besser, je besser die thermische Leitfähigkeit des verwendeten Standmaterials ist. *Deutung:* Da Kupfer die beste Wärmeleitfähigkeit aufweist, erfolgt hier die Erwärmung des Wasserbades am schnellsten. Eisen weist als Metall ebenfalls eine gute thermische Leitfähigkeit auf und bewirkt dementsprechend eine ebenfalls gute, wenn auch verlangsamt ablaufende Erwärmung des Wasserbades. Glas hingegen ist ein schlechter Wärmeleiter, deshalb verläuft hier die Erwärmung am langsamsten.
Anmerkung: Es ist beim Experiment unbedingt darauf zu achten, dass die eingesetzten Wasserbäder die gleiche Ausgangstemperatur aufweisen. Vor jedem weiteren Versuch sollte deshalb das Becherglas unter fließendem Leitungswasser gekühlt werden. Die eingesetzten Testmaterialien müssen die gleiche Dicke aufweisen, ansonsten ergeben sich deutliche Fehlmessungen.

b) Der Boden eines Topfes soll die zugeführte Wärmeenergie möglichst schnell an das Gargut weitergeben, daher kommt das sehr gut wärmeleitfähige Kupfer zum Einsatz.

V144.2

a) Individuelle Lösung

b)–e) Individuelle Lösungen
Mögliche Beobachtungen:
Kupfer in einer sehr trockenen Atmosphäre: Die Oberfläche des Metalls verändert sich kaum. Es kann nach einigen Tagen festgestellt werden, dass der metallische Glanz der nicht abgedeckten Oberfläche etwas abgeschwächt worden ist.

Kupfer in einer sehr feuchten Atmosphäre: ein Anlaufen der Metalloberfläche ist deutlich schneller festzustellen. Zunächst verliert das Metall seinen Glanz, später färbt es sich dunkelrot und nach langer Zeit sind auch graue Überzüge möglich.

Anmerkung: Eine genaue Angabe der Reaktionszeiten ist in diesem Fall nicht sinnvoll, da die Oxidation der Metalloberfläche sehr stark von den aktuell vorherrschenden Umwelteinflüssen abhängt.

Kupfer unter dem Einfluss verschiedener wässriger Lösungen: Die oben beschriebenen Prozesse laufen deutlich schneller ab.
Ein in Leitungswasser eingelegtes Kupferblech zeigt nach einem Tag Einwirkzeit nur geringe Veränderungen: An der Oberfläche des Metalls ist die Bildung von Gasblasen zu beobachten. Weiterhin erscheint die Oberfläche des Metalls leicht matt.
Ein Kupferblech in einer Salzlösung zeigt bereits nach einem Tag eine matte Oberfläche der Kontaktflächen. Bereiche des Bleches, die nicht in die Lösung eintauchten, färben sich grünlich bis gräulich. Es ist die Bildung eines weißen, flockigen Niederschlags in der Lösung festzustellen.
Im Falle der Einwirkung von Essig auf Kupfer ist die Bildung von Kupferacetat festzustellen. Hierbei verfärbt sich die zunächst farblose Lösung grünlichblau (hydratisierte Cu^{2+}(aq)-Ionen). Es ist ebenfalls die Bildung von Kupferacetat-Kristallen zu beobachten, wenn der Versuch so lange betrieben wird, dass eine merkliche Volumenabnahme der Lösung festzustellen ist.

V144.3

a), b) Ein experimenteller Vergleich wird möglich, wenn vergleichbare Schnittblumen (z. B. Tulpen aus einem Strauch) unter gleichen Bedingungen beobachtet werden. Hierzu ist es notwendig, dass die Blumen am gleichen Standort stehen und mit der gleichen Menge an Frischwasser versorgt worden sind. In ein Untersuchungsgefäß wird dann eine Kupfercent-Münze hinzugefügt.
Bei der Untersuchung können keine signifikanten Unterschiede im Alterungsprozess der Schnittblumen festgestellt werden. Der Ratschlag erweist sich als nicht richtig.

c) Der theoretische Hintergrund des Ratschlages ist in der Bildung von Cu^+(aq)- und Cu^{2+}(aq)-Ionen zu sehen. Bereits geringe Mengen dieser Ionen wirken keimtötend und sollen deshalb die Ausbildung von schädlichen Keimen verhindern.

d) Bei den heute üblichen Methoden der Schnittblumenpflege werden keine Metall-Ionen zum Einsatz gebracht. Es werden wasserlösliche Zusätze fertig konfektioniert angeboten. Diese enthalten neben Zucker und Nährsalzen, die der Nährstoffversorgung dienen, auch Antibiotika, die eine zielgerichtetere und effektivere Keimtötung ermöglichen.

Ein weiterer Ratschlag zur Schnittblumenpflege ist die Aufbewahrung der Blumen in kalten Räumen, so lange diese nicht zu dekorativen Zwecken dienen. Aufgrund der bei geringeren Temperaturen verlangsamt ablaufenden Prozesse wird auch die Pflanzenalterung gebremst. Weiterhin wird empfohlen die Blumen täglich mit frischem Wasser zu versorgen, dies stellt eine hohe Sauerstoffsättigung des Wassers, eine ausreichende Nährstoffversorgung der Blume und einen Abtransport gebildeter Keime sicher.

e) Individuelle Lösung

A145.1

Gold wird weder von Sauerstoff noch von protonenhaltigen Lösungen angegriffen. Daher reagiert es nicht unter den Einflüssen der Umwelt. Silber ist unedler als Gold und kann von Sauerstoff oxidiert werden. Ebenso ist unter vulkanischen Einflüssen eine Oxidation mit Schwefeloxiden denkbar. Dies führt zur Ausbildung oxidischer und sulfidischer Erze.

A145.2

Die Hauptmenge des Goldes wird heute zur Herstellung von Schmuckstücken verwendet. Silber findet hier ebenso Anwendung und wird weiterhin zu Bestecken und Schmuckgefäßen verarbeitet. Silber dient aufgrund seines Glanzes auch zur Herstellung von Spiegeln und Christbaumkugeln.

A145.3

Silberlieferant	Fördermenge in Tonnen
Peru	3500
Mexiko	3000
China	2560
Chile	1900

Goldlieferant	Fördermenge in Tonnen
Südafrika	252
USA	238
Australien	246
Russland	157

A145.4

Stoffname: Silber
Aggregatzustand: fest
Farbe: weißlich glänzend
Geruch: geruchlos
Geschmack: geschmacklos
Wärmeleitfähigkeit: sehr gut
elektrische Leitfähigkeit: sehr gut
Schmelztemperatur: 961 °C
Siedetemperatur: 2162 °C
Dichte: 10,49 $\frac{g}{cm^3}$

Stoffname: Gold
Aggregatzustand: fest
Farbe: gelblich glänzend
Geruch: geruchlos
Geschmack: geschmacklos
Wärmeleitfähigkeit: sehr gut
elektrische Leitfähigkeit: sehr gut
Schmelztemperatur: 1064 °C
Siedetemperatur: 2856 °C
Dichte: 19,32 $\frac{g}{cm^3}$

A145.5

Der Begriff *gediegen* beschreibt das elementare Vorkommen eines Metalls in der Natur.

A145.6

Sprichwort: „Es ist nicht alles Gold, was glänzt";
Goldesel, goldener Schnitt; Farbbezeichnungen goldgelb oder goldenbraun, silberweiß; Silberhochzeit; Silberfisch; Silbersee

A146.1

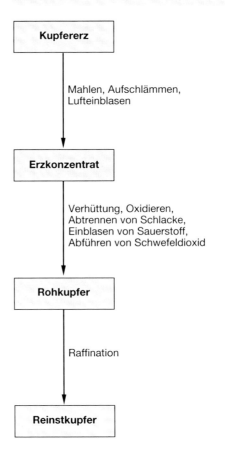

A146.2

Berechnung: 180 000 t · 0,015 = 2700 t

Es werden täglich 2700 t Kupfer gefördert.

A146.3

Individuelle Lösung
Mögliches Tortendiagramm:

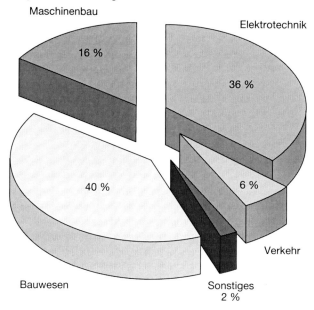

A147.1

Die Glimmspanprobe dient als Nachweis für den gebildeten Sauerstoff. Hierbei entzündet sich ein glimmender Holzspan spontan in der Sauerstoffatmosphäre. Der Span verbrennt mit heller Flamme.

A147.2

Silber(s) + Sauerstoff(g) ⟶ Silberoxid(s), exotherm

A148.1

Bei einer chemischen Reaktion werden Atome lediglich umgruppiert. Es gilt das Gesetz der Erhaltung der Masse.

A148.2

Hinweis: Im Schülerband handelt es sich um einen Druckfehler: die Masse an Kupfer beträgt 127 g.

$$\frac{m(\text{Kupfer})}{m(\text{Schwefel})} = \frac{127\ \text{g}}{32\ \text{g}} \approx \frac{4}{1}$$

V149.1

a) Das Gemisch aus Kupferoxid und Holzkohle glüht beim Erhitzen auf. Nach der Reaktion erkennt man eine Rotbraun-Färbung des Gemisches.

b) Kupferoxid(s) + Kohlenstoff(s) ⟶
Kupfer(s) + Kohlenstoffdioxid(g); exotherm

c) Kohlenstoffdioxid kann mit Kalkwasser nachgewiesen werden. Man beobachtet eine weißliche Trübung der Lösung.

V149.2

a) Das schwarze Kupferoxid glüht beim Erhitzen im Erdgasstrom auf. Nach der Reaktion ist eine Rotbraun-Färbung zu beobachten.

b)–e) Individuelle Lösung
Anmerkung: eine weitere Darstellung von Messwerten ist nicht sinnvoll, da diese Ergebnisse vom Einzelexperiment abhängig sind und dementsprechend unterschiedlich ausfallen. Es wird empfohlen, eine Kupferoxidportion im Bereich zwischen 100 mg bis 300 mg einzusetzen.

A151.1

DALTON macht folgende Aussagen über Atome:
– Jedes Element besteht aus kleinsten, nicht weiter teilbaren Teilchen, den Atomen.
– Die Atome eines Elements haben alle die gleiche Größe und die gleiche Masse. Die Atome unterschiedlicher Elemente unterscheiden sich in ihrer Masse. Damit gibt es genauso viele Atomarten, wie es Elemente gibt.
– Atome sind unzerstörbar. Sie können durch chemische Vorgänge weder vernichtet noch erzeugt werden.
– Bei chemischen Reaktionen werden die Atome der Ausgangsstoffe neu angeordnet und in bestimmten Anzahlverhältnissen miteinander verknüpft.

A151.2

Gesetz von der Erhaltung der Masse: Bei chemischen Reaktionen ist die Summe der Massen der Ausgangsstoffe gleich der Summe der Massen der Endstoffe.
Gesetz der konstanten Massenverhältnisse: Die Massen der Ausgangsstoffe einer chemischen Reaktion stehen stets in einem bestimmten Verhältnis zueinander. Dieses Verhältnis findet sich bei Synthesereaktionen in der gebildeten Verbindung (Endstoff) wieder.

A151.3

Bei der Umwandlung eines Elementes in ein anderes müsste eine Atomart in eine andere umgewandelt werden. Bei einer chemischen Reaktion bleiben jedoch die Atome der jeweiligen Elemente erhalten.

A154.1

Für die Angabe von Atommassen benutzt man eine eigene Einheit, da die Werte der sonst verwendeten Masseneinheiten (in Gramm) sehr klein sind, denn Atommassen sind unvorstellbar klein. Als atomare Masseneinheit verwendet man die Einheit u.
$1\ \text{u} \approx m(\text{Wasserstoff-Atom});\quad 1\ \text{u} = 1{,}66 \cdot 10^{-24}\ \text{g}$.

A154.2

$1\ \text{u} \approx m(\text{Wasserstoff-Atom})$
$1\ \text{u} = 1{,}66 \cdot 10^{-24}\ \text{g}$

A154.3

m(Wasserstoff-Atom) = 1 u = $1{,}66 \cdot 10^{-24}$ g

A154.4

m(Sauerstoff-Atom) =
0,000 000 000 000 000 000 000 026 5 g = $26{,}5 \cdot 10^{-24}$ g

m(Sauerstoff-Atom) = $\dfrac{26{,}5 \cdot 10^{-24} \text{ g}}{1{,}66 \cdot 10^{-24} \text{ g} \cdot \text{u}^{-1}}$ = 16 u

A156.1

Metall: Element mit metallischen Eigenschaften: Glanz, Verformbarkeit, elektrische und thermische Leitfähigkeit
Legierung: Verbindung aus zwei oder mehreren Metallen

Erz: Metallverbindung, die in der Natur vorkommt
Mineral: salzartige Verbindung, die in der Natur vorkommt

Oxidation: chemische Reaktion, bei der Sauerstoff aufgenommen wird

Reduktion: chemische Reaktion, bei der Sauerstoff abgegeben wird

Oxidationsmittel: Reaktionspartner, der die Oxidation bewirkt

Reduktionsmittel: Reaktionspartner der die Reduktion bewirkt

Redoxreaktion: chemische Reaktion, die vom gleichzeitigen Ablaufen einer Oxidation und einer Reduktion gekennzeichnet ist.

Gesetz der konstanten Massenverhältnisse: Die Massen der Ausgangsstoffe einer chemischen Reaktion stehen in einem bestimmten Verhältnis zueinander.

DALTONS *Atommodell:* DALTON macht folgende Aussagen über Atome:
– Jedes Element besteht aus kleinsten, nicht weiter teilbaren Teilchen, den Atomen.
– Die Atome eines Elements haben alle die gleiche Größe und die gleiche Masse. Die Atome unterschiedlicher Elemente unterscheiden sich in ihrer Masse. Damit gibt es genauso viele Atomarten, wie es Elemente gibt.
– Atome sind unzerstörbar. Sie können durch chemische Vorgänge weder vernichtet noch erzeugt werden.
– Bei chemischen Reaktionen werden die Atome der Ausgangsstoffe neu angeordnet und in bestimmten Anzahlverhältnissen miteinander verknüpft.

Elementsymbole: Abkürzungssymbol für ein chemisches Element, das aus mindestens einem Großbuchstaben und gegebenenfalls weiteren klein geschriebenen Buchstaben besteht. Die Abkürzung ist oftmals an den lateinischen oder griechischen Namen des Elementes angelehnt.

A156.2

Kupfer ist ein rotglänzendes Metall, es lässt sich leicht biegen und verformen, hat eine sehr gute elektrische und thermische Leitfähigkeit. In der Natur kommt es in Form seiner oxidischen und sulfidischen Erze vor.

A156.3

a) Bleioxid(s) + Kohlenstoff(s) ⟶
Blei(s) + Kohlenstoffdioxid(g); exotherm
Bei der Reaktion wird Kohlenstoff zu Kohlenstoffdioxid oxidiert. Bleioxid wird zu Blei reduziert. Dabei gibt das Bleioxid Sauerstoff an Kohlenstoff ab. Bei dieser Reaktion laufen also eine Oxidation und eine Reduktion nebeneinander ab. Eine solche Reaktion bezeichnet mal als Redoxreaktion.

b) Kohlenstoff ist das Reduktionsmittel, weil er selbst oxidiert wird. Bleioxid ist das Oxidationsmittel, weil es selbst reduziert wird.

A156.4

a) 1 g = $6 \cdot 10^{23}$ u
1 u = $1{,}66 \cdot 10^{-24}$ g

b) m(Gold-Atom) = 197 u = $197 \cdot 1{,}66 \cdot 10^{-24}$ g
= $3{,}27 \cdot 10^{-22}$ g

A156.5

Kupfer kann man von den drei übrigen Metallen durch seine rote Farbe unterscheiden. Aluminium, Blei und Zink sind dagegen silberfarben, wenn auch in unterschiedlichen Nuancen. Um sie sicher zu unterscheiden, sollte man ihre Dichte bestimmen. Blei hat die größte Dichte der drei Metalle (11,4 $\frac{g}{cm^3}$), Aluminium die niedrigste (2,7 $\frac{g}{cm^3}$). Die Dichte von Zink beträgt 7,2 $\frac{g}{cm^3}$.

A156.6

Beide Münzensorten werden von einem Magneten angezogen. Kupfer ist jedoch nicht magnetisch. Die Anziehung ist demnach nicht auf den Mantel der Münze zurückzuführen, sondern auf seinen magnetischen Kern, der aus Eisen bzw. Stahl gefertigt und nur mit einer dünnen Kupferauflage überzogen ist.

A156.7

a) Quecksilberoxid(s) ⟶
Quecksilber(l) + Sauerstoff(g); endotherm

b) Es handelt sich bei der Reaktion um eine Reduktion.

c) Der Sauerstoff lässt sich mit Hilfe der Glimmspanprobe nachweisen.

A156.8

DALTON macht folgende Aussagen über Atome:
– Jedes Element besteht aus kleinsten, nicht weiter teilbaren Teilchen, den Atomen.
– Die Atome eines Elements haben alle die gleiche Größe und die gleiche Masse. Die Atome unterschiedlicher Elemente unterscheiden sich in ihrer Masse. Damit gibt es genauso viele Atomarten, wie es Elemente gibt.
– Atome sind unzerstörbar. Sie können durch chemische Vorgänge weder vernichtet noch erzeugt werden.

– Bei chemischen Reaktionen werden die Atome der Ausgangsstoffe neu angeordnet und in bestimmten Anzahlverhältnissen miteinander verknüpft.

A156.9

Bei der Umwandlung eines unedlen Metalls in Gold müssten die Atome des Ausgangsstoffes in Gold-Atome umgewandelt werden. Das ist nach DALTONS Atommodell nicht möglich. Bei chemischen Reaktionen bleiben die Atome der jeweiligen Elemente stets erhalten.

A156.10

a) Die hervorragende Wärmeleitfähigkeit des Materials ermöglicht einen effizienten Wärmetransport von der Herdplatte ins Gargut.

b) Kupfer wird von Säuren, wie etwa Essigsäure, leicht angegriffen. Hierbei bilden sich lösliche Kupferverbindungen, die den Geschmack des Gargutes beeinträchtigen. Aus diesem Grund werden die Töpfe mit einem säurebeständigen Material ausgekleidet. So bleiben sie unter allen Bedingungen geschmacksneutral.

A156.11

Gold und Silber können in der Natur gediegen vorgefunden werden. Elementares Silber und Kupfer lassen sich leicht aus ihren Verbindungen gewinnen. Zur Gewinnung von Eisen und Aluminium jedoch ist die Erzeugung wesentlich höherer Temperaturen notwendig und die Kenntnisse über Verhüttungsprozesse müssen deutlich ausgereifter sein.

A156.12

Edelmetalle sind reaktionsträge und gehen auch bei längerem Kontakt mit der Haut nahezu keine chemischen Reaktionen ein. Bei unedleren Metallen wie Zink oder Nickel ist dies nicht der Fall, die sich bildenden Verbindungen können beim Eindringen in die Haut allergische Reaktionen auslösen.

A156.13

Kupfer: Einsatz in Rohrleitungen und Elektrokabeln
Kupfer ist reaktionsträge und korrodiert nicht. Es ist geschmacksneutral, lässt sich gut verformen und leitet den elektrischen Strom sowie Wärme hervorragend.

Messing: Einsatz für Türbeschläge und Rohrleitungsverbindungen.
Messing ist wie Kupfer reaktionsträge und korrodiert ebenfalls nicht. Es ist jedoch deutlich härter und damit für den Einsatz in Bereichen geeignet, die durch größeren Abrieb gekennzeichnet sind.

A157.1

a), b) Aus Kupfererzen kann das Metall gewonnen werden, indem es von seinen Bindungspartnern Sauerstoff bzw. Schwefel getrennt wird. Oxidische Kupfererze werden bei hohen Temperaturen mit Kohlenstoff reduziert. In einer exothermen Reaktion entstehen metallisches Kupfer und Kohlenstoffdioxid, das als Gas entweicht.

Kupferoxid(s) + Kohlenstoff(s) $\longrightarrow$
    Kupfer(s) + Kohlenstoffdioxid(g);   exotherm

c) Individuelle Lösung

d) Individuelle Lösung

A157.2

a) Messing ist korrosionsbeständig und gleichzeitig relativ hart, sodass kein Abrieb des mechanischen Bauteils auftritt.

b) Eine Legierung ist die Verbindung aus zwei oder mehreren Metallen. Sie wird erzeugt, indem man die entsprechenden Metalle zusammenschmilzt und, nachdem die Schmelze gut durchmischt wurde, kontrolliert erstarren lässt.

c) Messing ist eine Legierung aus Kupfer und Zink. Dementsprechend tritt bei der Verbrennung die Oxidation dieser Bestandteile ein, sodass sich Kupferoxid und Zinkoxid bilden.

d) Messing wird durch das gemeinsame Aufschmelzen von Kupfer und Zink gewonnen. Durch die prozentuale Zusammensetzung der Schmelze lassen sich die späteren Eigenschaften des Messings steuern.

11 Eisenerz und Schrott – Grundstoffe der Stahlgewinnung

A159.1

Eisen ist wesentlich härter als Kupfer. Deshalb eignet es sich besser für den Einsatz in Bereichen, die durch hohen Abrieb und Materialbelastung gekennzeichnet sind. Darüber hinaus ist Eisen schmied- und schweißbar, sodass sehr einfach feste und langzeitbeständige Verknüpfungen zwischen einzelnen Komponenten geschaffen werden können.

A159.2

Gegenstand	Verwendungsgrund
Töpfe	Korrosionsbeständigkeit und Geschmacksneutralität
Stuhlgestänge	Biegsamkeit und Belastungsfähigkeit
Messer	Schleifbarkeit, Biegsamkeit, Härte
Treppengeländer	Belastungsfähigkeit, Schweißbarkeit

A160.1

Das Roheisen ist schwerer als die Schlacke, somit sammelt es sich unter der Schlacke an. Nur wenig oberhalb dieser Schmelze wird Frischluft eingeblasen. Die oben schwimmende Schlackeschicht hält die Frischluft vom flüssigen Roheisen fern und verhindert damit dessen Oxidation.

A160.2

Die brennbaren Bestandteile des Gichtgases sind Kohlenstoffmonooxid und Wasserstoff.

Kohlenstoffmonooxid(g) + Sauerstoff(g) ⟶ Kohlenstoffdioxid(g); exotherm

Wasserstoff(g) + Sauerstoff(g) ⟶ Wasser(l); exotherm

A160.3

Die eingeblasene Heißluft sowie die Verbrennungsgase strömen im Hochofen von unten nach oben. Die Feststoffe Koks, Eisenerz und Kalkstein (Zuschläge) bewegen sich dagegen von oben nach unten. Die beiden Stoffströme laufen also in entgegengesetzte Richtung.

A160.4

Eisenhütten befinden sich in Deutschland im Ruhrgebiet und am Niederrhein, im Saarland, bei Hamburg und in Eisenhüttenstadt.
Standortfaktoren für den Aufbau einer Eisenhütte sind das Vorhandensein der Rohstoffe Eisenerz und Koks, die Verfügbarkeit von Arbeitskräften sowie günstige Transportwege und Absatzmärkte. Die heutige Lage wird weiterhin von historisch relevanten Standortfaktoren bestimmt, sodass Eisenhütten zum Teil auch an Standorten zu finden sind, die unter heutigen Aspekten nicht mehr als standortoptimal beschrieben werden können.

A162.1

Roheisen ist spröde, nicht schmiedbar und rostet leicht. Durch die Verringerung des Kohlenstoffanteils und den gezielten Zusatz verschiedenster Legierungsbestandteile entsteht Stahl, der die oben genannten Nachteile nicht aufweist.

A162.2

a) Ein Konverter besteht aus einem feuerfest ausgekleideten Reaktor, der zunächst flüssiges Roheisen enthält. In dieses wird mit Hilfe einer wassergekühlten Lanze Sauerstoff eingeblasen. Hierbei wird der im Roheisen enthaltene Kohlenstoff zu Kohlenstoffdioxid oxidiert. Dieses entweicht gasförmig. Der aufgereinigten Schmelze können dann Legierungsmetalle zugesetzt werden, um die Eigenschaften des Stahls gezielt einzustellen.

b) Der Sauerstoff dient zur Oxidation des im Roheisen enthaltenen Kohlenstoffs. Diese Reaktion verläuft stark exotherm, sodass die Temperatur des Roheisens über die zugeführte Sauerstoffmenge kontrolliert und auf einen gewünschten Wert eingestellt werden kann.

A162.3

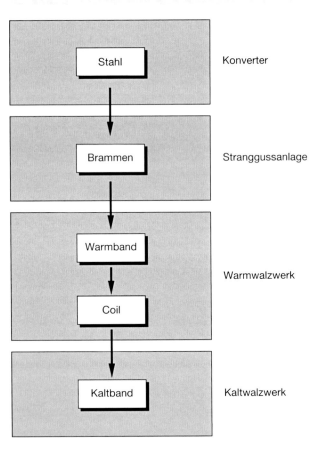

A163.1

Legierungs-bestandteil	erzielte Eigenschaften
Kohlenstoff	Zunahme der Festigkeit und Härtbarkeit, Abnahme der Schmied- und Schweißbarkeit
Cobalt	Steigerung der Wärmefestigkeit
Chrom	Steigerung der Härtbarkeit und Zugfestigkeit sowie Korrosionsbeständigkeit
Mangan	Erhöhung der Härtbarkeit und Festigkeit, Begünstigung der Schmied- und Schweißbarkeit
Molybdän	Begünstigung der Härtbarkeit, Senken der Schneidbarkeit, Erhöhung der Korrosionsbeständigkeit
Nickel	Erhöhung der Korrosionsbeständigkeit
Silicium	Erhöhung der Elastizität
Titan	Stabilisator in korrosionsbeständigen Stählen
Vanadium	Erhöhung des Verschleißwiderstandes
Wolfram	Erhöhung der Warm- und Verschleißfestigkeit

V164.1

a) Nur Eisenpulver zeigt sich magnetisierbar und leitet den elektrischen Strom.

b)

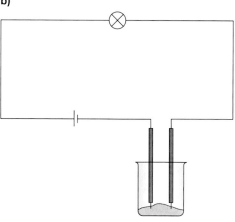

V164.2

a) Der Stahlnagel erweist sich als deutlich härter, mit ihm kann eine Glasplatte leicht geritzt werden.
Der Blumendraht lässt sich leicht verbiegen, er behält seine Ausgangsform nicht bei. Die Rasierklinge federt und nimmt ihre Ausgangsform wieder an.
Weder der Blumendraht noch die Rasierklinge zeigen eine veränderte Verformbarkeit nach dem Erhitzen. Kühlt man die erwärmten Prüfstücke schlagartig ab, so verliert die Rasierklinge ihre Elastizität.

b), c) Individuelle Lösung

V164.3

a) Das Blech überzieht sich nach kurzer Zeit mit einer dunkelgrauen Schicht. Diese ist brüchig und blättert leicht von der Oberfläche des Bleches ab.
Die Eisenwolle beginnt zu glühen. Die Glut frisst sich durch die Eisenwolle hindurch. Es bleibt ein schwarzgrauer Feststoff zurück.

b) Sowohl beim Blech, als auch bei der Eisenwolle entsteht ein schwarzer Feststoff auf der Oberfläche des Metalls, der leicht von dieser herunter zu brechen ist. Im Falle der Eisenwolle setzt sich die Glut von alleine fort, dies ist beim Eisenblech nicht der Fall. Der unterschiedlich heftige Reaktionsverlauf ergibt sich aufgrund der großen Kontaktflächendifferenzen. Im Falle der Eisenwolle kann viel Sauerstoff an die Oberfläche dringen, deshalb setzt sich die Reaktion selbstständig fort.

c) Eisen(s) + Sauerstoff(g) ⟶
schwarzes Eisenoxid(s), exotherm

A164.1

a) Die Wassersäule im Reagenzglas, in dem sich die trockene Eisenwolle befindet, steigt nicht merklich. Im Reagenzglas mit der angefeuchteten Eisenwolle ist jedoch ein deutlicher Anstieg der Wassersäule festzustellen. Weiterhin kann die Bildung eines rotbraunen Feststoffs an der angefeuchteten Eisenwolle beobachtet werden.
Die angefeuchtete Eisenwolle beginnt zu rosten. Hierbei dienen sowohl Wasser als auch der Luftsauerstoff als Reaktionspartner.

b) Bei der Reaktion wird der Sauerstoff aus der Luft im Reagenzglas verbraucht. Wenn kein Sauerstoff mehr vorhanden ist, kommt die Reaktion zum Erliegen. Jedoch kann durch das Wasser des Wasserbades weiterhin gelöster Sauerstoff in das Gefäß eindringen. Dementsprechend ist ein weiterer schwacher Anstieg der Flüssigkeitssäule denkbar.

c) Rost bildet sich besonders schnell, wenn Sauerstoff und Wasser als Reaktionspartner zugegen sind. Erhöhte Temperaturen beschleunigen weiterhin diesen Vorgang.

d) Es werden annähernd die gleichen Beobachtungen zu machen sein. Es ist immer noch Wasser im System zugegen. Des Weiteren ist ein Eindiffundieren von Sauerstoff durch das Öl durchaus denkbar. Dementsprechend kann das System nicht als abgeschlossen angesehen werden. Das weitere Rosten wird demnach stark durch die Löslichkeit von Sauerstoff im jeweiligen Lösemittel (Wasser/Öl) gesteuert.

V165.1

a) Die Ausgangsstoffe erweisen sich als nicht magnetisch. Beim Erhitzen ist ein Aufglühen des Reaktionsgemisches zu erkennen, gleichzeitig steigen Gasblasen aus dem Glasrohr auf. Das Kalkwasser trübt sich. Nach dem Erkalten wird die Reaktionsmischung erneut auf ihre magnetischen Eigenschaften hin geprüft, hierbei werden einige Partikel vom Magneten angezogen.

Eisenerz und Schrott – Grundstoffe der Stahlgewinnung

b) Bei der Reaktion entsteht Kohlenstoffdioxid. Dieses reagiert mit dem Calciumhydroxid im Kalkwasser, wobei schwer löslicher Kalk (Calciumcarbonat) entsteht, der die Lösung trübt.

c) Calciumhydroxid (aq) + Kohlenstoffdioxid (g) ⟶ Calciumcarbonat (s) + Wasser (l)

d) Eisenoxid (s) + Kohlenstoff (s) ⟶ Kohlenstoffdioxid (g) + Eisen (s);   exotherm

e) Eisenoxid dient in dieser Reaktion als Oxidationsmittel, es wird selbst zu Eisen reduziert. Kohlenstoff dient bei dieser Reaktion als Reduktionsmittel, er wird selbst zu Kohlenstoffdioxid oxidiert.

f) Das Experiment bildet Teile des Hochofenprozesses ab. Das Eisenoxid stellt das eingesetzte Eisenerz dar, der Kohlenstoff dient als Ersatz für das Koks. Das Reagenzglas stellt den Hochofen selbst dar, auch wenn es nicht senkrecht eingespannt worden ist. Es fehlt die Zufuhr von Sauerstoff (Wind). Das Gasableitungsrohr ist mit der Gichtgasableitung zu vergleichen, der Bunsenbrenner ersetzt die Heizung mit Gichtgas und die Eigenerwärmung über die exotherm ablaufende Gesamtreaktion des Systems.
Da sich im Inneren der Apparatur nur schwierig größere Mengen Kohlenstoffmonooxid bilden können, kann die Umsetzung im Laborversuch nicht zu größeren Ausbeuten an Eisen führen.

A166.1

Die Thermitreaktion ist ein Spezialverfahren zur Gewinnung von Eisen. Sie kommt überall dort zum Einsatz, wo kleinere Eisenstoffportionen an Ort und Stelle erzeugt werden müssen. Als Grundstoffe der Reaktion werden Eisenoxid und Aluminium verwendet. Diese reagieren miteinander zu Aluminiumoxid und Eisen. Aufgrund der hohen Temperaturen liegt das gebildete Eisen zunächst flüssig vor. Das Aluminiumoxid hat eine geringere Dichte und schwimmt dementsprechend auf dem Eisen auf und schützt dieses so vor erneuter Oxidation durch den Luftsauerstoff.

A166.2

Das Thermitverfahren kommt überall dort zum Einsatz, wo kleinere Stoffportionen Eisen an Ort und Stelle hergestellt werden müssen. Es dient dementsprechend zum Verschweißen von Eisenbahnschienen, deren Lücken zunächst mit flüssigem Eisen gefüllt werden. Das Eisen erstarrt in dieser Lücke und schafft somit eine dauerhafte und belastbare Verbindung zwischen den Schienen-Enden.

A167.1

Edle Metalle: Silber, Gold, Platin
Unedle Metalle: Aluminium, Zink, Eisen, Blei

A167.2

Magnesium und Aluminium sind geeignet, weil diese unedler als Zink sind und dementsprechend als Reduktionsmittel reagieren. Eisen ist edler als Zink und kann deshalb nicht als Reduktionsmittel gegenüber Zinkoxid reagieren.

A169.1

Der Elektroofen wird im Gegensatz zum Hochofen diskontinuierlich betrieben. Dementsprechend lässt sich die Produktionsmenge sehr flexibel an die jeweilige Bedarfssituation des Marktes anpassen. Dies ist im Falle des Hochofens in nur sehr begrenztem Maße möglich, da der Hochofen nur mit sehr großem Aufwand vollständig abgeschaltet bzw. wieder in Betrieb genommen werden kann.

A169.2

Der größte Vorteil der Gewinnung von Stahl nach dem Hochofenverfahren ist in der Produktionsmenge zu sehen. Hier können deutlich größere Chargen hergestellt werden. Das Schrottrecycling im Elektrostahlverfahren bietet den Vorteil, dass bereits hochqualitative Rohstoffe eingesetzt werden können und somit weniger Arbeitsschritte bis zum gewünschten Produkt durchlaufen werden müssen. Weiterhin ist das Verfahren weniger von den Rohstoffpreisen des Weltmarktes abhängig, darüber hinaus ist die Umweltbelastung insgesamt geringer, da weniger Abfallstoffe entstehen. Das Verfahren ist somit insgesamt kostengünstiger und des Weiteren dafür geeignet, flexibel angepasst nach dem jeweiligen Bedarf Stahl zu produzieren.

A169.3

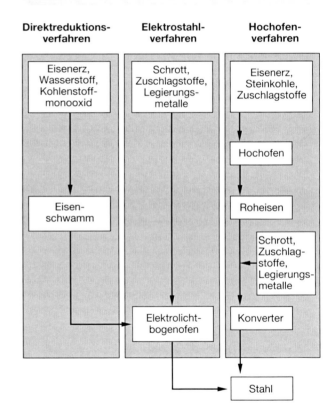

A170.1

Rohstofflieferanten:
Steinkohle: USA, China, Russland, Indien, Australien
Eisenerz: Brasilien, USA, Russland, Indien, Australien, China, Norwegen
Stahlexporteure: Russland, China, Japan, Lateinamerika
Stahlimporteure: USA, Kanada, EU, Naher Osten

Es bleibt festzuhalten, dass die Industrienationen, die oben als Netto-Stahlimporteure genannt worden sind, gleichzeitig auch große Mengen Stahl selbst produzieren und exportieren. Hierbei handelt es sich zumeist um qualitativ hochwertige Stahlsorten, die exportiert werden.

A170.2

Rohstoffpreis in US-$/t							
	2002	2003	2004	2005	2006	2007	2008
Eisenerz	29	33	38	65	78	85	140
Kohle	48	46	57	124	113	97	300
Schrott	102	129	213	229	239	272	320
Nickel	6683	9567	13413	14712	24760	36298	k. A.
Produktion in Millionen t							
Stahl	904	970	1069	1142	1244	1351	1326

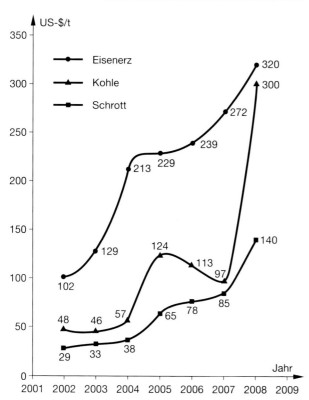

Der Stahlpreis hängt von den Preisen für die zur Herstellung benötigten Rohstoffe ab. Hierzu zählen in erster Linie Eisenerz und Steinkohle. Wenn die Preise für diese Rohstoffe steigen, erhöht sich ebenfalls der Preis für Roheisen. Weiterhin beeinflusst der Preis für die Stahlveredler massiv den Stahlpreis. Auch hier gilt, dass bei einem Anstieg der Preise wie etwa für Schrott, Nickel oder Vanadium auch ein Ansteigen der Stahlpreise zu erwarten ist.

A170.3

Position in der Weltrangliste (gemessen am Stahlumsatz 2008)	Unternehmen
1	Arcelor Mittal
2	Nippon Steel
3	POSCO
4	JFE Steel
5	Tata Steel
6	ThyssenKrupp
7	Baosteel
8	USSteel
9	Nucor
10	Gerdau
11	Severstal
12	Evraz
13	Sumitomo Metals
14	Voestalpine
15	Riva

A172.1

Roheisen: Noch relativ stark verunreinigtes Eisen, das als Produkt des Hochofenprozesses anfällt und im Konverter weiter veredelt werden muss.

Hochofen: industrielle Anlage zur Gewinnung von Roheisen. Im Hochofen werden Kohle und Eisenerz zur Reaktion gebracht.

Stahl: Eisen mit einem geringen Kohlenstoffanteil. Stahl ist weiterhin der Oberbegriff für eine Vielzahl von Eisenlegierungen, die durch den Zusatz von Legierungsmetallen besondere Eigenschaften verliehen bekommen haben.

Edelstahl: Stahlsorten, deren Eigenschaften durch die Beimischung geeigneter Stahlveredler und durch besondere Behandlungsformen wesentlich verbessert wurden. Als Edelstahl werden häufig rostfreie Stahlsorten vereinfachend bezeichnet.

Unedles Metall: Metalle, die von Säuren unter Bildung von Wasserstoff angegriffen werden.
Edles Metall: Metalle, die von nicht oxidierenden Säuren nicht angegriffen werden.

Redoxreihe der Metalle: Tabellarische Zusammenstellung von Metallen. Hierbei wird eine Ordnung nach der Stärke des edlen bzw. unedlen Charakters vorgenommen.

Recycling: Rückgewinnung eines Werkstoffes, um diesen erneut in den Produktkreislauf einzubringen.

A172.2

Eisen ist ein silberweißes Metall, das sich rasch mit einer Oxidschicht überzieht und leicht Rost bildet. In Form von Stahl ist es biegsam und gleichzeitig sehr elastisch und fest. In der Natur kommt Eisen in Form seiner Oxide und Sulfide vor.

A172.3

a) Reines Eisen ist relativ spröde und kann nicht geschweißt werden. Zumeist sind es aber gerade diese Eigenschaften, die der Eisenwerkstoff erfüllen soll, deshalb verwendet man Stahl.

b) Chrom, Nickel, Vanadium, Wolfram, Cobalt, ...

c) Chrom: Steigerung der Härtbarkeit und Zugfestigkeit sowie Korrosionsbeständigkeit
Nickel: Erhöhung der Korrosionsbeständigkeit

A172.4

Eisenoxid(s) + Aluminium(s) ⟶
         Eisen(s) + Aluminiumoxid(s),   exotherm

Aluminium ist das Reduktionsmittel und Eisenoxid das Oxidationsmittel

A172.5

a) Der Sauerstoff bindet aus dem Roheisen Kohlenstoff, Phosphor, Silicium, Schwefel und andere Begleitstoffe wie Mangan. Diese Elemente werden dabei zu den jeweiligen Oxiden umgesetzt.

Kohlenstoff + Sauerstoff ⟶ Kohlenstoffdioxid

Silicium + Sauerstoff ⟶ Siliciumdioxid

Schwefel + Sauerstoff ⟶ Schwefeldioxid

Phosphor + Sauerstoff ⟶ Phosphoroxid

Mangan + Sauerstoff ⟶ Manganoxid

b) Die Oxidationsreaktionen verlaufen exotherm. Dadurch wird Wärme frei, sodass die Temperatur in der Schmelze steigt.

A172.6

a) Koks ist ein günstigerer Rohstoff; die Oxidationsprodukte sind gasförmig und lassen sich dadurch leicht abtrennen; bei der Oxidation wird viel Energie frei, die als Reaktionswärme genutzt werden kann.

b) Koks kann in größerer Menge bereitgestellt werden, weiterhin ist seine Energiedichte größer.

A172.7

Zunächst wird im Hochofen aus Eisenerz, Koks und Zuschlagsstoffen Roheisen hergestellt. Dieses wird im Konverter mit Sauerstoff versetzt, um den noch enthaltenen Kohlenstoff aus der Schmelze zu entfernen. Dann können Legierungsmetalle zugemischt werden, um die Eigenschaften des Stahls nach den Kundenwünschen anzupassen. Der so hergestellte Stahl wird im Walzwerk in Verkaufsform gebracht.

A172.8

a) Schrott wird in einem Elektrolichtbogenofen aufgeschmolzen. Der Schmelze können weitere Legierungsmetalle zugesetzt werden, um die Eigenschaften des Stahls den Kundenwünschen anzupassen.

b) Der Hochofen muss kontinuierlich betrieben werden, da er ansonsten unbrauchbar wird. Dies ist beim Elektrolichtbogenofen nicht der Fall. Die Produktionsmenge kann flexibel dem Bedarf des Marktes angepasst werden.

A172.9

Es muss zur Reduktion ein Metall gewählt werden, das unedler als Aluminium ist. Diese Anforderungen erfüllt Magnesium.

A172.10

Aluminium und Titan sind deutlich leichter als Stahl. Durch Verwendung dieser Metalle wird das Fahrrad leichter.

A172.11

Beim Hochofenprozess entsteht große Hitze. Diese macht es nötig, dass die Außenhaut des Hochofens gekühlt wird. Hierzu eignet sich Wasser als Kühlmittel, welches in großen Mengen bereitgestellt werden muss. Aus diesem Grund erbaute man Hochöfen an Flüssen, um kaltes Wasser dem Flusslauf zu entnehmen und das erwärmte Kühlwasser in den Fluss rückeinzuspeisen.

A172.12

Platin ist ein Edelmetall. Es wird von Säuren und Sauerstoff praktisch nicht angegriffen. Aus diesem Grund eignet es sich besonders gut für Reaktionen bei den genannten Reaktionsbedingungen.

A172.13

Die Metalle, die im Auto-Abgaskatalysator zum Einsatz kommen sind Edelmetalle. Diese haben aufgrund ihres seltenen Vorkommens auf der Erde besonders hohe Preise. Deshalb lohnt es sich, diese Metalle zu recyceln.

A172.14

a) Es ist ein dramatischer Preisanstieg des Nickels bis zum Jahr 2007 festzustellen, danach fällt der Nickelpreis bis zum Anfang des Jahres 2008 sogar unter das Niveau vor dem starken Preisanstieg ab.

b) Die Rohstoffpreise für Nickel und Stahl sind eng aneinander gekoppelt, da Nickel als Legierungsmetall im Stahl dient. Ist die Stahlnachfrage besonders groß, wird auch viel Nickel zur Stahlproduktion benötigt, deshalb steigen der Nickelpreis und der Stahlpreis. Findet eine anderweitige Verknappung des Rohstoffs Nickel statt, wirkt sich dies auch auf den Stahlpreis aus, weil der Preis für Nickel ansteigt.

c) China und Indien sind Nationen, die in den letzten Jahren ein starkes Wirtschaftswachstum zu verzeichnen hatten. In diesem Zusammenhang stieg die Nachfrage nach Stahl drastisch an, weil neue Verkehrswege, Produktionsstätten und Gebäude entstanden. Der Nickelpreis stieg stark an, weil Nickel als Legierungsbestandteil stark nachgefragt wurde.

d) Nickel dient im Wesentlichen als Legierungsbestandteil in Stählen. Dementsprechend hängt sein Wert direkt mit der Nachfrage nach Stahl zusammen.

A172.15

Die Gichtgase stellen Abfallprodukte der Roheisenerzeugung dar. Durch ihre Verbrennung im Winderhitzer dienen sie dazu, den Wind vorzuwärmen, damit er beim Einleiten in den Hochofen nicht kühlend wirkt.

A173.1

a) Dünne Zinküberzüge auf Eisenwerkstoffen dienen als Korrosionsschutz und verhindern somit vorzeitiges Rosten.

b) Zinkoxid(s) + Kohlenstoff(s) ⟶
           Zink(s) + Kohlenstoffdioxid(g);   exotherm

c) Bei der Gewinnung von Zink und Eisen geht man jeweils von den Oxiden aus, die mit Kohlenstoff zu den Metallen umgesetzt werden. Die Aufreinigungsverfahren unterscheiden sich jedoch stark: Während Eisen im Konverter durch das Einblasen von Sauerstoff von seinen Verunreinigungen befreit wird, kann man reines Zink durch eine Destillation erhalten. Dies ist möglich, weil Zink eine deutlich niedrigere Siedetemperatur als Eisen hat.

A173.2

a) Der Sauerstoff für die Oxidation des Magnesiums kann nicht aus den Wasser-Molekülen entnommen werden. Damit die Reaktion ablaufen kann, benötigt man deshalb einen Stoff, der Sauerstoff auf das Magnesium übertragen kann.

b) Das brennende Magnesiumband entnimmt den Sauerstoff für die Oxidation aus der Luft. Den Sauerstoff aus Wasser-Molekülen kann es nicht verwenden. Die Reaktion kann unter Wasser nicht ablaufen.
Die Magnesiumfackel enthält sauerstoffreiche Zusatzstoffe, die leicht Sauerstoff auf das Magnesium übertragen und die Reaktion auch unter Wasser ablaufen lassen.

c) $Mg(s) + H_2O(l) \longrightarrow MgO(aq) + H_2(g)$

Oxidationsmittel: Wasser
Reduktionsmittel: Magnesium

d) Bei der Oxidation von Magnesium werden hohe Temperaturen erreicht. Bei dem aufsteigenden Gas handelt es sich um Wasserstoff.

e) $2\ Mg + CO_2 \longrightarrow 2\ MgO + C$

f)

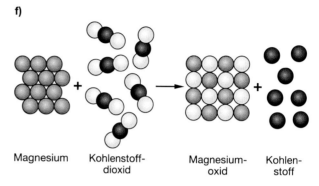

Magnesium   Kohlenstoff-   Magnesium-   Kohlen-
             dioxid   oxid   stoff

g) Der Magnesiumbrand kann mit Sand erstickt werden, da so kein Sauerstoff mehr an das Magnesium gelangen kann.

h) Magnesium ist ein starkes Reduktionsmittel und wird vielfach bei der Gewinnung anderer Metalle eingesetzt.
Magnesiumlegierungen finden aufgrund ihrer geringen Dichte zunehmend Verwendung in der Luft- und Raumfahrt.
Ein typischer Gebrauchsgegenstand aus Magnesium ist ein Bleistiftanspitzer.

i) Reines Magnesium ist nur wenig als Werkstoff geeignet. Metallisches Magnesium wird daher meist als Legierung verwendet. Da Magnesium-Legierungen in der Regel leichter sind als Aluminium-Legierungen mit vergleichbarer Beständigkeit, kommen Magnesium-Legierungen zunehmend im Flugzeug- und Fahrzeugbau zum Einsatz. Darüber hinaus finden Magnesium-Legierungen auch als Verpackungsmaterial beispielsweise bei Getränkedosen Verwendung.
Ein großer Teil des metallischen Magnesiums wird auf dem Weg der Schmelzflusselektrolyse hergestellt.

12 Die Erde, mit der wir leben

A175.1

Unsere Erde ist ein annähernd kugelförmiger Planet mit geschichtetem Aufbau. Um einen Kern aus flüssigem Eisen, der ungefähr 3350 km im Durchmesser misst, liegt der etwa gleich dicke Erdmantel aus Magnesium-Eisen-Verbindungen. Eine rund 100 km dicke Gesteinshülle, die Lithosphäre, schließt das Ganze ab. Sie besteht aus der äußeren, ungefähr 50 km dicken Erdkruste und einem Teil des oberen Erdmantels.

A175.2

a) Der Sauerstoff ist sowohl gesamt gesehen als auch allein in der Erdkruste das häufigste Element. Die Elemente Eisen, Silicium und Magnesium kommen vor allem im Erdkern und im Erdmantel vor. Das erklärt ihren hohen Anteil, wenn man die Zusammensetzung der gesamten Erde betrachtet. In der Erdkruste dagegen ist ihr Anteil deutlich geringer. Hier überwiegen Gesteine, die aus Silicium-Sauerstoff-Verbindungen der Metalle Aluminium, Eisen und Calcium, in geringerem Maße Natrium, Magnesium und Kalium, bestehen.

b)

Sphäre	Elemente
Biosphäre	O, N
Hydrosphäre	H, O
Lithosphäre	Ca, Mg, C, O, Al, Si, O
Erdmantel und Erdkruste	Fe, O, Si, Mg

A175.3

Der Boden bildet mit einer Schichtdecke von einigen Zentimetern bis zwei Metern eine dünne Haut zwischen dem Gestein und der Lufthülle. Er entsteht durch Verwitterungsvorgänge aus festem Gestein. Durch Wind, Regen und Temperaturschwankungen entsteht im Verlauf von Jahrtausenden feinkörniges Material. Auf ihm können Pflanzen wachsen. Sie locken Tiere an, zum Beispiel kleine Insekten. Nach deren Absterben werden die Lebewesen von Mikroorganismen zersetzt. Die abgestorbenen tierischen und pflanzlichen Stoffe und ihre Zersetzungsprodukte nennt man Humus. Zusammen mit den Mineralien aus dem Gestein bildet sich ein kompliziertes Bodengefüge mit Hohlräumen, die mit Luft, Wasser und gelösten Salzen gefüllt sind.

A175.4

Von den heute bekannten 114 chemischen Elementen wurden 22 künstlich hergestellt. Sie sind alle hoch radioaktiv und zerfallen oft schon in Bruchteilen von Sekunden in Elemente mit geringerer Atommasse.

A175.5

Individuelle Lösung

A176.1

Steckbrief des Elementes Calcium:

Vorkommen in der Erdkruste: fünfthäufigstes Element
Aussehen: silbrig glänzendes Metall
Dichte: 1,54 $\frac{g}{cm^3}$
Elektrische Leitfähigkeit: vorhanden
Flammenfärbung: ziegelrot
Chemische Reaktionsfähigkeit:
– bildet an der Luft einen grauen Überzug durch Reaktion mit Sauerstoff
– reagiert mit Wasser unter Bildung von Calciumhydroxid und Wasserstoff; es entsteht eine alkalische Lösung, das Kalkwasser.

A176.2

Kalkwasser kann man herstellen, indem man Calcium oder Calciumhydroxid in Wasser gibt. Im ersten Fall entsteht neben unlöslichem Calciumhydroxid noch Wasserstoff. Das schwer lösliche Calciumhydroxid bildet eine trübe Suspension. Durch Filtration erhält man eine klare Lösung, das Kalkwasser.
Kalkwasser ist ein Nachweismittel für Kohlenstoffdioxid. Beim Durchleiten des Gases trübt sich die Lösung, weil unlöslicher Kalk ausfällt.

A176.3

An feuchter Luft überzieht sich metallisches Calcium mit einer Schicht von Calciumoxid und Calciumhydroxid.

A176.4

Am Aufbau der menschlichen Knochen sind neben Calcium die Elemente Phosphor, Sauerstoff, Wasserstoff, Kohlenstoff, Natrium, Magnesium, Kalium und Fluor beteiligt.

A176.5

Kalkwasser reagiert mit dem Kohlenstoffdioxid der Luft und bildet unlösliches weißes Calciumcarbonat. Da sich immer etwas Luft in einer Vorratsflasche befindet und die Flasche bei Gebrauch geschüttelt wird, bildet sich ein weißer Kalkniederschlag.

A177.1

Bei chemischen Reaktionen reagieren stets Teilchen miteinander. Daher will man in der Chemie oft wissen, wie viele Teilchen in einer Stoffportion enthalten sind.

A177.2

Individuelle Lösung
Vorgehensweise: Die Schokolinsen werden ohne Tüte gewogen. Danach wiegt man eine davon. Die Masse aller

geteilt durch die Masse einer Schokolinse ergibt deren Anzahl. Es muss darauf geachtet werden, dass man die Verpackung, hier die Tüte, nicht mit wiegt.

A177.3

7 Milliarden Menschen brauchen etwa 270 000 Jahre, um die Stoffmenge von 1 mol zu zählen.

A178.1

Die Anzahl von Teilchen in einer Stoffportion ist proportional zu ihrer Masse. Aufgrund ihrer riesigen Zahl ist es aber umständlich, die Teilchenzahl direkt anzugeben. Man verwendet stattdessen die Stoffmenge n. Sie verhält sich proportional zur Masse der Stoffportion: $n \sim m$. Der Proportionalitätsfaktor ist die molare Masse M eines Stoffes: $m = M \cdot n$. Die molare Masse ist also der Quotient aus der Masse und der Stoffmenge eines Stoffes: $M = \frac{m}{n}$; Einheit: $\frac{g}{mol}$

A178.2

$M(Au)$: 196,97 $\frac{g}{mol}$

$M(Zn)$: 65,39 $\frac{g}{mol}$

$M(Cr)$: 51,99 $\frac{g}{mol}$

A178.3

Allgemein gilt: $n = \frac{m}{M}$

Kupfer: $n = \dfrac{10\ g}{63{,}55\ \frac{g}{mol}} = 0{,}16\ mol$

Sauerstoff: $n = \dfrac{50\ g}{16{,}0\ \frac{g}{mol}} = 3{,}1\ mol$

Eisen: $n = \dfrac{0{,}04\ g}{55{,}85\ \frac{g}{mol}} = 0{,}0007\ mol = 0{,}7\ mmol$

A178.4

1 mol Teilchen entspricht 27 g Aluminium. Für die benötigte Menge von 1,5 mmol werden 0,04 g Aluminium abgewogen.

A179.1

a) 1. Man bestimmt das Massenverhältnis, in dem Kupfer und Schwefel miteinander reagieren: Ein Gemisch aus einer genau abgewogenen Portion Kupferpulver mit einem Überschuss an Schwefelpulver wird in einem Reagenzglas erhitzt. Nachdem die Reaktion beendet ist, wird überschüssiger Schwefel durch weiteres Erhitzen verdampft. Nach Abkühlen ermittelt man die Masse des entstandenen Reaktionsprodukts. Von dieser Masse wird die Masse des eingesetzten Kupfers abgezogen. Die Differenz ergibt die Masse an Schwefel, die mit dem Metall reagiert hat und nun Bestandteil des Kupfersulfids ist. Der Versuch wird mehrmals wiederholt. Man kommt zu dem Ergebnis, dass 4 g Kupfer stets mit 1 g Schwefel reagieren (Gesetz der konstanten Massenverhältnisse).

2. Vom Massenverhältnis zum Atomanzahlverhältnis:

Massenverhältnis: $\dfrac{m(\text{Kupfer})}{m(\text{Schwefel})} = \dfrac{4\ g}{1\ g}$

Anzahl N der Kupferatome:

$N(\text{Kupfer-Atome}) = \dfrac{m(\text{Kupfer})}{m(\text{Cu-Atom})} = \dfrac{4\ g}{63{,}55\ u}$

$= \dfrac{4 \cdot 6 \cdot 10^{23}\ u}{63{,}55\ u} = 3{,}8 \cdot 10^{22}$

Anzahl der Schwefel-Atome:
Berechnung analog Kupfer: $N(\text{Schwefel-Atome}) = 1{,}9 \cdot 10^{22}$
Atomanzahlverhältnis:

$\dfrac{N(\text{Cu-Atome})}{N(\text{S-Atome})} = \dfrac{2}{1}$

3. Verhältnisformel:
Kupfer-Atome und Schwefel-Atome reagieren im Stoffmengenverhältnis 2 : 1. Kupfersulfid gehört als Metall/Nichtmetallverbindung zu den salzartigen Stoffen. Eine Portion Kupfersulfid enthält daher doppelt so viele Kupfer-Atome wie Schwefel-Atome. Seine Verhältnisformel lautet somit Cu_2S.

b) Individuelle Lösung

A179.2

Berechnung des Stoffmengenverhältnisses:

Magnesium: $n = \dfrac{m}{M} = \dfrac{1{,}2\ g}{24{,}3\ \frac{g}{mol}} = 0{,}05\ mol$

Chlor: $n = \dfrac{m}{M} = \dfrac{3{,}5\ g}{35{,}5\ \frac{g}{mol}} = 0{,}1\ mol$

1 mol Magnesium reagiert also mit 2 mol Chlor zu Magnesiumchlorid. Das Stoffmengenverhältnis $n(Mg) : n(Cl)$ beträgt 1 : 2. Die Verhältnisformel muss $MgCl_2$ heißen.
Jede Magnesiumchlorid-Portion enthält stets doppelt so viele Chlor-Atome wie Magnesium-Atome im Gitter.

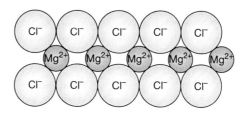

A179.3

Im $Ca(OH)_2$ stehen die beteiligten Elemente Ca, O und H im Stoffmengenverhältnis 1 mol : 2 mol : 2 mol zueinander.

A179.4

56,1 g CaO enthalten 40,1 g Ca-Atome; 10 g CaO enthalten 7,1 g Ca-Atome.

$n(Ca) = \dfrac{m(Ca)}{M(Ca)} = \dfrac{7{,}1\ g}{40{,}1\ \frac{g}{mol}} = 0{,}2\ mol$

A180.1

Aluminium: Kochtöpfe, Folie
Eisen: Essgeschirr, Fahrrad
Kupfer: Elektrokabel
Nickel: preiswerter Schmuck, Münzen
Silber: Essgeschirr, Schmuckgegenstände
Gold: Eheringe, wertvoller Schmuck

A180.2

Individuelle Lösung
Metalle: z. B. Kupfer, Eisen: Glanz, gute thermische und elektrische Leitfähigkeit, gute Verformbarkeit, hohe Schmelztemperaturen
Nichtmetalle: z. B. Schwefel, roter Phosphor: matte Farbe, keine Wärme- und elektrische Leitfähigkeit, spröde, niedrige Schmelztemperaturen

A180.3

a) Chemisches Symbol Hg, Atommasse 200,59 u; silbrig glänzende Flüssigkeit (Schmelztemperatur −38,84 °C) mit hoher Dichte (13,55 $\frac{g}{cm^3}$); gute thermische und elektrische Leitfähigkeit; sondert schon bei Zimmertemperatur giftige Dämpfe ab; geringe chemische Reaktionsfähigkeit, zählt zu den Edelmetallen

b) Quecksilber weist einige metallische Eigenschaften auf: metallischer Glanz, gute Leitfähigkeit für Wärme und elektrischen Strom, lässt sich im festen Zustand gut verformen. Gegen die Zuordnung zu den Metallen spricht die sehr niedrige Schmelztemperatur.

c) Der Aggregatzustand bei Zimmertemperatur eignet sich nicht für die Zuordnung zu einer Stoffgruppe. Nichtmetalle gibt es in jedem Aggregatzustand, beispielsweise gasförmiger Sauerstoff, flüssiges Brom, fester Schwefel.

A180.4

Als Halbmetalle bezeichnet man eine Reihe von chemischen Elementen der III. bis VI. Hauptgruppe des Periodensystems. Sie besitzen teils metallische, teils nichtmetallische Eigenschaften.

A181.1

a) Beryllium Be, Magnesium Mg, Calcium Ca, Strontium Sr, Barium Ba

b) Ähnliche Eigenschaften dieser Elemente:
- silbrig glänzende Leichtmetalle
- oxidieren leicht an der Luft, wobei sich eine feste Oxidschicht bildet
- bei der Reaktion mit Wasser entstehen Hydroxide
- die Lösungen der Hydroxide reagieren alkalisch

A181.2

Magnesium + Wasser ⟶ Magnesiumhydroxid + Wasserstoff

A181.3

Calciumhydroxid löst sich zwar nur wenig in Wasser, die dabei entstehende Lösung (Kalkwasser) ist jedoch so stark alkalisch, dass sie Verätzungen verursacht. Vor allem die Augen müssen beim Umgang mit Kalkwasser geschützt werden.

A182.1

Die beim Flugzeugbau verwendeten Metalle müssen folgende Anforderungen erfüllen: hohe Festigkeit bei geringem Gewicht. Genau diese Eigenschaften besitzen Magnesium-Legierungen.

A182.2

Strontium + Wasser ⟶ Strontiumhydroxid + Wasserstoff

A182.3

Über die Zündschnur wird der Treibsatz gezündet. Die Rakete fliegt in den Himmel. Kurz danach entzündet sich auch der Leuchtsatz, in dem sich neben brennbarem Material farbgebende Erdalkalimetallverbindungen befinden. Die entstehenden Flammen leuchten bunt.

A182.4

Fein verteiltes Calcium besitzt eine sehr große Oberfläche. Sauerstoff kann gut angreifen. Die bei der Oxidation entstehende Wärme entzündet das Metallpulver.

V183.1

a) Man beobachtet verschiedene Flammenfärbungen:
Lithium: rot
Natrium: gelb
Kalium: violett
Strontium: rot
Barium: grün

Erst durch das Cobaltglas ist das Leuchten der Kaliumflamme gut zu erkennen.
Betrachtet man die Flamme durch ein Spektroskop, erkennt man farbige Linien.

b) Am Magnesiastäbchen befinden sich Verunreinigungen. So überdeckt zum Beispiel das oft vorhandene Natrium mit seiner intensiv gelben Flamme andere Farben. Durch kräftiges Erhitzen werden Verunreinigungen entfernt.

V183.2

a)
- Magnesium lässt sich kaum mit dem Messer schneiden.
- Mit einer Oxidschicht belegtes Magnesiumband leitet den elektrischen Strom nur gering. Das blanke Metall zeigt eine bessere elektrische Leitfähigkeit.
- Magnesium brennt mit greller Flamme.
- Lithium und Calcium zeigen ähnliche Eigenschaften wie Magnesium. Lithium ist allerdings deutlich weicher als die Erdalkalimetalle und lässt sich mit dem Messer schneiden.

b)

Eigenschaft	Lithium	Magnesium	Calcium
Härte	mäßig hart	hart	hart
elektrische Leitfähigkeit	vorhanden	vorhanden	vorhanden
Brennbarkeit	brennt mit roter Flamme	brennt mit grell weißer Flamme	brennt mit ziegelroter Flamme

V183.3

a)
- Lithium schwimmt auf dem Wasser. Es entwickeln sich Gasbläschen. Das Metall verschwindet nach einiger Zeit. Das Wasser färbt sich rotviolett.
- Blank geschmirgeltes Calcium geht unter. Erst zögerlich, dann immer deutlicher, entwickeln sich Gasbläschen. Das Wasser trübt sich und färbt sich rotviolett. Die Metallportion nimmt kaum merklich ab.
- Blankes Magnesiumband geht ebenfalls unter und zeigt keine Reaktion. Beim Erwärmen tritt eine blasse rötlich violette Färbung auf. Wenige kleine Gasbläschen entstehen und steigen auf. Die Metallportion erscheint unverändert.

b)
Lithium: In einer Porzellanschale wird die Lösung eingedampft. Man erhält einen weißen Feststoff. Löst man ihn wieder in Wasser, so färbt sich die Lösung bei Zugabe von Phenolphthalein wieder rotviolett. Die Färbung deutet auf ein Metallhydroxid hin.
Calcium: Die Lösung wird filtriert, der Rückstand gut ausgewaschen. Gibt man einen Tropfen Phenolphthalein auf den feuchten Niederschlag, färbt er sich rotviolett – ein Hinweis auf ein Metallhydroxid.
Magnesium: Hier lässt sich wegen der geringen Reaktionsgeschwindigkeit kein Reaktionsprodukt nachweisen.

c)
Lithium + Wasser ⟶ Lithiumhydroxid + Wasserstoff
Calcium + Wasser ⟶ Calciumhydroxid + Wasserstoff
Magnesium + Wasser ⟶
  Magnesiumhydroxid + Wasserstoff

d) Die Beobachtung, dass das Lithium auf dem Wasser schwimmt, die beiden anderen Metalle aber untergehen, zeigt: Lithium besitzt eine geringere Dichte als Wasser, die von Calcium und Magnesium ist größer.

A184.1

Natrium lässt sich schneiden, besitzt eine geringere Dichte als Wasser und schmilzt schon bei 98 °C.

A184.2

Natrium ist sehr reaktionsfreudig. Daher kommt es in der Natur nicht elementar vor. Im Alltag kennt man es daher meist nur als Bestandteil von Verbindungen, beispielsweise im Kochsalz (NaCl).

A184.3

Natriumhydroxid ist ein weißer Feststoff; seine Lösung in Wasser heißt Natronlauge.

A184.4

Gibt man ein Stück Natrium auf die Wasseroberfläche, so schmilzt es und bildet eine Kugel, die sich zischend auf der Oberfläche bewegt. Das geschmolzene Metall liegt, wie ein Luftkissenboot auf Luft, auf dem gleichzeitig entstehenden Gas.
Das Natriumstück auf einem nassen Filtrierpapier bleibt ruhig liegen, entzündet sich aber nach einigen Sekunden. Das Papier verhindert das Hin- und Hergleiten. Dadurch kann sich die Reaktionswärme nicht verteilen. Das Natrium erhitzt sich immer stärker, bis sich der Wasserstoff entzündet und mit gelber Flamme brennt.

A185.1

Vom Lithium zum Caesium nimmt
- die Schmelz- und Siedetemperatur ab,
- die Dichte zu,
- die Härte ab,
- die Reaktionsfähigkeit allgemein zu.

A185.2

Lithium + Wasser ⟶
  Lithiumhydroxid + Wasserstoff; exotherm
Caesium + Wasser ⟶
  Caesiumhydroxid + Wasserstoff; exotherm

A185.3

Die beiden Wissenschaftler untersuchten mit Hilfe des von ihnen konstruierten Spektroskops den Rückstand, den sie durch Eindampfen des Mineralwassers aus Mineralquellen in der Nähe von Bad Dürkheim erhalten hatten. Sie entdeckten besondere, bis dahin unbekannte Linien im Dunkelrotbereich. Diese Linien gehörten zu den noch unbekannten Elementen Rubidium und Caesium.

A186.1

- chemisches Symbol Cl, Atommasse 35,5 u
- gelbgrünes, stechend riechendes Gas („Schwimmbadgeruch")
- Schmelztemperatur: −101 °C, Siedetemperatur: −34 °C
- umweltgefährlich und sehr giftig
- schwerer als Luft: Dichte: 2,95 $\frac{g}{cm^3}$
- sehr reaktionsfähig

A186.2

Die Masse eines Vinylchlorid-Moleküls beträgt 62,5 g; die eines Chlor-Atoms 35,5 g. Der Massenanteil an Chlor in PVC beträgt 56,8 %.

A186.3

a) Chlor wird in geringen Mengen zur Desinfektion eingesetzt, um Bakterien und andere Krankheitserreger abzutöten.

b) Im Hallenbad fehlt gegenüber dem Freibad der Luftaustausch.

A186.4

Chlor ist ein wichtiges industrielles Zwischenprodukt bei der Herstellung von beispielsweise Kunststoffen, Arzneimitteln, Farbstoffen und Pflanzenschutzmitteln.
Mit Hilfe von Chlor lassen sich wichtige Industrieprodukte leicht und preiswert herstellen. Bei der Zersetzung dieser Produkte können gefährliche Chlor-Verbindungen in die Luft oder ins Abwasser gelangen und zu Umweltschäden führen. Katastrophale Umweltschäden durch Chlorverbindungen ereigneten sich 1976 in Seveso/Italien und 1984 in Bhopal/Indien.

A187.1

Ein Liter Chlor wiegt 2,95 g; dies entspricht einer Stoffmenge von $n = \frac{2{,}95 \text{ g}}{35{,}5 \frac{\text{g}}{\text{mol}}} = 0{,}083$ mol.

Ein Liter Wasserstoff wiegt 0,084 g; dies entspricht einer Stoffmenge von $n = \frac{0{,}084 \text{ g}}{1{,}0 \frac{\text{g}}{\text{mol}}} = 0{,}084$ mol.

Ein Liter Sauerstoff wiegt 1,33 g, dies entspricht einer Stoffmenge von $n = \frac{1{,}33 \text{ g}}{16{,}0 \frac{\text{g}}{\text{mol}}} = 0{,}083$ mol.

In einem Liter der verschiedenen Gase ist die gleiche Anzahl Teilchen enthalten.

A187.2

Von einem Molekül spricht man, wenn sich eine bestimmte, kleine Anzahl von Nichtmetall-Atomen zu einem neuen zusammenhängenden Teilchen verbindet.

A187.3

24 l Chlorgas enthalten bei Raumtemperatur 1 mol Teilchen. In 0,028 l sind etwa 0,001 mol Teilchen enthalten.
1 mol Chlor-Moleküle besitzt die Masse von 71,0 g. 28 ml Chlor wiegen 0,071 g.

A187.4

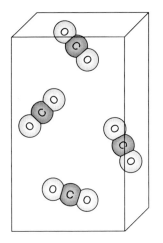 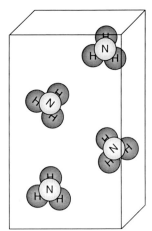

24 l Kohlenstoffdioxid-Gas
1 mol CO_2-Moleküle
44 g

24 l Ammoniak-Gas
1 mol NH_3-Moleküle
17 g

A187.5

In 100 ml Stickstoff befinden sich nach AVOGADRO bei gleichen äußeren Bedingungen doppelt so viele Gasteilchen wie in 50 ml Sauerstoff. Die Formel des Stickstoffoxids muss N_2O lauten.

A188.1

Individuelle Lösung
Beispiel Fluor (F_2):
Eigenschaften: explosionsartige Reaktion mit Wasserstoff und Metallen, ...
Verwendung: wird in Form von Fluorid der Zahnpasta zur Kariesvorbeugung zugesetzt; Bestandteil von Kunststoffen, ...

A188.2

Individuelle Lösung
Modellhafte Skizzen der Moleküle finden sich im Schülerband auf Seite 187 oben.

V189.1

a)

Lösung	KBr	KI	KCl
Cl_2 (aq): farblos + Benzin: farblos	braun braun	gelbbraun violett	–
Br_2 (aq): hellbraun + Benzin: hellbraun	–	gelbbraun violett	–
I_2 (aq): gelbbraun + Benzin: violett	–	–	–

Elementares Brom löst sich in Benzin mit brauner, Iod mit violetter Farbe. Chlor zeigt in Benzin keine farbliche Veränderung.

b) Folgende Reaktionen haben stattgefunden:
Chlor + Kaliumbromid ⟶ Brom + Kaliumchlorid
Chlor + Kaliumiodid ⟶ Iod + Kaliumchlorid
Brom + Kaliumiodid ⟶ Iod + Kaliumbromid

c) Die Reaktivität steigt vom I_2 über Br_2 zu Cl_2. Chlor vertreibt Brom und Iod aus ihren Verbindungen; Brom schafft dies nur beim Iodid; Iod zeigt keine Reaktion.

V189.2

a)
Natriumchlorid-Lösung: farbloser Niederschlag
Natriumbromid-Lösung: gelblicher Niederschlag
Natriumiodid-Lösung: gelber Niederschlag
Salzsäure: farbloser Niederschlag
Leitungswasser: starke Trübung

b) Der Niederschlag ist bei Chloriden farblos, bei Iodiden dagegen gelb.

c) Bei der Natriumchlorid-Lösung entsteht viel mehr Niederschlag; sie enthält also mehr Chlorid als das Leitungswasser.

V189.3

a) Mit zunehmender Erwärmung bilden sich violette Dämpfe über den Iodkristallen, die nach oben steigen. Die Iodkristalle verschwinden nach einiger Zeit. Am kalten Reagenzglas entstehen dunkle Kristalle.

b) Iod sublimiert. Der Ioddampf resublimiert am kalten Glas; es bilden sich unter Umgehung der flüssigen Phase feste Iodkristalle.

c) Iod und seine Verbindungen finden im Zusammenhang mit Funktionsstörungen der Schilddrüse Anwendung. Gelöst in Alkohol wird Iod als Iodtinktur zur Desinfektion kleiner Wunden benutzt.
In der Technik wird Iod bei der Herstellung von Kunststoffen, Farbstoffen, Tinten, in der Fotografie, für Futtermittelzusätze und als Laser verwendet. Mit Hilfe von Silberiodid-Kristallen kann man das Abregnen von Wolken auslösen.

A191.1

Das Reaktionsschema beschreibt eine chemische Reaktion auf Stoffebene mit Worten. Quantitative Angaben und Angaben zur Art der beteiligten Teilchen werden nicht gemacht. Eine Reaktionsgleichung gibt mit Hilfe von Formeln auf der Teilchenebene die Anzahl der beteiligten Teilchen an; auf der Stoffebene beschreibt sie die Stoffmenge.

A191.2

a), b) richtige Reaktionsgleichung: $2\ Na + Cl_2 \longrightarrow 2\ NaCl$
Fall a): Im Chlorgas liegen zweiatomige Moleküle vor. Da auf der linken Seite nun zwei Chlor-Atome stehen, müssen diese auch auf der rechten Seite erscheinen. Der Faktor 2 vor dem Produkt NaCl gewährleistet dies. Außerdem muss dadurch links die Anzahl der Natrium-Atome ebenfalls verdoppelt werden.

Fall b): Auf der linken Seite ist Chlor richtig als zweiatomiges Molekül dargestellt. Somit muss rechts der Faktor 2 vor das Produkt treten, wobei die Zahl der Natrium-Atome links ebenfalls verdoppelt werden muss.

A191.3

$3\ Br_2 + 2\ Fe \longrightarrow 2\ FeBr_3$

A191.4

Kaliumfluorid (KF)

A191.5

a)
Natrium + Brom ⟶ Natriumbromid
Natrium + Schwefel ⟶ Natriumsulfid
Natrium + Sauerstoff ⟶ Natriumoxid

Eisen + Brom ⟶ Eisenbromid
Eisen + Schwefel ⟶ Eisensulfid
Eisen + Sauerstoff ⟶ Eisenoxid

Aluminium + Brom ⟶ Aluminiumbromid
Aluminium + Schwefel ⟶ Aluminiumsulfid
Aluminium + Sauerstoff ⟶ Aluminiumoxid

b)
$4\ Al + 3\ O_2 \longrightarrow 2\ Al_2O_3$
$2\ Na + Br_2 \longrightarrow 2\ NaBr$

A192.1

$H_2 + F_2 \longrightarrow 2\ HF$

A192.2

Salzsäure HCl(aq) ist eine Lösung von Chlorwasserstoffgas HCl(g) in Wasser. Die in reiner Form farblose Flüssigkeit reagiert stark sauer, wie die Rotfärbung von Universalindikator anzeigt. Aus konzentrierter Salzsäure entweicht wieder Chlorwasserstoff. Dies erkennt man daran, dass in feuchter Luft Nebel entstehen.

A192.3

Schon im ausgehenden Mittelalter wurde Salzsäure aus Steinsalz und Eisenvitriol (komplizierter aufgebautes Eisensalz), etwas später mit Hilfe von Schwefelsäure gewonnen. Die Herstellung aus Salz gab der Säure ihren Namen.

A192.4

Flusssäure kann Glas auflösen. Deshalb muss sie in Kunststoffgefäßen aufbewahrt werden. Dieses Material wird nicht von der Säure angegriffen.

A192.5

Bromwasserstoff ist ein farbloses Gas. Seine Lösung in Wasser heißt Bromwasserstoffsäure.

A192.6

Chlorwasserstoffgas zieht begierig Wasser an. In feuchter Luft bilden sich Salzsäure-Nebeltröpfchen.

A194.1

a) *Alkalimetalle:* Elementfamilie mit den sehr reaktionsfähigen Metallen Lithium, Natrium, Kalium, Rubidium und Caesium. Der Namensteil „Alkali" leitet sich aus dem arabischen Wort für Holzasche „alqaljan" ab. Er bezieht sich auf die alkalische Reaktion der Lösung der Alkalihydroxide in Wasser.

Erdalkalimetalle: Elementfamilie mit den Metallen Beryllium, Magnesium, Calcium, Strontium und Barium. Sie besitzen ähnliche Eigenschaften wie die Alkalimetalle, sind aber weniger reaktionsfähig. Der Namensteil „Erd" weist darauf hin, dass Verbindungen dieser Elemente in der Erdkruste zu finden sind.

Hydroxid, Lauge: Metallverbindungen mit der allgemeinen Formel $Me(OH)_n$. Die Alkalihydroxide (MeOH) lösen sich in Wasser und bilden dabei Laugen.

Halogene: Elementfamilie mit den besonders reaktionsfähigen Nichtmetallen Fluor, Chlor, Brom und Iod.

Salz: chemische Verbindung aus Metall und Nichtmetall.

Elementfamilie: Gruppe von Elementen mit ähnlichen Eigenschaften; Beispiele: Alkalimetalle, Erdalkalimetalle, Halogene.

Erdkruste: Etwa 50 km dicke äußere Schicht der Erdkugel. In ihr findet man die natürlich vorkommenden Elemente, meist in chemischen Verbindungen.

Reaktionsgleichung: Kurzform für die Beschreibung einer chemischen Reaktion; die beteiligten Stoffe werden durch Formeln dargestellt.

Mol, molare Masse: Die Stoffmenge von $6 \cdot 10^{23}$ Teilchen bezeichnet man als ein Mol.
Die Masse M eines Mols Teilchen heißt molare Masse oder Molmasse. Sie ist der Proportionalitätsfaktor zwischen der Masse m und der Stoffmenge n einer Stoffportion:

$m = M \cdot n$, Einheit: $\frac{g}{mol}$.

Molekül, Molekülformel: Moleküle sind Teilchen, in denen eine bestimmte, kleine Anzahl von Nichtmetall-Atomen miteinander zu einem Teilchen verbunden ist. Die Molekülformel gibt die zahlenmäßige Zusammensetzung eines Moleküls an.

Verhältnisformel: Die Verhältnisformel gibt das Atomzahlenverhältnis in einer chemischen Verbindung an.

A194.2

Sauerstoff O, Silicium Si, Aluminium Al, Eisen Fe, Calcium Ca, Natrium Na, Magnesium Mg, Kalium K, Wasserstoff H, Titan Ti

A194.3

Metalle: Eisen, Aluminium, Zink, Blei, Gold
Nichtmetalle: Kohlenstoff, Wasserstoff, Sauerstoff, Schwefel, Phosphor

A194.4

Alkalimetalle: Lithium, Natrium, Kalium
Erdalkalimetalle: Beryllium, Magnesium, Calcium
Halogene: Fluor, Chlor, Brom

A194.5

a) Die Produkte, die bei der Reaktion zwischen Alkalimetallen und Halogenen entstehen, nennt man Salze.

b) Kalium + Iod ⟶ Kaliumiodid
$2 K + I_2 \longrightarrow 2 KI$

A194.6

Alkalimetalle und Halogene sind sehr reaktionsfreudige Elemente. Sie reagieren schnell zu chemischen Verbindungen.

A194.7

In die Lösung gibt man einige Tropfen verdünnte Salpetersäure und einige Tropfen Silbernitrat-Lösung. Bei Anwesenheit von Bromid-Ionen fällt ein gelblicher Niederschlag aus.

A194.8

a) Wasserstoff

b) Das Natriumstück ist hier frei beweglich. Die entstehende Reaktionswärme kann dadurch besser abgeführt werden. Das Metall erhitzt sich weniger, die Entzündungstemperatur des Wasserstoffs wird nicht erreicht.

c) Es entsteht Natriumhydroxid, das mit Wasser Natronlauge bildet. Diese alkalische Lösung färbt den Indikator.

A194.9

a) 275 mg Barium entsprechen 2 mmol Barium-Atome. Aus dem Molvolumen für Gase von 24 l bei Zimmertemperatur und Normaldruck lässt sich berechnen: 48 ml Wasserstoff entsprechen 2 mmol Wasserstoff-Molekülen. Da die Wasserstoff-Moleküle aus zwei Wasserstoff-Atomen zusammengesetzt sind, kommen auf ein Atom Barium zwei Wasserstoff-Atome.
Es ist bekannt, dass die Metallhydroxide die allgemeine Zusammensetzung $Me(OH)_n$ besitzen. Dann muss die Verhältnisformel für Bariumhydroxid $Ba(OH)_2$ lauten.

b) Barium + Wasser ⟶ Bariumhydroxid + Wasserstoff
$Ba + 2 H_2O \longrightarrow Ba(OH)_2 + H_2$

A194.10

a) $n(Mg) = \dfrac{m(Mg)}{M(Mg)} = \dfrac{0{,}001 \text{ g}}{24{,}3 \frac{g}{mol}} = 0{,}04 \text{ mmol}$

1 mg Magnesium enthält 0,04 mmol.

b) $Mg + 2 H_2O \longrightarrow Mg(OH)_2 + H_2$
1 Mol Magnesium-Atome setzen 1 Mol Wasserstoff-Moleküle frei. Bei Raumtemperatur und Normaldruck entspricht dies 24 l Wasserstoffgas.

1 mg Magnesium enthält 0,04 mmol Teilchen. Sie setzen 0,96 ml Wasserstoffgas frei.

A194.11

Die Calciumspäne reagieren mit Wasser. Dabei entsteht Wasserstoffgas, das das Gemisch porös macht.

A194.12

grün: Barium, rot: Lithium, violett: Kalium

A194.13

a) Chlor + Natriumbromid $\longrightarrow$ Natriumchlorid + Brom
$Cl_2 + 2\ NaBr \longrightarrow 2\ NaCl + Br_2$

b) Chlor ist reaktionsfähiger als Brom. Es vertreibt das Brom aus seinem Salz und geht selbst eine Verbindung mit dem Natrium ein.

A194.14

Das Halogen reagiert mit dem Metallbeschlag am Glaskolben. Es entsteht Wolframhalogenid, das bei hohen Temperaturen gasförmig ist. Gelangt das Wolframhalogenid an die heiße Glühwendel, zersetzt es sich wieder zu Wolfram und Halogen. Dadurch wird verhindert, dass der Wolframdraht immer dünner wird und schließlich zerreißt.

A195.1

a) Der südliche Teil der Alpen, vor allem in Italien, wird als Dolomiten bezeichnet.

b) Bei Zugabe von Salzsäure zur Dolomit-Suspension entsteht Kohlenstoffdioxid, wie die Trübung des Kalkwassers zeigt. Die Flammenfärbung weist auf das Element Calcium hin.

c) Dolomit + Salzsäure $\longrightarrow$
    Kohlenstoffdioxid + Calciumchlorid + Magnesiumchlorid
$CaMg(CO_3)_2 + 4\ HCl \longrightarrow 2\ CO_2 + CaCl_2 + MgCl_2 + 2\ H_2O$

Kohlenstoffdioxid + Kalkwasser $\longrightarrow$ Kalk
$CO_2 + Ca(OH)_2 \longrightarrow CaCO_3 + H_2O$

d) Individuelle Lösung
Mögliche Vorgehensweise: Nachweis des Halogens mit Silbernitrat: 1 Probe Iodid + 2 Proben Chlorid; Überprüfung der Flammenfärbung ergibt, welche Probe Natrium- und welche Kaliumchlorid enthält.
Einige Milliliter der Salzlösungen werden mit zwei Tropfen verdünnter Salpetersäure versetzt. Dann gibt man einige Tropfen Silbernitrat-Lösung hinzu. In der Chlorid-Lösung fällt ein weißer, beim Iodid ein deutlich gelber Niederschlag aus.

Bei den übrig bleibenden beiden Reagenzgläsern wird mit Hilfe der Flammenfärbung das jeweilige Metall nachgewiesen. Hierzu wird ein Magnesiastäbchen kurz in Salzsäure getaucht und so lange in der nichtleuchtenden Brennerflamme geglüht, bis keine Flammenfärbung mehr zu beobachten ist. Nun taucht man das Stäbchen in die eine Salzlösung und dann wiederum in die Flamme. Das gleiche wird nach Überprüfung des ersten mit dem zweiten Reagenzglas wiederholt. Natrium färbt die Flamme leuchtend gelb, Kalium fahl-violett.

A195.2

a) Natrium wird unter Paraffinöl aufbewahrt. Man müsste Paraffinöl auffüllen. Bei der Reaktion von Natrium mit Wasser entsteht Wasserstoff-Gas und sehr viel Wärme. Das Gas würde sich entzünden beziehungsweise mit Luft gemischt explodieren.

b) Natrium reagiert mit Wasser heftig unter starker Wärmeentwicklung. Diese kann so groß sein, dass sich das Wasserstoffgas entzündet.
$2\ Na(s) + 2\ H_2O(l) \longrightarrow 2\ NaOH(aq) + H_2(g)$

c) Typische metallische Eigenschaften des Elements Natrium: silbrig glänzend, guter Leiter für Wärme und elektrischen Strom.
Die frische Schnittfläche bleibt nur kurze Zeit silbrig glänzend, dann überzieht sie sich mit einem hellgrauen Belag. Natrium reagiert schnell mit Luftsauerstoff und der Luftfeuchtigkeit zu Natriumoxid beziehungsweise Natriumhydroxid.

d) weitere Alkalimetalle: Lithium, Kalium, Rubidium, Caesium
Gemeinsame Eigenschaften der Alkalimetalle: reaktionsfreudige Leichtmetalle, niedrige Schmelztemperaturen, geringe Härten, geben charakteristische Flammenfärbungen.
Unterschiede: unterschiedliche Flammenfärbungen, Schmelz- und Siedetemperaturen nehmen vom Lithium zum Caesium hin ab, die Dichten nehmen zu.

e) $2\ Me + 2\ H_2O \longrightarrow 2\ MeOH + H_2$
Die Lösungen der Alkalimetallhydroxide (Laugen) wirken sehr stark ätzend. Daher muss man vorsichtig mit ihnen umgehen und dabei stets eine Schutzbrille tragen.

f) Beim Eindampfen einer Lauge erhält man feste Alkalimetallhydroxide. Natriumhydroxid beispielsweise ist ein weißer hygroskopischer Feststoff, der schon bei 322 °C schmilzt. Er ist äußerst stark ätzend, daher auch sein Name „Ätznatron". Abflussreiniger enthalten bis zu 60 % Natriumhydroxid. Natronlauge ist eine wichtige Industriechemikalie. Im Haushalt wird sie zum Abbeizen von alten Farben und Lacken verwendet. In sehr verdünnter Form gibt sie Laugenbackwerk wie Laugenbrezeln den typischen Geschmack.

13 Elemente – Vielfalt gut geordnet

A198.1

MENDELEEV ordnete die zueinander ähnlichen Elemente nach steigender Atommasse in Reihen nebeneinander. Im Periodensystem stehen die Elementfamilien untereinander. Bei genauer Betrachtung gibt es viele Übereinstimmungen aber auch Fehler. So fehlen die Edelgase ganz. Ebenso werden an einigen Stellen heutige Nebengruppenelemente Hauptgruppenelementen zugeordnet (Thallium zu den Alkalimetallen, Zink und Cadmium zu den Erdalkalimetallen). Eine derartige Trennung in Haupt- und Nebengruppenelemente kannte MENDELEEV nicht.
MENDELEEV ordnete die Elemente Tellur und Iod wie im heutigen Periodensystem nicht nach der Atommasse, sondern nach der Zugehörigkeit zur jeweiligen Elementfamilie ein.

A198.2

Die Elemente wurden nach chemischer Verwandtschaft und nach steigender Atommasse geordnet. Im Zweifel erhielt die chemische Verwandtschaft das größere Gewicht.

A198.3

Die Farbe ist keine charakteristische, periodische Eigenschaft der Elemente.

A199.1

I   Alkalimetalle
II   Erdalkalimetalle
VII Halogene
VIII Edelgase

A199.2

Die Metalle stehen links und im mittleren Bereich unten im Periodensystem, die Nichtmetalle rechts und im mittleren Bereich oben. Die Trennlinie verläuft diagonal von oben links nach unten rechts.
Beispiele Metalle: Natrium, Eisen, Kupfer.
Beispiele Nichtmetalle: Helium, Chlor, Sauerstoff.

A199.3

In den ersten beiden Gruppen sind nur Metalle zu finden. Die Elemente der Gruppen VII und VIII sind typische Nichtmetalle. Dadurch sind die Ähnlichkeiten auffälliger als beispielsweise in der Gruppe IV, in der oben das Nichtmetall Kohlenstoff und unten das Metall Blei steht.

A201.1

Radioaktivität ist die Erscheinung, dass Elemente wie Uran ohne jede Einwirkung von außen Strahlen aussenden; dabei entstehen Atome anderer Elemente.
α-Strahlen werden zur Kathode abgelenkt, sie bestehen aus zweifach positiv geladenen Helium-Ionen (He^{2+}).
β-Strahlen werden zur Anode abgelenkt, es handelt sich um schnelle Elektronen.
γ-Strahlen sind elektrisch neutral, sie werden daher nicht abgelenkt.

A201.2

Beispiele: Altersbestimmung von historischen Funden oder Gesteinen, Durchleuchten von Gegenständen in der Metallindustrie, Diagnose und Behandlung in der Medizin

A201.3

a) RUTHERFORD entwickelte das Kern/Hülle-Modell: Danach hat ein Atom ein Massezentrum mit positiver Ladung, den Atomkern. Um den Atomkern bewegen sich die negativ geladenen, fast masselosen Elektronen. Sie bilden die Atomhülle (Elektronenhülle).

b) Die meisten α-Teilchen gelangen ungehindert durch die Goldfolie, da sie weder von den Atomkernen abgelenkt werden, noch mit ihnen zusammenstoßen. Sie sind auf dem Schirm gegenüber der Lochblende zu sehen. Einige α-Teilchen werden durch Atomkerne von ihrer Bahn abgelenkt oder durch den Zusammenstoß mit Atomkernen zurückgeworfen.

A201.4

Der Atomkern musste klein sein, weil RUTHERFORD den Durchgang der α-Teilchen durch die Goldfolie beobachten konnte. Weil aber auch wenige der positiv geladenen und sehr energiereichen α-Teilchen stark abgelenkt wurden oder in die Ausgangsrichtung zurückprallten, musste der Atomkern sehr schwer und positiv geladen sein.

A201.5

Das Kern/Hülle-Modell und der Streuversuch von RUTHERFORD zeigen, dass das Atom aus kleineren Teilchen besteht, die im Atomkern beziehungsweise in der Atomhülle angeordnet sind. Auch das Auftreten radioaktiver Strahlung weist auf die Teilbarkeit von Atomen hin. Der Name Atom wurde aber beibehalten, da er bereits zu einem festen Begriff in der Fachsprache geworden war.

A203.1

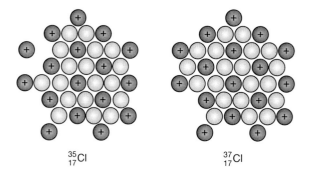

$^{35}_{17}Cl$ $^{37}_{17}Cl$

A203.2

Atom	Anzahl der Protonen und Elektronen	Anzahl der Neutronen	Ordnungszahl
$^{1}_{1}H$	1	0	1
$^{2}_{1}H$	1	1	1
$^{3}_{1}H$	1	2	1
$^{12}_{6}C$	6	6	6
$^{13}_{6}C$	6	7	6
$^{14}_{6}C$	6	8	6
$^{16}_{8}O$	8	8	8
$^{23}_{11}Na$	11	12	11
$^{27}_{13}Al$	13	14	13
$^{31}_{15}P$	15	16	15
$^{32}_{16}S$	16	16	16
$^{40}_{20}Ca$	20	20	20
$^{127}_{53}I$	53	74	53
$^{137}_{56}Ba$	56	81	56
$^{235}_{92}U$	92	143	92
$^{238}_{92}U$	92	146	92

A203.3

Magnesium:
0,787 · 24 u + 0,101 · 25 u + 0,112 · 26 u = 24,325 u

Silicium:
0,922 · 28 u + 0,047 · 29 u + 0,031 · 30 u = 28,109 u

Schwefel:
0,95 · 32 u + 0,008 · 33 u + 0,042 · 34 u = 32,092 u

Diese Werte sind nur wenig größer als die Tabellenwerte.

Hinweis: Ursache für die Abweichung ist der *Massendefekt*, also die Umwandlung eines kleinen Anteils der Masse in Energie bei der Bildung von Atomen aus den Elementarteilchen.

A203.4

$_{52}$Te: 128 u
$_{53}$I: 127 u

Der Atomkern des Iods enthält mit 53 Protonen ein Proton mehr als der des Tellurs. Die Zahl der Protonen bestimmt die Ordnungszahl. Die größere Atommasse des Tellurs ergibt sich aus zwei zusätzlichen Neutronen.

A203.5

$m(D_2O) = 20$ u $\Rightarrow M(D_2O) = 20 \frac{g}{mol}$

Deuteriumoxid findet in Kernkraftwerken als Moderator Verwendung. Ein Moderator sorgt dafür, dass freie, „schnelle" Neutronen abgebremst werden.
Außerdem setzt man schweres Wasser in der NMR-Spektroskopie für die Messung wasserlöslicher Verbindungen (z. B. Proteine und Nukleinsäuren für Messungen zur NMR-Strukturaufklärung) ein.
Ebenso findet Deuteriumoxid zur gezielten chemischen Synthese selektiv deuterierter Verbindungen Anwendung.

A203.6

Für den Nachweis von Protonen und Elektronen spielte ihre elektrische Ladung eine entscheidende Rolle. Für den Nachweis der ungeladenen Neutronen musste daher eine völlig neue Versuchsanordnung entwickelt werden.

A205.1

Um den Atomkern, der aus Protonen und Neutronen aufgebaut ist, kreisen die Elektronen in Elektronenschalen. Die Elektronenschalen bezeichnet man von innen nach außen mit den Buchstaben K, L, M, N, O, P, Q.
Man ordnet die Elemente nach steigender Protonenzahl und damit auch Elektronenzahl. Von Element zu Element nimmt die Zahl der Protonen und Elektronen im Atom um eins zu.
Die Schalen werden von innen nach außen mit Elektronen besetzt. Für die maximale Anzahl z der Elektronen, die eine Schale aufnehmen kann, gilt die Beziehung $z = 2 \cdot n^2$, wobei n die Nummer der Schale ist.

A205.2

- Die Schalen können unterschiedlich viele Elektronen aufnehmen. Je weiter die Schale vom Atomkern entfernt ist, desto mehr Elektronen können aufgenommen werden.
- Die K-Schale kann maximal 2 Elektronen aufnehmen, die L-Schale 8 und die M-Schale 18.
- Die innersten Schalen werden zuerst besetzt.
- Innerhalb einer Periode wird eine Schale von einem Element zum nächsten immer um ein weiteres Elektron befüllt.
- Die äußerste Schale wird mit maximal 8 Elektronen befüllt. Danach werden gegebenenfalls noch nicht vollständig besetzte Unterschalen aufgefüllt.

A205.3

a)

Element	Verteilung der Elektronen		
	K	L	M
$_5$B	2	3	
$_6$C	2	4	
$_7$N	2	5	
$_8$O	2	6	
$_{12}$Mg	2	8	2
$_{13}$Al	2	8	3
$_{14}$Si	2	8	4
$_{15}$P	2	8	5
$_{16}$S	2	8	6

Die K-Schale ist in allen Fällen voll besetzt. Beginnend mit Magnesium ist auch die L-Schale voll besetzt.

b)

Element	Anzahl Elektronen in der Außenschale
$_5$B	3
$_6$C	4
$_7$N	5
$_8$O	6
$_{12}$Mg	2
$_{13}$Al	3
$_{14}$Si	4
$_{15}$P	5
$_{16}$S	6

Es fällt auf, dass die Anzahl der Elektronen auf der Außenschale eines Elements mit dessen Hauptgruppennummer übereinstimmt.

A205.4

Schale	Maximale Elektronenanzahl
K	2
L	8
M	18
N	32
O	50

A205.5

Bei den Lanthanoiden wird die O-Schale aufgefüllt. Bei den Actinoiden wird die P-Schale aufgefüllt.

A206.1

Na·   ·Mg·   ·Ȧl·   ·Ṡi· |Ṗ· |S̄· |C̄l· |Ār|

A206.2

Element	Atombau	Periodensystem
Li	3 Protonen, 3 Elektronen, 4 Neutronen, I. Hauptgruppe, 2. Periode	Ordnungszahl 3, Massenzahl 7, 1 Außenelektron, 2 besetzte Schalen
C	6 Protonen, 6 Elektronen, 6 Neutronen, IV. Hauptgruppe, 2. Periode	Ordnungszahl 6, Massenzahl 12, 4 Außenelektronen, 2 besetzte Schalen
Mg	12 Protonen, 12 Elektronen, 12 Neutronen, II. Hauptgruppe, 3. Periode	Ordnungszahl 12, Massenzahl 24, 2 Außenelektronen, 3 besetzte Schalen

A208.1

Periodensystem der Elemente: tabellarische Anordnung der Elemente in Perioden und Gruppen.

Periode und Gruppe: Perioden sind die Zeilen des Periodensystems, Gruppen die Spalten. Die Gruppen enthalten jeweils Elementfamilien; in der Periode sind die Elemente der einzelnen Elementfamilien nebeneinander gestellt.

Ordnungszahl: fortlaufende Nummer der Elemente im Periodensystem.

Massenzahl: gibt die Anzahl der Nukleonen im Atomkern an.

Atombau: Atome sind entgegen früheren Ansichten zusammengesetzte Teilchen. Sie besitzen eine innere Struktur, die durch das Kern/Hülle-Modell beschrieben wird.

Kern/Hülle-Modell: Atome haben einen kleinen positiv geladenen Kern, der fast die ganze Masse enthält. Die Atomhülle enthält die negative Ladung: Elektronen bewegen sich in Schalen um den Kern. Jede Elektronenschale kann nur eine bestimmte Maximalzahl an Elektronen aufnehmen.

Elektronen: negativ geladene Teilchen mit sehr geringer Masse; ihre Ladung entspricht einer Elementarladung; Symbol: e^-.

Nukleonen: Protonen, Neutronen: Die positiv geladenen Protonen (Symbol: p^+) und die elektrisch neutralen Neutronen (Symbol: n) sind die Bausteine des Atomkerns. Sie werden daher zusammenfassend als Nukleonen bezeichnet. Protonen und Neutronen haben praktisch die gleiche Masse; sie beträgt rund 1 u.

Isotop: Isotope sind Atome, die sich zwar in ihrer Masse unterscheiden, aber die gleiche Kernladungszahl aufweisen; sie gehören also jeweils zum gleichen Element. Isotope treten bei den meisten Elementen auf; nur relativ wenige bestehen aus einer einzigen Atomart.

Schalenmodell: Modellvorstellung über den Aufbau der Atomhülle; die Elektronen bewegen sich in definierten Schalen, denen jeweils ein bestimmtes Energieniveau zugeordnet werden kann.

Außenelektronen: Die Elektronen eines Atoms, die sich in der äußersten Schale befinden werden als Außen- oder Valenzelektronen bezeichnet. Sie bestimmen maßgeblich die Reaktivität des Elements.

A208.2

Die Metalle stehen links und im mittleren Bereich unten im Periodensystem, die Nichtmetalle rechts und im mittleren Bereich oben. Die Trennlinie verläuft diagonal von oben links nach unten rechts.
Metalle: Li, Ca, Pb, Ag
Nichtmetalle: He, Cl, O, C

A208.3

Die Einordnung eines Elements in das Periodensystem wird durch die Ordnungszahl angegeben. Elemente einer Elementfamilie bilden eine Gruppe und stehen untereinander. Elemente einer Periode stehen nebeneinander. Der Platz eines jeden Elements ist durch seine Gruppe und seine Periode eindeutig festgelegt. Die Metalle stehen im Periodensystem links und unten. Die Nichtmetalle stehen rechts und oben.

A208.4

Wäre bei der Einordnung von Tellur und Iod die Atommasse das entscheidende Kriterium, so müsste Tellur an 53. Stelle im Periodensystem stehen, da es schwerer als Iod ist. Allerdings bestimmt die Ordnungszahl, die Anzahl der Protonen, die Einordnung eines Elements. Iod besitzt ein Proton mehr als Tellur und steht somit nach Tellur an 53. Stelle im Periodensystem.

A208.5

a) Ein Phosphor-Atom ist aus je 15 Protonen und Elektronen sowie 16 Neutronen aufgebaut.

b) Die Atome stimmen in der Anzahl der Protonen und Elektronen überein.
Das Isotop $^{30}_{15}P$ enthält jedoch nur 15 Neutronen im Kern, das Isotop $^{31}_{15}P$ dagegen 16.

A208.6

a)
6 Protonen: C: zwei Schalen sind besetzt (K, L)
8 Protonen: O: zwei Schalen sind besetzt (K, L)
14 Protonen: Si: drei Schalen sind besetzt (K, L, M)

C: 4 Außenelektronen
O: 6 Außenelektronen
Si: 4 Außenelektronen

b)
$^{12}_{6}C$: 6 Protonen, 6 Neutronen, 6 Elektronen
$^{16}_{8}O$: 8 Protonen, 8 Neutronen, 8 Elektronen
$^{28}_{14}Si$: 14 Protonen, 14 Neutronen, 14 Elektronen

A208.7

oben links: Lithium; oben rechts: Chlor;
unten links: Argon; unten rechts: Neon

A208.8

Sauerstoff-Atom (O)

Abstand vom Kern		
Elektronen der L-Schale	⊖ ⊖ ⊖ ⊖ ⊖ ⊖	2. Energiestufe
Elektronen der K-Schale	⊖ ⊖	1. Energiestufe
Atomkern	8 p⁺ 8 n	

A208.9

a) Es handelt sich um die Edelgase Helium, Neon, Argon, Krypton und Xenon mit jeweils 8 Außenelektronen.

b) Die Edelgase sind besonders reaktionsträge und gehen nahezu keine chemischen Reaktionen ein. Sie werden deshalb als Schutzgase verwendet.

A208.10

Die positive Ladung der Atome ist auf einen sehr kleinen Bereich, den Atomkern, konzentriert. Der Atomkern hat auch den weit überwiegenden Anteil an der Masse des Atoms. Die Elektronen in der relativ großen Atomhülle können die α-Teilchen praktisch nicht aufhalten.

A208.11

a) Nach DALTON gibt es so viele Atomarten, wie es Elemente gibt. Die Atome eines Elements sind jeweils untereinander gleich, haben also auch die gleiche Masse. Die Masse in den Atomen ist gleichmäßig verteilt; elektrische Ladungen treten in diesem Modell nicht auf.
Nach RUTHERFORD enthalten die Atome den größten Anteil ihrer Masse in einem sehr kleinen, positiv geladenen Kern. Dieser Kern besteht aus Protonen und Neutronen. Die zum Ladungsausgleich erforderliche negative Ladung bewegt sich in Form von Elektronen um den Atomkern; die Elektronen bilden also die Atomhülle. Die Anzahl der Elektronen in der Atomhülle ist jeweils gleich der Anzahl der Protonen im Atomkern. Atome eines Elements können sich in ihrer Masse unterscheiden, weil die Anzahl der Neutronen im Atomkern unterschiedlich sein kann.

b) Es gibt Wasserstoff-Atome mit den Massenzahlen 1, 2 und 3. Am häufigsten ist die Massenzahl 1; diese Atome bestehen aus einem Proton im Kern und einem Elektron. Wasserstoff-Atome mit den Massenzahlen 2 und 3 enthalten im Kern zusätzlich *ein* beziehungsweise *zwei* Neutronen; aufgrund der Massenzahlen spricht man auch von Deuterium und Tritium.

Hinweis: Die aus dem Griechischen stammende Bezeichnung Isotop bedeutet so viel wie „an der gleichen Stelle" (des Periodensystems stehend).

c) Nach DALTON stimmen die Atome eines Elements in allen Eigenschaften überein, sie haben also auch die gleiche Masse. Diese Annahme trifft nicht mehr zu.

A208.12

Die Anzahl der Protonen im Atomkern bestimmt die Ordnungszahl. Die Gesamtzahl der Elektronen ist jeweils auf Schalen verteilt, wobei die inneren Schalen vollständig besetzt sind (K-Schale mit 2 Elektronen, L-Schale mit 8 Elektronen). Die Anzahl der mit Elektronen besetzten Schalen entspricht der Periode, in der das Element steht. Die Anzahl der Elektronen in der Außenschale entscheidet über die Gruppenzugehörigkeit.

A208.13

Atome mit der gleichen Masse müssen *nicht* zum gleichen Element gehören. Bei gleicher Atommasse ist lediglich die Summe aus der Anzahl der Protonen und der Anzahl der Neutronen gleich. Die Atome können sich aber in der Anzahl der Protonen unterscheiden und damit zu verschiedenen Elementen gehören.

Beispiele: $^{14}_{6}C / ^{14}_{7}N$; $\quad ^{40}_{18}Ar / ^{40}_{20}Ca$

A208.14

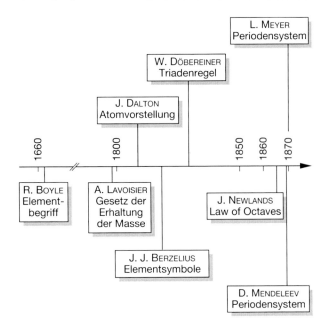

A208.15

	Schätzung	Literaturwert
Ordnungszahl	40	38
Dichte in $\frac{g}{cm^3}$	2,6	2,6
Schmelztemperatur in °C	750	757
Atommasse in u	85	87,6

A209.1

a) *Hinweis:* Zur Lösung dieser Aufgabe muss dem Schüler bekannt sein, dass es eine Umwandlung eines Neutrons in ein Proton und ein Elektron geben kann.
Im Laufe des radioaktiven Zerfalls bildet sich das Bismut-Isotop ^{210}Bi, das aus 83 Protonen und 127 Neutronen besteht. Ein Neutron dieses Atoms wandelt sich in ein Elektron und ein Proton um. Das Elektron wird als β-Strahlung abgegeben. Es bildet sich das Polonium-Isotop ^{210}Po aus 84 Protonen und 126 Neutronen.
Beim weiteren Zerfall entstehen α-Teilchen, die vom Atomkern abgespalten werden. Die Nukleonenzahl wird damit auf 206 erniedrigt. Es entsteht das Blei-Isotop ^{206}Pb, das aus 82 Protonen und 124 Neutronen im Kern besteht.

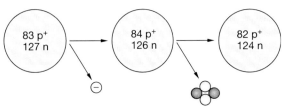

b)

Isotop	Halbwertszeit
^{238}U	$4,4 \cdot 10^9$ a
^{234}Th	24,1 d
^{234}Pa	1,2 min bis 6,7 h
^{234}U	245500 a
^{230}Th	75380 a
^{226}Ra	1602 a
^{222}Rn	3,8 d
^{218}Po	3,1 min
^{214}Pb	164 µs
^{214}Bi	19,9 min
^{214}Po	164 µs
^{210}Pb	22,3 a
^{210}Bi	5,0 d
^{210}Po	138,4 d
^{206}Pb	stabil

Für die Geschwindigkeit des Gesamtzerfalls ist der langsamste Schritt ausschlaggebend, das heißt, der erste Zerfallsschritt des Uran-Isotops ^{238}U.

c) Durch kosmische Strahlung wird laufend das radioaktive Isotop ^{14}C gebildet. Es sendet β-Strahlen aus und hat eine Halbwertszeit von 5730 Jahren. Über die Photosynthese gelangt das Isotop in Pflanzen und mit der Nahrung auch in den Organismus von Tieren und Menschen. Während der gesamten Lebenszeit bleibt der ^{14}C-Anteil konstant. Wenn das Lebewesen gestorben ist, sinkt der Anteil des ^{14}C-Isotops durch den radioaktiven Zerfall. Über die Bestimmung des noch vorhandenen Rests des ^{14}C-Isotops lässt sich dann beispielsweise das Alter von Holz oder Knochen ermitteln.

A209.2

a) Bei der Kernspaltung wird der Atomkern unter Energieabgabe in kleinere Bausteine zerlegt. Bei der Kernfusion verschmelzen Atomkerne miteinander zu einem neuen Atomkern. Bei beiden Prozessen bilden sich neue Stoffe mit neuen Eigenschaften, was eine Grundvoraussetzung einer chemischen Reaktion ist. Die Besonderheit dieser Reaktion liegt in der Beteiligung der Atomkerne begründet. In der Regel bleiben Atomkerne bei chemischen Reaktionen unverändert.

b) Zwei Protonen treffen aufeinander und wandeln sich zum Wasserstoff-Isotop Deuterium um. Hierbei werden ein Neutrino und ein Positron abgespalten. Dieser Kern verschmilzt mit einem weiteren Proton zu einem He-Atomkern, der aus zwei Protonen und einem Neutron besteht. Wenn zwei ^{3}He-Atomkerne aufeinander treffen, kann es zur Bildung eines ^{4}He-Atomkerns kommen, gleichzeitig werden zwei Protonen freigesetzt.

Neutrino: Neutrinos, Symbol v_e, sind winzige Teilchen, die keine Ladung und nur eine sehr geringe Masse besitzen. Diese Elementarteilchen werden bei Kernfusionsprozessen freigesetzt. Sie wechselwirken kaum mit anderer Materie. Selbst unseren Körper durchqueren jede Sekunde Milliarden von Neutrinos, ohne dass wir es bemerken.

Positron: Dieses Elementarteilchen, Symbol e^+, ist das Antiteilchen des Elektrons und somit positiv geladen. Beide Teilchen besitzen die gleiche Masse, haben jedoch entgegengesetzte Vorzeichen.

c) Bei Kernfusionsreaktionen können große Mengen Energie freigesetzt werden. Deshalb eignen sie sich sowohl für militärische als auch zivile Zwecke. Unkontrollierte Kernfusionsreaktionen werden in Kernfusionswaffen genutzt und dienen der Freisetzung größter Energiemengen in sehr kurzer Zeit (Wasserstoffbombe). Derzeit wird nach kontrollierten Kernfusionsreaktionen geforscht. Mithilfe derartiger Reaktionen ließen sich große Energiemengen in entsprechenden Kraftwerken freisetzten. Die hierfür benötigten Brennstoffe sind Wasserstoffisotope, die nahezu unbegrenzt zur Verfügung stehen. Die bei der Kernfusion entstehenden radioaktiven Abfallstoffe weisen eine deutlich geringere Halbwertszeit auf als diejenigen, die bei der Kernspaltung entstehen. Der Abfall von Kernfusionskraftwerken ließe sich dementsprechend um ein Vielfaches leichter entsorgen.

d) Uran ist ein natürlich vorkommendes, radioaktives Element, bei dessen Kernspaltung Energie freigesetzt wird. Dieser Prozess kann künstlich beschleunigt werden, wobei es zu Kettenreaktionen kommen kann, sodass der beschleunigte Zerfall von selbst vorangetrieben wird.
Die Kettenreaktion kann kontrollierbar und unkontrollierbar ablaufen, wobei aus chemischer Sicht der Unterschied in der abgegebenen Energiemenge pro Zeit zu sehen ist.
Bei der Atombombe wird gezielt eine unkontrolliert ablaufende Kernspaltungsreaktion erzeugt. In kürzester Zeit wird unvorstellbar viel Energie freigesetzt, es kommt zur Explosion. In Kernkraftwerken hingegen werden kontrollierte Kernspaltungsreaktionen erzeugt. Die hier freigesetzte chemische Energie wird letztlich in elektrische Energie umgewandelt.

e) Individuelle Lösung
Vorteile:
- Reduzierung von Schadstoffemissionen im Vergleich zu Kraftwerken, die mit fossilen Brennstoffen wie Kohle oder Erdöl arbeiten
- höherer Energiegehalt der Brennstäbe und Möglichkeit der Wiederaufbereitung

Nachteile:
- gefährliche Strahlenbelastung
- Risiko der radioaktiven Verseuchung der Umwelt bei Störfällen
- Entsorgungsproblem des Atommülls

14 Salz – nicht nur ein Gewürz

A211.1

Die großen Salzlagerstätten sind vor etwa 250 Millionen Jahren entstanden, als die Kontinente noch von weiträumigen Meeren bedeckt waren. Durch eine verstärkte Sonneneinstrahlung verdunstete das Wasser und die gelösten Salze kristallisierten aus. Zurück blieben bis zu 500 Meter dicke Salzschichten, die im Laufe von Jahrmillionen von Erdschichten überlagert wurden. Diese schützten das Salz vor Verwitterung, sodass sich die Salzlagerstätten bis heute nicht verändert haben.

Nach der Barrentheorie bildeten sich Salzlager in Meeresbecken, die durch eine Erhebung, dem Barren (Sand- oder Schlammablagerungen), vom Meer getrennt waren. Ist der Barren so hoch, dass keine Verbindung mehr zum Meer besteht, steigt die Konzentration des Salzes im Wasser des Beckens durch Verdunstung an. Fließt nun regelmäßig salzhaltiges Wasser durch Überflutungen oder einen Zufluss in das abgeschirmte Becken nach, steigt die Salzkonzentration immer weiter an. Ist die Sättigungsgrenze erreicht, setzen sich die verschiedenen im Meerwasser gelösten Salze am Boden des Beckens ab. So bildeten sich im Laufe der Zeit aus den ausgefallenen Mineralien Schichten aus Kalk, Gips, Salz und Ton.

A211.2

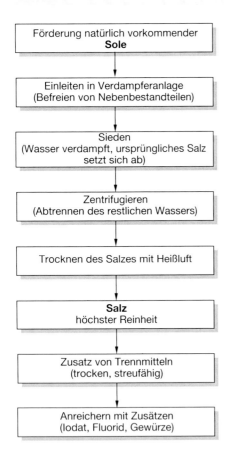

A211.3

Der tägliche Salzbedarf eines Menschen ist je nach individuellen und klimatischen Bedingungen verschieden. In den Industrieländern beträgt der durchschnittliche Tagesverbrauch an Kochsalz 9–10 g pro Person. Dies entspricht einem Jahresverbrauch von etwa 3,3–3,7 kg Salz pro Person. Von der Weltgesundheitsorganisation (WHO) wird sogar eine Menge von nur circa 5 Gramm Salz pro Tag empfohlen.

Salz findet jedoch vielfältige Anwendung und wird außer für den menschlichen Verzehr beispielsweise auch als Streusalz und zur Herstellung von Papier genutzt.

A211.4

Die Meersalzgewinnung ist einfach und genial zugleich und wird in Regionen mit warmem und trockenem Klima, wie Südeuropa oder Afrika, betrieben. Im Frühjahr wird Meerwasser durch einen Zufluss auf sogenannte Salzfelder (flache Becken) gepumpt. Die Salzfelder sind untereinander verbunden. Die Hitze und der trockene Wind bringen den Wasseranteil zum Verdunsten. Zurück bleibt fast reines Meersalz. Im September ist die Kruste auf den Salzfeldern oft über 10 Zentimeter dick. Pro Quadratmeter kann etwa eine Tonne geerntet werden. Das Salz wird maschinell oder manuell durch Zusammenkratzen geerntet. Das Verfahren ist über 2000 Jahre alt.

A212.1

Von beiden Lösungen wird die elektrische Leitfähigkeit ermittelt. Aufgrund der im Mineralwasser enthaltenen Ionen zeigt dieses eine elektrische Leitfähigkeit, im Gegensatz zum destillierten Wasser, das keine Ionen enthält.

A212.2

Name des Ions	Protonenanzahl	Elektronenanzahl	Ionensymbol
Aluminium-Ion	13	10	Al^{3+}
Nitrid-Ion	7	10	N^{3-}
Oxid-Ion	8	10	O^{2-}
Magnesium-Ion	12	10	Mg^{2+}

Die Ladung eines Ions ist von der Anzahl der Elektronen in der Atomhülle und der Anzahl der Protonen im Atomkern abhängig.

Das Aluminium-Ion besitzt drei Protonen mehr als es Elektronen aufweist; daher ist es dreifach positiv geladen. Das Nitrid-Ion hat drei Elektronen mehr als es Protonen besitzt und ist somit dreifach negativ geladen.

A212.3

Individuelle Lösung

Ein Mineralwasser enthält jeweils die Ionen der löslichen Salze, die in den Gesteinsschichten enthalten waren, die das Regenwasser auf seinem Weg in das Grundwasser passiert hat. Stammen die untersuchten Mineralwässer aus unterschiedlichen Regionen, so unterscheiden sich auch die geologischen Formationen und die darin enthaltenen Salze.

V213.1

a) Individuelle Lösung

b) In destilliertem Wasser und in der Zuckerlösung sind keine Ionen enthalten, sondern Moleküle. Daher zeigen beide Lösungen keine elektrische Leitfähigkeit. In der Natriumchlorid-Lösung sind positive Natrium-Ionen (Na^+) und negative Chlorid-Ionen (Cl^-) enthalten, die jeweils zu den entgegengesetzten Polen wandern. Dadurch wird eine elektrische Leitfähigkeit festgestellt. Auch das Mineralwasser zeigt eine elektrische Leitfähigkeit. Daraus lässt sich schlussfolgern, dass auch im Mineralwasser Ionen enthalten sind.

c) Die Glühbirne brennt bei keinem der vier Versuchsansätze. Diese Methode ist daher ungenauer als die Messmethode mit dem Amperemeter und kann nur eingesetzt werden, wenn entsprechende Stromstärken herrschen.

V213.2

Die violetten Permanganat-Ionen wandern zum Pluspol, da sie negativ geladen sind. Dementsprechend wandern die positiv geladenen blauen Kupfer(II)-Ionen zum negativen Pol.

V213.3

a) Die Brennerflamme mit einer Probe aus dem Schenkel mit der negativen Elektrode färbt sich gelb-orange. Nach Zugabe von Silbernitrat-Lösung fällt kein Niederschlag aus. Mit der Probe aus dem Schenkel mit der positiven Elektrode fällt mit Silber-Ionen ein weißer Niederschlag aus. Die Brennerflamme verfärbt sich mit einer Probe aus diesem Schenkel nicht.

b) Mit Silber-Ionen (Ag^+) lassen sich negativ geladene Halogenid-Ionen nachweisen. Es bilden sich die schwer löslichen Silberhalogenide, die charakteristische Färbungen aufweisen.
Silberchlorid ist weiß, Silberbromid hellgelb und Silberiodid gelb gefärbt.
Die Alkalimetalle zeigen in der Brennerflamme charakteristische Färbungen:
Lithium: karminrot
Natrium: gelb
Kalium: blassviolett
Rubidium: rotviolett
Caesium: blauviolett

c) Durch das Anlegen einer Spannung wandern die positiv geladenen Natrium-Ionen in den Schenkel mit der negativen Elektrode. Daher färbt sich die Brennerflamme mit einer Probe aus diesem Schenkel gelb-orange. Die Überprüfung mit Silber-Ionen fällt negativ aus.

Die negativ geladenen Chlorid-Ionen wandern in den Schenkel mit der positiven Elektrode. Daher fällt hier mit Silber-Ionen ein weißer Niederschlag (Silberchlorid) aus. Die Brennerflamme verfärbt sich mit einer Probe aus diesem Schenkel nicht.

A214.1

Bei der Reaktion von Lithium mit Iod bilden sich Lithium-Ionen und Iodid-Ionen. Lithium steht in der I. Hauptgruppe und gibt ein Elektron ab, um eine voll besetzte äußere Schale (Heliumkonfiguration) zu erlangen. Es bildet daher einfach positiv geladene Lithium-Ionen (Li^+). Iod steht in der VII. Hauptgruppe und nimmt daher ein Elektron auf, um eine voll besetzte äußere Schale (Xenonkonfiguration) zu erlangen. Es bildet somit einfach negativ geladene Iodid-Ionen (I^-).

A214.2

·Ca· $\longrightarrow Ca^{2+} + 2\ e^-$,   :S: $+ 2\ e^- \longrightarrow S^{2-}$

A214.3

Mg^{2+}, O^{2-}, F^-, Al^{3+}, K^+, N^{3-}

A215.1

Die Elemente der I.–III. Hauptgruppe (Metalle) bilden positiv geladene Ionen. Die Elemente der V.–VII. Hauptgruppe (Nichtmetalle) bilden negativ geladene Ionen.

A215.2

Edelgas-Atome besitzen bereits eine voll besetzte Außenschale, weshalb sie keine Elektronen mehr aufnehmen oder abgeben und dadurch auch keine Ionen bilden.

A215.3

Positiv geladene Ionen sind kleiner als die Atome, aus denen sie sich bilden, weil sie eine Schale weniger besitzen.
Negativ geladene Ionen sind größer als die Atome, aus denen sie sich bilden, da sich in der selben Schale mehr Elektronen befinden, die sich gegenseitig abstoßen und mehr Raum beanspruchen.

A215.4

Regel: Die Ladungszahl von Metall-Ionen stimmt mit der Gruppennummer überein.
Begründung: Metall-Atome geben bei der Ionenbildung die Elektronen ihrer Außenschalen ab. Da die Anzahl ihrer Außenelektronen mit der Gruppennummer übereinstimmt, ist auch die Ladungszahl der entstehenden Ionen mit der Gruppennummer identisch.

Regel: Um die Ladungszahl von Ionen der nichtmetallischen Elemente zu bestimmen, zieht man bei der fünften bis siebenten Hauptgruppe die Gruppennummer von der Zahl acht ab.

Begründung: Die Atome der nichtmetallischen Elemente nehmen bei der Ionenbildung so viele Elektronen auf, bis sie mit insgesamt acht Elektronen die Edelgaskonfiguration erreicht haben. Da die Anzahl ihrer Außenelektronen mit der Gruppennummer übereinstimmt, ist die Anzahl der noch aufzunehmenden Elektronen die Differenz aus der Zahl acht und der Gruppennummer.

A215.5

Cr_2O_3 enthält Cr^{3+}-Ionen und O^{2-}-Ionen.
PbO_2 besteht aus Pb^{4+}-Ionen und O^{2-}-Ionen.

A215.6

Bi_2S_3

A216.1

Natriumsulfid: $Na^+ : S^{2-} = 2 : 1$ Na_2S
Calciumchlorid: $Ca^{2+} : Cl^- = 1 : 2$ $CaCl_2$
Natriumoxid: $Na^+ : O^{2-} = 2 : 1$ Na_2O

A216.2

Ca_3N_2; MgI_2; K_2S; Al_2O_3

A216.3

FeO: Fe^{2+}-Ionen
Fe_2O_3: Fe^{3+}-Ionen

A216.4

Kaliumsulfid; Magnesiumnitrid; Natriumsulfat; Magnesiumcarbonat

V217.1

a) verdünnte Kochsalzlösung: weißer Niederschlag
verdünnte Salzsäure: weißer Niederschlag
Leitungswasser: eventuell leichter weißer Niederschlag
Mineralwasser: leichter weißer Niederschlag
destilliertes Wasser: kein Niederschlag

b) $Ag^+(aq) + Cl^-(aq) \longrightarrow AgCl(s)$ weiß

c) Individuelle Lösung

V217.2

a) Kaliumbromid-Lösung: hellgelber Niederschlag
Kaliumiodid-Lösung: gelber Niederschlag

b) $Ag^+(aq) + Br^-(aq) \longrightarrow AgBr(s)$ hellgelb
$Ag^+(aq) + I^-(aq) \longrightarrow AgI(s)$ gelb

c) Aus den beiden Flaschen werden jeweils Proben entnommen und mit 10 Tropfen Salpetersäure und 10 Tropfen Silbernitratlösung versetzt. Die Probe aus der Kaliumchlorid-Flasche zeigt einen weißen Niederschlag und die Probe aus der Kaliumiodid-Flasche zeigt einen gelben Niederschlag.

V217.3

a) Es bildet sich ein weißer Niederschlag.

b) Es bildet sich das schwer lösliche, weiße Salz Bariumsulfat.
$Ba^{2+}(aq) + SO_4^{2-}(aq) \longrightarrow BaSO_4(s)$

c) Eine Natriumchlorid-Lösung wird mit Bariumchlorid versetzt. Es bildet sich kein Niederschlag.

A219.1

Gelangen die Blutzellen in eine Umgebung mit einer höheren Ionenkonzentration, diffundieren Wasser-Moleküle zum Konzentrationsausgleich aus den Blutzellen. Die Ionen können aufgrund der für sie undurchlässigen semipermeablen Membran nicht in die Blutzellen diffundieren. Dadurch wird den Blutzellen Wasser entzogen und ihr Volumen nimmt ab.
Vergleiche dazu zur Veranschaulichung auch die Abbildung auf Seite 219 oben im Schülerband.

A219.2

Die Zellen des Salatblattes enthalten eine niedrig konzentrierte Mineralsalzlösung, die durch den Tonoplasten, eine semipermeable Membran, zur Umgebung abgegrenzt wird. Gelangen diese Zellen in ein Milieu mit einer höheren Salzkonzentration, wie zum Beispiel in einer salzhaltigen Salatsauce, diffundieren aufgrund der Osmose nun Wasser-Moleküle aus den Zellen nach außen, da die Ionen der gelösten Minerale die semipermeable Membran nicht passieren können. Die Zellen verlieren dadurch Wasser und ihre pralle Form geht verloren. Man nennt diesen Vorgang „welken".

A220.1

Als Makroelemente bezeichnet man Mineralstoffe, die in verschiedenen Medien unseres Körpers in Massenanteilen von mehr als 50 mg pro Kilogramm vorkommen. Makroelemente kommen im wässrigen Milieu meist ionisiert vor.
Beispiele: Natrium-Ionen; Kalium-Ionen, Chlorid-Ionen
Mikroelemente werden auch als Spurenelemente bezeichnet und kommen in verschiedenen Medien unseres Körpers in Massenanteilen von weniger als 50 mg pro Kilogramm vor. *Beispiele:* Cobalt, Eisen, Iod

A220.2

Folgen übermäßigen Salzkonsums:
Bluthochdruck, Dehydrierung des Körpers, Nierenschäden, Ausschwemmung anderer lebensnotwendiger Mineralstoffe
Folgen zu geringen Salzkonsums:
Müdigkeit, Muskelkrämpfe, gestörte Funktion der Nervenzellen und der Nieren

A220.3

Bei der Muskelkontraktion strömen Calcium-Ionen in die Muskelzellen ein. Sie bewirken durch Bindung an spezifische Strukturen die Kontraktion des Muskels. Die Magnesium-Ionen sind für die Entspannung der kontrahierten Muskelzellen verantwortlich. Sie dienen als Gegenspieler zu den Calcium-Ionen, da sie an Bindungsstellen der Muskelzelle binden, die auch von Calcium-Ionen besetzt werden. Somit können weniger Calcium-Ionen binden und als Folge kontrahiert der Muskel schwächer beziehungsweise weniger. Daher wird zur Verhinderung von Wadenkrämpfen die Einnahme von Magnesium-Ionen empfohlen.

A222.1

Salze: sind aus Ionen aufgebaut, Ionenverbindungen aus Metall und Nichtmetall.

Salzbergbau, Saline, Sole: Salz wird aus unterirdischen Lagerstätten durch Salzbergbau oder durch Eindampfen einer konzentrierten Salzlösung, der Sole, in Salinen gewonnen.

Ion: elektrisch geladenes Teilchen.
Kation, Anion: Kationen sind positiv geladen, Anionen sind negativ geladen.

Ionenladung: In der Regel sind Metall-Ionen positiv geladen, Nichtmetall-Ionen negativ. Salze sind elektrisch neutral, denn sie enthalten stets gleich viele positive und negative Ladungen.

Elektroneutralität: Stoffe, die aus Ionen aufgebaut sind, sind elektrisch neutral. Sie enthalten stets gleich viele positive und negative Ladungen.

Verhältnisformel: Eine Verhältnisformel gibt das Atomanzahlverhältnis in einer chemischen Verbindung an.

Elektronenübergang: Bei der Reaktion zwischen Metallen und Nichtmetallen geben die Metall-Atome Elektronen an die Nichtmetall-Atome ab. Man spricht von einem Elektronenübergang.

Edelgaskonfiguration: Ionen besitzen in ihrer Außenschale ebenso viele Elektronen wie die Atome des Edelgases, das ihnen im Periodensystem der Elemente am nächsten steht. Eine solche Elektronenanordnung bezeichnet man als Edelgaskonfiguration.

Edelgasregel: Regel, nach der Atome vieler Elemente bei der Bildung von Ionen die Edelgaskonfiguration anstreben.

A222.2

Die Salzlagerstätten in Mitteldeutschland entstanden vor etwa 250 Millionen Jahren in der Zechstein-Zeit. Weite Teile Mitteleuropas waren damals von einem Meer bedeckt, das in manchen Gegenden Binnenmeercharakter trug. In solch einem flachen Binnenmeer, das nur durch seichte Meeresengen mit dem offenen Ozean verbunden war, kam es zur Ausbildung der heutigen Salzlagerstätten. Das seinerzeit herrschende wüstenähnliche Klima führte durch starke Sonneneinstrahlung zu einer Verdunstung des Wassers im Flachmeer. Da mehr Wasser verdunstete als durch die spärlichen Regenfälle ersetzt werden konnte, erhöhte sich dort – wie in einer Siedepfanne – die Salzkonzentration. Schließlich stieg der Gehalt an Mineralsalzen so weit an, dass zunächst die schwer löslichen Salze aufgrund der Überschreitung der Sättigungsgrenze auskristallisierten und sich am Boden absetzten.
Die leicht löslichen Salze wurden nur unter günstigen Umständen als letzte abgelagert. Wurde die Verbindung zum Ozean durch eine Barre vollständig unterbrochen, so konnte das Binnenmeer gänzlich austrocknen. Das Salz wurde überzogen mit vom Land her hereingewehten Staub- und Sandschichten. Während der weiteren erdgeschichtlichen Entwicklung wurden die so entstandenen Salzlager mit wasserundurchlässigen Schichten überdeckt und vor Wiederauflösung geschützt.

A222.3

a)
Kalium: 1 Elektron auf der Außenschale
Chlor: 7 Elektronen auf der Außenschale
Kalium-Ion: 8 Elektronen auf der Außenschale
Chlorid-Ion: 8 Elektronen auf der Außenschale

b) Kaliumchlorid

A222.4

a)–c)

	Außen-elektronen	Formel des Ions	Name des Ions
Aluminium	3	Al^{3+}	Aluminium-Ion
Calcium	2	Ca^{2+}	Calcium-Ion
Schwefel	6	S^{2-}	Sulfid-Ion
Stickstoff	5	N^{3-}	Nitrid-Ion

A222.5

a) Edelgasatome besitzen bereits eine voll besetzte Außenschale, weshalb sie keine Elektronen mehr aufnehmen oder abgeben und dadurch auch keine Ionen bilden.

b) Chlorid-Ion: Cl^-; Sulfid-Ion: S^{2-}; Kalium-Ion: K^+; Calcium-Ion: Ca^{2+}

A222.6

Kaliumiodid: KI (K^+; I^-)
Calciumchlorid: $CaCl_2$ (Ca^{2+}; 2 Cl^-)
Natriumoxid: Na_2O (2 Na^+; O^{2-})
Magnesiumnitrid: Mg_3N_2 (3 Mg^{2+}; 2 N^{3-})
Aluminiumsulfid: Al_2S_3 (2 Al^{3+}; 3 S^{2-})

Regel der Elektroneutralität: In einer Verbindung sind die Ladungen ausgeglichen, die Anzahl der positiven Ladungen ist gleich der Anzahl der negativen Ladungen. Bei der Überprüfung geht man von der Verhältnisformel aus.

A222.7

Calcium-Atome geben jeweils zwei Elektronen ab, um eine voll besetzte äußere Schale zu erlangen. Es bilden sich daher zweifach positiv geladene Ca^{2+}-Ionen. Brom-Atome nehmen jeweils ein Elektron auf, um eine voll besetzte äußere Schale zu erhalten. Sie bilden daher einfach negativ geladene Br^--Ionen. Im Ionengitter finden sich aufgrund der Elektroneutralität daher doppelt so viele Bromid-Ionen wie Calcium-Ionen. Die Verhältnisformel lautet somit $CaBr_2$.

A222.8

In der Zellflüssigkeit der Kirsche ist im reifen Zustand viel Zucker gelöst. In dem umgebenden Wasser sind dagegen vergleichsweise wenige Teilchen gelöst. Um einen Konzentrationsausgleich zu erreichen, diffundieren Wasser-Moleküle in das Innere der Kirsche, da die Zuckerteilchen die semipermeable Kirschenzellhaut nicht passieren können. Als Folge davon wird die Kirsche immer praller und platzt auf, wenn der Druck durch das in die Kirsche diffundierte Wasser zu groß geworden ist.

A222.9

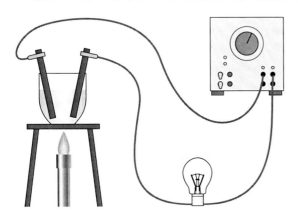

A222.10

a) Gibt Magnesium zwei Elektronen ab, so entsteht ein Mg^{2+}-Ion, das die Edelgaskonfiguration von Neon aufweist. Fluor nimmt ein Elektron auf, um eine voll besetzte äußere Schale zu erlangen. Im Ionengitter finden sich aufgrund der Elektroneutralität daher doppelt so viele Fluorid-Ionen wie Magnesium-Ionen. In den anderen beiden Verbindungen würde dem Magnesium-Ion entweder ein Elektron zur stabilen Edelgaskonfiguration fehlen oder es hätte eines zuviel.

b) Die Verhältnisformel lautet MgS. Die Verbindung ist aus Mg^{2+}- und S^{2-}-Ionen aufgebaut. Magnesium weist hier also wieder die Edelgaskonfiguration von Neon auf. Schwefel nimmt zwei Elektronen auf, um eine voll besetzte äußere Schale zu erlangen. Es bilden sich daher zweifach negativ geladene S^{2-}-Ionen. Im Ionengitter findet man somit aufgrund der Elektroneutralität gleich viele Mg^{2+}-Ionen wie S^{2-}-Ionen.

A222.11

Natrium-Verbindungen werden mit der Nahrung durch Speisesalz (NaCl) und in Form von Konservierungsstoffen ($NaNO_2$) aufgenommen.

A222.12

Der Haartrockner kann ins Wasser fallen; es besteht die Gefahr eines Stromschlags. Das Badewasser enthält eine Vielzahl an gelösten Ionen. Fällt der Föhn in das Badewasser, so leitet das Badewasser den Strom vom Föhn zum Körper der badenden Person.

A222.13

a) Meersalz kann technisch deutlich einfacher gewonnen werden als Stein- und Siedesalz. Dabei verdunstet das ungefilterte Meerwasser durch Sonneneinstrahlung und Wind in natürlichen oder künstlich angelegten Becken, den Salzgärten. Das im Meerwasser enthaltene Salz besteht zu ungefähr 80 Prozent aus Natriumchlorid. Der Rest sind weitere Salze und Verunreinigungen. Für die anderen Salze wird jedoch der Sättigungsgrad nicht erreicht und somit schlägt sich hauptsächlich Natriumchlorid nieder. In mehrstufigen Wasch- und Kristallisationsprozessen wird dann ein Teil der gewonnenen Meersalze weiter gereinigt. Weltweit werden etwa 30 % des Salzes so gewonnen.

b)

Die Salzlösung enthält gelöste Ionen.

Das Wasser verdunstet; Salzkristalle setzen sich am Boden ab.

Das Wasser ist vollständig verdunstet; Salzkristalle bleiben zurück.

c) An der Nord- und Ostsee sind die Temperaturen zu niedrig und die Niederschlagsquote ist zu hoch. Daher würde nicht genügend Wasser verdunsten, um eine gesättigte Lösung zu erhalten.

A223.1

a)

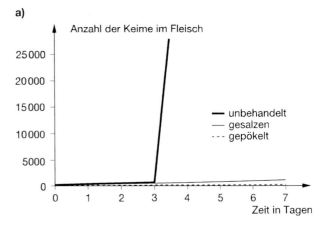

b) Das frische Fleischstück sieht rosig aus. Das unbehandelte ist blass. Das gesalzene Fleisch hat seine rosa Farbe weitestgehend beibehalten. Am frischesten und kräftig in der Farbe wirkt das gepökelte Stück Fleisch.

Anhand der Werte und des Diagramms wird deutlich, dass innerhalb der ersten drei Tage die Keimentwicklung bei unbehandeltem, gesalzenem und gepökeltem Fleisch allmählich ansteigt. Ab dem fünften Tag erhöht sich die Keimanzahl bei dem unbehandelten Fleisch sprunghaft auf fast 100 000 Keime, wohingegen beim gesalzenen und gepökelten Fleisch weiterhin nur ein allmählicher Anstieg beobachtet werden kann. Nach einer Woche erreicht das unbehandelte Fleisch schließlich eine Keimzahl von mehr als 2 Millionen.

c) Nitritpökelsalz ist eine Mischung aus Kochsalz und Natriumnitrat, Natriumnitrit oder Kaliumnitrat. Unbehandeltes Fleisch wird schnell blass (Oxidation des Muskelfarbstoffes) und verdirbt. Es enthält sehr schnell unerwünschte oder sogar gesundheitsgefährdende Mikroorganismen. Durch Pökeln werden diese Prozesse verzögert.
Nitritpökelsalz wirkt speziell gegen das gefährliche Botulinum-Bakterium und verhindert dessen Ausbreitung.
Nitrit verbindet sich mit dem Muskelfarbstoff zu Nitrosomyoglobin und sorgt für die Rotfärbung (Farbstabilisator).
Außerdem erhält Fleisch durch Nitritpökelsalz das typische „Pökelaroma". Beim Pökeln geht jedoch ein Teil der im Fleisch enthaltenen Mineralstoffe und Eiweiße verloren.
Anstelle von Nitritpökelsalz wird heute auch Meersalz oder iodiertes Speisesalz verwendet. Meersalze können jedoch auch nitritbelastet sein, sodass ihre Verwendung dann der von Nitritpökelsalz gleicht.

d) Wird das Fleisch höheren Temperaturen ausgesetzt, können zusammen mit den Eiweißbestandteilen Nitrosamine gebildet werden. Diese gelten als krebserregend. Aus diesem Grund sollte gepökeltes Fleisch nicht gegrillt werden.
Um das Fleisch länger haltbar zu machen und um die Ausbreitung gefährlicher Mikroorganismen zu verhindern, ist ein Pökeln dennoch zweckmäßig.

A223.2

a) Um auch salzärmere Lösungen zur Gewinnung von Speisesalz nutzen zu können, baute man früher sogenannte Gradierwerke. Ein meterhohes Holzgerüst wurde mit Schwarzdornzweigen gefüllt. Darüber ließ man die Sole nach unten rieseln, wobei ein Teil des Wassers verdunstete. Dadurch erhielt man eine deutlich salzhaltigere Lösung im unteren Bereich der Anlage. Heutzutage werden Gradierwerke jedoch nur noch zu Kurzwecken betrieben.

b) Aufgrund der großen Oberfläche des Reisigs kommt es zur Verdunstung des in der Sole enthaltenen Wassers, wodurch sich das Natriumchlorid im unteren Teil der Anlage anreichert.

c) Aus unterirdischen Salzvorkommen kann Steinsalz in großen Mengen bergmännisch abgebaut oder unterirdisch aufgelöst und dann in Salinen auskristallisiert werden. Der Abbau ist relativ kostengünstig.
Meersalz kann technisch deutlich einfacher gewonnen werden. Eine sehr alte Methode zur Salzgewinnung besteht im Anlegen von Salzgärten. Dazu werden am Strand flache Becken für das Meerwasser angelegt. Dabei verdunstet das ungefilterte Meerwasser durch Sonneneinstrahlung und Wind. Weltweit werden etwa 30 % des Salzes so gewonnen.

d) Bei dieser Methode der Salzgewinnung erhält man zu geringe Ausbeuten und es sind dafür große Energiemengen erforderlich, was den Gewinnungsprozess teuer macht.

e) Die kleinen Salzkristalle in der Luft wirken schleimlösend und reinigen die Atmungsorgane von Bakterien.

f) Beim Haltbarmachen von Lebensmitteln (Pökeln) nutzt man die bakterienabtötende Wirkung von Salz im Alltag aus.

15 Mineralien – meist hart, mal weich

A225.1

Individuelle Lösung

A226.1

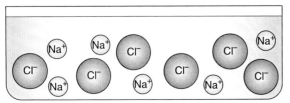

In der Lösung befinden sich hydratisierte
Na⁺- und Cl⁻-Ionen.

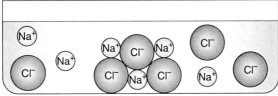

Das Wasser verdunstet nach und nach;
die Ionen treten zu einem Kristallgitter zusammen.

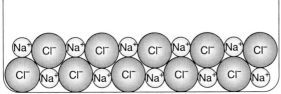

Das Wasser ist vollständig verdunstet;
zurück bleiben Kochsalz-Kristalle.

A226.2

Das Kugelpackungsmodell zeigt die räumliche Anordnung der Natrium-Ionen und Chlorid-Ionen im Natriumchlorid-Kristall und deren Größenverhältnis von etwa 1 : 2.
Das Raumgittermodell zeigt nur die Anordnung der Ionen, die Größe nicht.

V227.1

Individuelle Lösung

A227.1

Individuelle Lösung

A228.1

Individuelle Lösung
Ionenverbindungen (Salze und salzartige Verbindungen) sind aus Ionen aufgebaut. Durch elektrische Anziehungskräfte werden die Ionen zusammengehalten und bilden so ein Ionengitter.
Das Brechen des Magnesia-Stäbchens lässt sich mit der Abstoßung gleichnamig geladener Ionen interpretieren (siehe Abbildungen im Schülerband Seite 228 und 245 oben).

A229.1

Gitterenergien von Salzen sind größer, wenn Ionenradien kleiner oder Ionenladungen größer werden. Je größer die Gitterenergie eines Salzes ist, desto größer sind die Härte und der Wert der Schmelztemperatur.

A229.2

Aus der Tabelle ist abzulesen, dass die Gitterenergie zur Trennung von etwa 40 g Magnesiumoxid 3828 kJ beträgt, zur Trennung von etwa 58 g Natriumchlorid 780 kJ. Entsprechend wird für 1 g Magnesiumoxid die Energie von etwa 96 kJ benötigt, für 1 g Natriumchlorid von etwa 13 kJ.

V230.1

a) In der Kristallisierschale bilden sich viele kleine Kristalle, die alle die gleiche Oktaederform besitzen.

b) Individuelle Lösung
Zunächst befinden sich alle Ionen des Alaunkristalls (K^+, Al^{3+}, SO_4^{2-}) in einem festen, geordneten Gitter. Dann greifen die Wasser-Moleküle den Kristall zunächst an den Ecken und Kanten an, die Ionen lösen sich langsam aus ihrem Verband, mehrere kleinere Kristalleinheiten entstehen. Am Schluss ist die Kristallstruktur völlig aufgelöst, alle Ionen liegen getrennt voneinander in der wässrigen Lösung vor.

V230.2

a) Der zunächst kleine oktaedrische Alaunkristall wird immer größer, die Oktaederform wird beibehalten.

b)

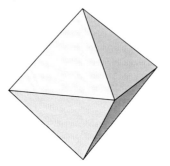

V230.3

a) Beim Hineinwerfen des Impfkristalls beginnt die Lösung zu festen Kristallen auszukristallisieren, nach einigen Sekunden liegt ein fester „Kristallbrei" vor. Während des Kristallisationsvorgangs steigt die Temperatur von Zimmertemperatur auf etwa 60 °C an.

b) Beim Kristallisieren bildet sich ein Ionengitter aus Na^+- und CH_3COO^--Ionen. Bei der Gitterbildung wird die Gitterenergie frei und die Lösung erwärmt sich.

c) Der Taschenwärmer enthält eine ähnliche Lösung wie im Experiment; kristallisiert diese aus, kann die frei werdende Wärmeenergie kalte Hände in der Jackentasche erwärmen.

V230.4

a) Ein Stahlmesser ritzt sowohl das Gipsstück als auch den Marmorbrocken. Der Marmorbrocken ritzt das Gipsstück, beide werden vom Quarzsand geritzt.

b) Härte (Quarz) > Härte (Marmor) > Härte (Gips)

A231.1

Individuelle Lösung

A232.1

Die Rohstoffe Quarzsand, Soda und Kalkstein werden unter Zufuhr hoher Energie zusammengeschmolzen. Die zähflüssige Schmelze kann dann durch Ziehen zu Fensterglas verarbeitet werden; sie wird auch durch Pressen in eine Form für die Herstellung von Schüsseln, Flaschen oder Trinkgläsern verwendet.

A232.2

In die Glasmischung werden zusätzlich andere Mineralien in kleiner Menge hinzugegeben. So färbt etwa Cobaltchlorid das Glas dunkelblau.

A232.3

a) Die Glasherstellung unter Verwendung von Altglas spart Energiekosten, da die Schmelze nicht so hoch erhitzt werden muss. Außerdem werden die Rohstoffvorräte geschont.

b) Man kann die Farbe einer Glasschmelze nicht ohne weiteres ändern. Sobald man sich für grünes Flaschenglas entschieden hat, gibt man Altglas aus grünen Flaschen hinzu, anderenfalls würden beliebige Mischfarben entstehen.

V233.1

a) Das weiße Gemisch aus den drei Substanzen schmilzt und bildet eine farblose Glasschmelze. Sie lässt sich auf eine Fliese gießen, dort erstarrt sie zu einem durchsichtigen Glasblock.

b) Es werden bestimmte Formen für Glasgefäße gebaut, die Glasschmelze wird in diese Formen gepresst und erstarrt zu Trinkbehältern, Vasen oder Glasschalen.

V233.2

a) In der Reihenfolge der Chemikalien ergeben sich folgende Farben für die Phosphorsalzperlen: grün, grün, braun, violett.

b) Mit Cobaltsalz ergibt sich die Farbe blau, mit Wolframsalz gelblich bis farblos, mit Nickelsalz rötlich-braun.

A234.1

Zinnober wird auch Cinnabarit genannt; dieser Name nimmt Bezug auf die rote Farbe des Minerals. Zur Herkunft des Namens Zinnober findet man unterschiedliche Angaben. Das griechische kinnábari („Zinnober") könnte vom arabischen apar („roter Staub") abgeleitet sein oder aus dem persischen sängärf („Mennig", „Zinnober") stammen.

A236.1

Mineral: viele Minerale sind Salze, die aus Ionen aufgebaut sind, Beispiel: Steinsalz.

Ionenbindung: die Ionenbindung hält durch elektrische Kräfte die Ionen zusammen. Diese Art der chemischen Bindung kommt beispielsweise in einem Natriumchlorid-Kristall vor.

Ionenverbindung: Salze und salzartige Verbindungen sind aus Ionen aufgebaut, man bezeichnet sie als Ionenverbindungen.

Ionengitter: die in Ionenverbindungen enthaltenen Ionen bilden infolge von Anziehungskräften eine gitterartige Struktur, ein Ionengitter.

Gittermodelle: Den Aufbau von Ionenverbindungen stellt man in unterschiedlichen Modellen dar. Beispiele für Gittermodelle sind das Raumgittermodell und das Kugelpackungsmodell.

Kristallstruktur: innerer Aufbau der Kristalle.

Salzeigenschaften: Salze bestehen aus Ionen. Die Anordnung der Ionen im Ionengitter und die Ionenbindung bestimmen wichtige Eigenschaften wie Härte, Sprödigkeit, hohe Schmelztemperaturen, Kristallform, elektrische Leitfähigkeit von Salzschmelzen und -lösungen.

Ionenradius: die Größe der Ionen bestimmt unter anderem die Höhe der Gitterenergien: je kleiner der Ionenradius ist, desto größer sind die Gitterenergien.

Glas: Glas besteht aus unregelmäßig verbundenen SiO_4-Tetraedern und verschiedenen Kationen, hauptsächlich Natrium- und Calcium-Ionen.

A236.2

a) In der Lösung sind neben H_2O-Molekülen K^+(aq)-Ionen und Cl^-(aq)-Ionen enthalten.

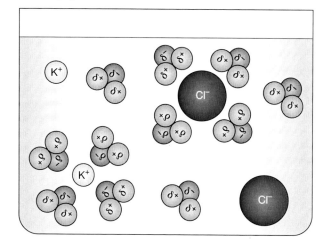

b) Die Ionen treten zu einem Ionengitter zusammen; ab einer bestimmten Größe des Ionengitters sind kleine Kaliumchlorid-Kristalle sichtbar.

A236.3

a) Der Druck eines Hammerschlages auf den Salzkristall führt dazu, dass im Ionengitter gleich geladene Ionen gegenübertreten und daraus Abstoßungskräfte resultieren: der Kristall bricht auseinander. Da das Ionengitter kubisch aufgebaut ist, sind auch die Bruchstücke Teile des kubischen Gitters und weisen kubische Formen auf.

$Na^+Cl^-Na^+Cl^-Na^+Cl^-$ Na^+Cl^- $Na^+Cl^-Na^+Cl^-$
$Cl^-Na^+Cl^-Na^+Cl^-Na^+$ $\longrightarrow$ Cl^-Na^+ + $Cl^-Na^+Cl^-Na^+$
$Na^+Cl^-Na^+Cl^-Na^+Cl^-$ Na^+Cl^- $Na^+Cl^-Na^+Cl^-$

b) Da die verschiedenen Ionenarten eines Salzkristalls unterschiedliche Ladungen tragen und deshalb starke elektrische Anziehungskräfte ausbilden, haben Salzkristalle hohe Schmelztemperaturen und weisen große Härten auf.

A236.4

Die Ionen eines Salzkristalls sind im Ionengitter fest gebunden, die Ionen sind nicht beweglich. Sobald die Ionen in der Schmelze oder in der wässrigen Lösung beweglich werden, setzt auch die elektrische Leitfähigkeit ein.

A236.5

Salzkristalle bestehen aus unterschiedlich geladenen Ionen, die in einem Ionengitter angeordnet sind. Die elektrischen Anziehungskräfte zwischen den Ionen sind sehr viel größer als die Kräfte zwischen den ungeladenen Molekülen in Kerzenwachs und Butter: die Salzkristalle sind deshalb sehr viel härter.

A236.6

Korund besteht aus Al^{3+}-Ionen und O^{2-}-Ionen im Zahlenverhältnis 2:3. Die Gitterenergie des Korund ist deshalb so hoch, weil die sehr kleinen und dreifach geladenen Al^{3+}-Ionen große elektrische Anziehungskräfte entstehen lassen: Korund ist eine der härtesten Substanzen. Korund schmilzt deshalb auch erst bei 2050 °C, während die Schmelztemperatur von Natriumchlorid 801 °C beträgt: hier liegen nur einfach geladene Ionen im Ionengitter vor.

A236.7

Metalloxide weisen doppelt geladene Oxid-Ionen im Ionengitter auf: diese tragen dazu bei, dass die elektrischen Anziehungskräfte höher sind als in Chloriden, die lediglich einfach geladene Chlorid-Ionen im Ionengitter enthalten. Sind die Ionenladungen groß und die Ionenradien klein, dann sind Anziehungskräfte maximal: diese Ionengitter weisen die höchsten Werte für die Gitterenergie auf.

A236.8

Bei der Entstehung der Salzlager hat sich beim Verdunsten des Wassers zunächst das Steinsalz (Natriumchlorid) abgelagert, erst danach die Kalisalze (Kaliumchlorid), weil sie leichter löslich sind als Natriumsalze. Deshalb sollte tiefer gebohrt werden, da sich unter der Kalischicht die Schicht Steinsalz befindet.

A236.9

a) Bei der Reaktion von Anhydrit mit Wasser entsteht Gips. Die Gipsportionen weisen ein größeres Volumen auf als die entsprechenden Anhydrit-Portionen.

b) Im Gips sind Calcium-Ionen (Ca^{2+}) und Sulfat-Ionen (SO_4^{2-}) im Ionengitter vorhanden.

c) Gips (eigentlich Anhydrit) wird mit relativ wenig Wasser zu einem steifen Brei angerührt und in kurzer Zeit verarbeitet. Unter Wärmeabgabe wird dieser dann zu einem festen Stoff. Ein Riss in einer Mauer wird beispielsweise mit dem Gipsbrei geschlossen. Nach Abbinden der Gips-Wasser-Mischung erhält man festen, harten Gips.

d) Anhydrit + Wasser $\longrightarrow$ Gips
Bei dieser chemischen Reaktion werden H_2O-Moleküle in das Ionengitter der Ca^{2+}-Ionen und SO_4^{2-}-Ionen eingebaut.

A236.10

a) *Hinweis:* In der Aufgabenstellung muss es statt Calciumoxid Calciumcarbonat heißen.
Ionenverbindungen sind Natriumcarbonat (Soda) und Calciumcarbonat (Kalkstein). Soda (Na_2CO_3) besteht aus Natrium-Ionen (Na^+-Ionen) und Carbonat-Ionen (CO_3^{2-}-Ionen) im Zahlenverhältnis 2:1. Kalkstein ($CaCO_3$) besteht aus Calcium-Ionen (Ca^{2+}-Ionen) und Carbonat-Ionen (CO_3^{2-}-Ionen) im Zahlenverhältnis 1:1.

b) Die im Glas enthaltenen Ionen werden in großer Hitze oder in der Schmelze beweglich und die elektrische Leitfähigkeit setzt ein.

c) In Gläsern besteht keine feste Anordnung der Atome, Ionen und Moleküle in Form eines Ionengitters oder Molekülgitters. Deshalb ist der Name Kristall nicht zutreffend.

A237.1

a) Metall + Sauerstoff $\longrightarrow$ Metalloxid

b) Die Ionen der Metalle Lithium, Beryllium, Magnesium oder Aluminium sind sehr kleine Ionen, im Falle der Be^{2+}-Ionen und der Mg^{2+}-Ionen sind sie doppelt geladen, das Al^{3+}-Ion ist sogar dreifach positiv geladen. Geringe Größe und hohe Ladung führen dazu, dass hohe Werte von Gitterenergien erreicht werden und stark exotherme Reaktionen ablaufen.

c) Die genannten Metalle haben kleine Dichten, es sind sogenannte Leichtmetalle. Man nimmt sie deshalb mit in den Weltraum, weil sie mit wenig Masse zu einem kleineren Gesamtgewicht beitragen.

d) Aluminium eignet sich besser, weil bei den Reaktionen dreifach geladene, sehr kleine Aluminium-Ionen entstehen. Die Bildung des Ionengitters geschieht unter Freisetzen einer höheren Gitterenergie als bei der Reaktion des Magnesiums zum Magnesiumoxid.

A237.2

a) Für den menschlichen Organismus ist Iod ein lebenswichtiges Spurenelement, das regelmäßig mit der Nahrung aufgenommen werden muss. Es ist vor allem für die normale Funktion der Schilddrüse wichtig. In ihr werden die beiden Schilddrüsenhormone Thyroxin und Triiodthyronin gebildet. Bei einem Mangel an Iod kommt es zu einer übermäßigen Bildung von Schilddrüsengewebe, was äußerlich als Kropf sichtbar wird.
Deutschland gilt als ein Iodmangelgebiet. Daher wird unserem Speisesalz Iod zugesetzt.

Für weiterführende Informationen siehe auch Bundesinstitut für Risikobewertung:
http://www.bfr.bund.de/cm/208/nutzen_und_risiken_der_jodprophylaxe_in_deutschland.pdf

b) Bei einer Schilddrüsenüberfunktion (Hyperthyreose) findet eine vermehrte Ausschüttung der Schilddrüsenhormone Thyroxin und Triiodthyronin statt. Der gesamte Stoffwechsel wird dadurch gesteigert und der Grundumsatz an Energie erhöht. Es kommt zu Herzrasen, Hyperaktivität und Gewichtsverlust trotz normaler Ernährung.
Gegenteilige Beschwerden treten bei einer Schilddrüsenunterfunktion auf.

c) Bei einer Schilddrüsenüberfunktion sollten iodhaltige Lebensmittel (z. B. Hochseefisch) gemieden werden.
In Deutschland wurden jedoch Höchstmengen für die Iodanreicherung von Speisesalz festgelegt. Eine Überversorgung mit Iod ist bei Verwendung von iodiertem Speisesalz daher nicht zu befürchten, da große Mengen davon aufgenommen werden müssten.

16 Dem Rost auf der Spur

A239.1

Bei diesem Modellexperiment wird das Rosten simuliert. Man verwendet dazu zwei Reagenzgläser – eines gefüllt mit trockener, das andere mit angefeuchteter Eisenwolle. Nun werden die Proben umgekehrt in eine mit Wasser gefüllte pneumatische Wanne gestellt. Das feuchte Metall färbt sich nach einiger Zeit braun, der Wasserstand im Reagenzglas steigt und verdrängt etwa 20 % der darin enthaltenen Luft. Es hat eine Reaktion zu Eisenoxidhydroxid stattgefunden. Nach der Trocknung erhält man rotes Eisenoxid. Rost ist dann die Mischung aus diesen beiden Stoffen.
Bei der trockenen Eisenwolle ist keine Veränderung zu beobachten.
Aus diesem Experiment wird deutlich, dass für das Rosten sowohl Sauerstoff als auch Wasser notwendig sind.

A239.2

Individuelle Lösung
Das Experiment kann entsprechend dem in Aufgabe 239.1 beschriebenen Modellversuch durchgeführt werden. Die Eisenwolle wird zuvor in eine Kochsalzlösung statt in Wasser getaucht. Man kann dabei beobachten, dass die Rostbildung schneller verläuft als in dem Ansatz mit Wasser. Alternativ kann man entfettete Eisenwolle in eine Kochsalzlösung legen, die sich in einer Petrischale befindet. Auch hier erfolgt die Rostbildung im Vergleich zum Ansatz mit Wasser deutlich schneller.

A240.1

a) $2\,Al + 3\,Br_2 \longrightarrow 2\,AlBr_3$

b) $2\,Na + Cl_2 \longrightarrow 2\,NaCl$

A240.2

Individuelle Lösung
Der bei der Reaktion entstehende weiße Feststoff wird in Wasser gelöst. Mit einem Leitfähigkeitsprüfer prüft man die Leitfähigkeit der Lösung. Die deutliche Leitfähigkeit der Lösung zeigt an, dass Ionen darin enthalten sein müssen.

A240.3

Es liegt keine Oxidation nach der neuen Definition vor, da im Magnesiumchlorid bereits Mg^{2+}-Ionen vorliegen. Nach der alten Definition kann man die Reaktion als Oxidation beschreiben, weil am Ende ein Oxid als Reaktionsprodukt entsteht.

A241.1

Bei einer Redoxreaktion (Reduktions-Oxidations-Reaktion) handelt es sich um eine Elektronenübertragungsreaktion. Wird ein Metall-Atom oxidiert und gibt dabei Elektronen ab, nimmt gleichzeitig ein Nichtmetall-Atom die Elektronen auf und wird dabei reduziert.

Teilchen, die Elektronen abgeben, werden allgemein als Reduktionsmittel (Elektronendonatoren) bezeichnet. Teilchen, die Elektronen aufnehmen, werden Oxidationsmittel (Elektronenakzeptoren) genannt.

A241.2

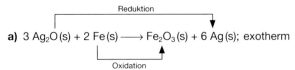

a) $3\,Ag_2O(s) + 2\,Fe(s) \longrightarrow Fe_2O_3(s) + 6\,Ag(s)$; exotherm

Bei dieser Reaktion wird der Sauerstoff vom Silber im Silberoxid auf das Eisen im Eisenoxid übertragen.

b)
Reduktion: $6\,Ag^+ + 6\,e^- \dashrightarrow 6\,Ag$
Oxidation: $2\,Fe \dashrightarrow 2\,Fe^{3+} + 6\,e^-$
Redoxreaktion: $6\,Ag^+ + 2\,Fe \longrightarrow 6\,Ag + 2\,Fe^{3+}$

c) *Sauerstoffübertragung:*
Oxidationsmittel: Silberoxid (Sauerstoffspender);
Reduktionsmittel: Eisen (Sauerstoffempfänger)

Elektronenübertragung:
Oxidationsmittel: Ag^+-Ionen (Elektronenakzeptoren);
Reduktionsmittel: Fe-Atome (Elektronendonatoren)

Nach der herkömmlichen Definition der Redoxreaktion als Sauerstoffübertragungsreaktion sind Oxidations- und Reduktionsmittel Stoffe; nach der neuen Definition handelt es sich beim Oxidations- und Reduktionsmittel um Teilchen.

A241.3

Reaktion von Magnesium mit Sauerstoff:
Oxidationsmittel: Sauerstoff-Atome
Reduktionsmittel: Magnesium-Atome

Reaktion von Magnesium mit Chlor:
Oxidationsmittel: Chlor-Atome
Reduktionsmittel: Magnesium-Atome

Reaktion von Eisen mit Chlor:
Oxidationsmittel: Chlor-Atome
Reduktionsmittel: Eisen-Atome

A242.1

Unedle Metalle geben leicht Elektronen ab und bilden positive Ionen. Sie lösen sich in verdünnten Säuren unter Wasserstoffentwicklung.
Edle Metalle geben nur schwer Elektronen ab. Dagegen nehmen die Ionen der edlen Metalle leicht Elektronen auf und bilden das reine Metall. Edle Metalle reagieren nicht mit verdünnten Säuren.
In der Fällungsreihe stehen links die unedlen Metalle, die Edelmetalle stehen rechts.

A242.2

In der Reihenfolge K, Al, Pb nimmt die Stärke als Reduktionsmittel, also die Tendenz, Elektronen abzugeben, ab. In der Fällungsreihe steht Kalium ganz links, ist also am unedelsten; Aluminium steht weiter rechts und das noch edlere Blei ist noch weiter rechts zu finden.

V243.1

a)

	Eisen	Kupfer	Zink	Magnesium
Fe^{2+}	---	−	+	+
Cu^{2+}	+	---	+	+
Zn^{2+}	−	−	---	+
Mg^{2+}	−	−	−	---

---: keine Reaktion; da Metall und sein zugehöriges Ion
+: Reaktion tritt ein; das Metall überzieht sich mit einer schwarzen Schicht.
−: keine Reaktion, Metall bleibt unverändert

b) Das unedlere Metall gibt jeweils Elektronen an die edleren Metall-Kationen der Lösung ab. Das unedlere Metall wird oxidiert und die Metall-Kationen gehen in Lösung. Die edleren Metall-Kationen der Lösung werden reduziert und als elementares Metall (erkennbar als schwarze Schicht auf dem unedlen Metall) abgeschieden.
Das unedlere Metall ist das Reduktionsmittel, die edleren Metall-Kationen sind das Oxidationsmittel.
Im Versuch ist Magnesium das unedelste Metall, da es in sämtlichen Fällen reagiert hat; die Magnesium-Ionen hingegen nie. Das edelste Metall des Versuchs ist Kupfer. Die Kupfer-Ionen wurden von allen Metallen reduziert und das Kupfer-Metall hat in keinem Fall reagiert.

c) Entsprechend der Häufigkeit, mit der das Metall reagiert hat, lassen sich die Metalle in einer Fällungsreihe einordnen.

unedel   Magnesium, Zink, Eisen, Kupfer   edel

Alle Metalle, die unedler als die Eisen-Ionen der Lösung sind, können mit einer Eisensulfat-Lösung reagieren. In V1 sind dies Zink und Magnesium.

V243.2

a) Wird ein Kupferblech in die Silbernitrat-Lösung hineingelegt, so scheidet sich nach einiger Zeit Silber ab.

b)
Elektronenabgabe: $Cu(s) \dashrightarrow Cu^{2+}(aq) + 2\,e^-$
Elektronenaufnahme: $2\,Ag^+(aq) + 2\,e^- \dashrightarrow 2\,Ag(s)$

Gesamtreaktion: $Cu(s) + 2\,Ag^+(aq) \longrightarrow Cu^{2+}(aq) + 2\,Ag(s)$

c) Silber steht als edelstes Metall in der Fällungsreihe von V1 ganz rechts.

unedel   Magnesium, Zink, Eisen, Kupfer, Silber   edel

V243.3

a)
Elektronenabgabe: $Mg(s) \dashrightarrow Mg^{2+}(aq) + 2\,e^-$
Elektronenaufnahme: $2\,H^+(aq) + 2\,e^- \dashrightarrow H_2(g)$

Gesamtreaktion: $Mg(s) + 2\,H^+(aq) \longrightarrow Mg^{2+}(aq) + H_2(g)$

b) Bei der Reaktion eines unedlen Metalls mit verdünnter Säure löst sich das Metall unter Wasserstoffentwicklung auf. Die Elektronenübertragung erfolgt hier zwischen den Magnesium-Atomen, die Elektronen abgeben und den Wasserstoff-Ionen, die Elektronen aufnehmen.

V243.4

a) Die gelbliche Lösung entfärbt sich. Das Reagenzglas erwärmt sich.

b), c)
Oxidation: $Zn \dashrightarrow Zn^{2+} + 2\,e^-$
Reduktion: $Fe^{3+} + e^- \dashrightarrow Fe^{2+}$
Redoxreaktion:
$Zn(s) + 2\,Fe^{3+}(aq) \longrightarrow Zn^{2+}(aq) + 2\,Fe^{2+}(aq)$

Oxidationsmittel: Fe^{3+}-Ionen
Reduktionsmittel: Zn-Atome

d)
unedel   Magnesium, Zink, Eisen, Kupfer, Silber   edel

e) Individuelle Lösung
Es findet keine Reaktion statt, da die Zink-Ionen in der Lösung ein zu schwaches Oxidationsmittel sind, um die edleren Eisen-Atome zu oxidieren.

A245.1 oben

Metall-Atome können ihre Außenelektronen leicht abgeben. Dadurch entstehen positiv geladene Metall-Ionen. Diese Metall-Ionen werden von den sich ungeordnet bewegenden Außenelektronen umgeben. Im Metallgitter wirken Anziehungskräfte zwischen den positiv geladenen Ionen und den negativ geladenen Elektronen.

A245.2 oben

Im Kupferdraht sind die frei beweglichen Elektronen die Ladungsträger, in der Kupfersalz-Lösung sind es die frei beweglichen Ionen. Die elektrische Leitfähigkeit des Kupferdrahtes hängt von der Temperatur ab: Je stärker man das Metall erhitzt, desto geringer ist die Leitfähigkeit, da die Metall-Kationen auf den Gitterplätzen stärker schwingen und so den Elektronentransport hemmen. Die Leitfähigkeit der Kupfersalz-Lösung ist von der Konzentration der Lösung abhängig.

A245.3 oben

Bei Abkühlung eines Drahtes nimmt die elektrische Leitfähigkeit zu. Bei niedrigen Temperaturen schwingen die Gitterbausteine nur noch geringfügig hin und her, die Bewegung der Elektronen wird daher weniger behindert.

A245.4 oben

Als gute Wärmeleiter speichern Metallgegenstände Wärme auch im Inneren. Berührt man eine Metalloberfläche bei der hohen Temperatur der Sauna, kann es zu Verbrennungen kommen, weil Wärme aus dem Inneren rasch an die Oberfläche geleitet wird.

A245.1 unten

Aluminium geht als unedles Metall unter Elektronenabgabe in Lösung. Die frei gewordenen Elektronen stehen den Silber-Ionen aus der „Anlaufschicht" (Silbersulfid) zur Verfügung. Silber wird so ohne Verluste zurückgebildet. Der Geruch zeigt an, dass die freigesetzten Sulfid-Ionen zu Schwefelwasserstoff reagieren.

Elektronenabgabe: $\quad Al(s) \dashrightarrow Al^{3+}(aq) + 3\,e^-$
Elektronenaufnahme: $\quad Ag^+(aq) + e^- \dashrightarrow Ag(s)$
besser:
$Ag_2S(s) + 2\,H_2O(l) + 2\,e^- \dashrightarrow 2\,Ag(s) + H_2S(aq) + 2\,OH^-(aq)$

Diese Methode der Reinigung ist materialschonend, kostengünstig und umweltfreundlich.

A245.2 unten

Beim Kochen von Eiern findet eine nicht umkehrbare chemische Reaktion (Denaturierung von Proteinen) statt. Kocht man das Ei zu lange, bildet sich aus den schwefelhaltigen Aminosäuren der Proteine Schwefelwasserstoff (fauliger Geruch). Wäre der Löffel, mit dem das Ei gegessen wird, aus Silber, würde der in den Eiern enthaltene Schwefel mit dem Metall zu Silbersulfid reagieren und sich der Löffel somit schwarz färben.

A245.3 unten

Gold hat eine noch größere elektrische Leitfähigkeit als Silber. Der Widerstand von Audiokabeln mit Goldstecker ist daher geringer. Dadurch ist es möglich, noch kleinere Spannungsunterschiede an den Lautsprecher zu senden, was eine differenziertere Tonerzeugung möglich macht.
Außerdem würde sich bei versilberten Kontakten eine Silbersulfidschicht bilden und die gute elektrische Leitfähigkeit wäre nicht mehr gegeben. Daher verwendet man das teurere Gold mit guter Kontaktgabe und Korrosionsbeständigkeit.

A246.1

Eine grafische Darstellung der Preisentwicklung für Kupfer für verschiedene Zeiträume findet sich beispielsweise unter:
http://www.finanzen.net/rohstoffe/kupferpreis
sowie für Blei, Zink, Zinn, Aluminium, Nickel entsprechend.

A246.2

Individuelle Lösung

A248.1

Rost: Rost ist eine Mischung aus Eisenhydroxid und rotem Eisenoxid.

Korrosion: Zerstörung von unedlen Metallen, insbesondere Eisen, durch Einwirkung von Wasser und Luft.

Fällungsreihe: Anordnung der Metalle nach ihrer Fähigkeit, Elektronen abzugeben und damit die Ionen anderer Metalle auszufällen, also in das betreffende Metall zu überführen. In der Fällungsreihe sind die Metalle von unedel (links) nach edel (rechts) geordnet.

Oxidation, Reduktion, Redoxreaktion: Oxidation: eine Elektronenabgabe, Reduktion: eine Elektronenaufnahme, Redoxreaktion: Reduktions-Oxidations-Reaktion, bei der ein Metall-Atom oxidiert und ein Nichtmetall-Atom reduziert wird.

Oxidationsmittel, Reduktionsmittel: Nichtmetall-Atome wirken als Oxidationsmittel, nehmen also Elektronen auf; Metall-Atome wirken als Reduktionsmittel, geben also Elektronen ab.

Elektronenübertragung: Reaktion, bei der Elektronenabgabe und Elektronenaufnahme gleichzeitig ablaufen.

Elektronendonator, Elektronenakzeptor: Elektronendonatoren sind Stoffe bzw. Teilchen, die leicht Elektronen abgeben (spenden); *Beispiel:* unedle Metalle.
Elektronenakzeptoren sind Stoffe bzw. Teilchen, die leicht Elektronen aufnehmen; *Beispiel:* Ionen edler Metalle.

edle und unedle Metalle: Edle Metalle geben nur sehr schwer Elektronen ab, sie stehen in der Fällungsreihe der Metalle rechts; unedle Metalle geben leicht Elektronen ab, sie stehen in der Fällungsreihe links.

Metallbindung: Anziehung zwischen positiv geladenen Metall-Ionen und negativ geladenen Elektronen im Metallgitter.

Metallgitter: Anordnung der Metall-Ionen nach dem Prinzip der dichtesten Kugelpackung.

A248.2

elektrische Leitfähigkeit, Wärmeleitfähigkeit, plastische Verformbarkeit

A248.3

Elektronenabgabe: $\quad Zn \dashrightarrow Zn^{2+} + 2\,e^-$
Elektronenaufnahme: $\quad Br_2 + 2\,e^- \dashrightarrow 2\,Br^-$
Gesamtreaktion: $\quad Zn + Br_2 \longrightarrow Zn^{2+} + 2\,Br^-$

Zink-Atome fungieren als Elektronendonatoren, Brom-Moleküle als Elektronenakzeptoren.

A248.4

a) In der Silbernitrat-Lösung löst sich die Zinkplatte unter Bildung von Zink-Ionen auf, aus der Silbernitrat-Lösung scheidet sich metallisches Silber ab. Zink ist ein unedles Metall, Silber ist ein edles Metall.

b) Zwischen der Magnesiumsulfat-Lösung und der Zinkplatte kommt es zu keiner Reaktion. Magnesium ist gegenüber Zink das unedlere Metall.

A248.5

a)
Elektronenabgabe: $Pb(s) \dashrightarrow Pb^{2+}(aq) + 2\,e^-$
Elektronenaufnahme: $Cu^{2+}(aq) + 2\,e^- \dashrightarrow Cu(s)$

b)
Elektronenabgabe: Oxidation
Elektronenaufnahme: Reduktion
Blei-Atome: Reduktionsmittel
Kupfer-Ionen: Oxidationsmittel

c) $Pb(s) + Cu^{2+}(aq) \longrightarrow Pb^{2+}(aq) + Cu(s)$

A248.6

a) Magnesium reagiert mit dem Wasser zu Magnesiumoxid und Wasserstoff. Das entstehende Wasserstoffgas entzündet sich und bildet die Fackel.

b) $Mg(s) + H_2O(l) \longrightarrow MgO(aq) + H_2(g)$; exotherm

Magnesium reduziert das Wasser, wobei Magnesiumoxid und Wasserstoff entstehen. Magnesium verbindet sich daher mit Sauerstoff, es wird oxidiert. Nach der neuen Definition geben Magnesium-Atome Elektronen ab, sie werden oxidiert.

c) Das Rosten von Eisen ist nach der herkömmlichen Definition eine Oxidation, das Verbrennen von Magnesium eine Redoxreaktion. Nach der neuen Definition sind beide Reaktionen Elektronenübertragungsreaktionen, also Redoxreaktionen. Ferner läuft die Verbrennung von Magnesium deutlich schneller ab als das Rosten von Eisen.

A248.7

a) Individuelle Lösung
Beispiele für die Verwendung der Metalle:
Eisen: Stahlrahmen, Lenker, Seilzüge, Schutzbleche, Speichen und Felgen
Aluminium: Rahmen, Lenker, Bremsgriffe, Schutzbleche, Speichen, Felgen (bei Aluminiumrädern)
Kupfer: Kabelmaterial

b) *Eisen (Stahl):* Stabilität, günstiger Preis, Zugfestigkeit
Aluminium: geringe Dichte, Korrosionsbeständigkeit durch Eloxalschicht
Kupfer: hohe elektrische Leitfähigkeit

c) Calcium ist zwar ein Leichtmetall mit einer geringeren Dichte als Aluminium und wäre daher zur Konstruktion sehr leichter Fahrräder geeignet. Doch das Metall ist zu unedel, sodass es sehr schnell an feuchter Luft korrodieren würde. Eine Passivierung durch eine fest haftende Oxidschicht erfolgt nicht.
Gold ist zwar ein sehr edles und somit praktisch korrosionsfreies Metall, doch es ist zu weich, zu teuer und würde aufgrund der hohen Dichte das Fahrrad sehr schwer werden lassen.

A248.8

a)

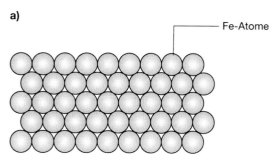

Die Oberfläche ist glatt, sodass die Angriffsfläche für Wasser und Sauerstoff klein ist.

b)

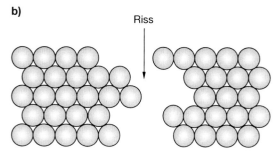

Zerrissenes Eisenblech hat eine große Oberfläche, wodurch eine größere Angriffsfläche für Wasser und Sauerstoff vorhanden ist.

c) Durch Dehnen oder Biegen eines Eisenblechs entstehen Lücken und Risse zwischen Atomverbänden. Die Oberfläche wird vergrößert und es kann pro Zeit mehr Sauerstoff an das Bleich gelangen. Zusätzlich füllen sich die Risse mit Wasser und Schmutzstoffe setzen sich darin ab, was die Rostbildung gerade an den Rändern der Risse fördert.

A248.9

a) Für das aluminothermische Schweißen verwendet man Thermit, ein Gemisch aus Eisen(III)oxid und Aluminium-Granulat. Die Reaktion von Aluminium mit Eisenoxid ist derart exotherm, dass das entstehende Eisen schmilzt, in die Lücke zwischen den beiden Schienenenden fließt und die Schienen so verschweißt.

b) $2\,Al(s) + Fe_2O_3(s) \longrightarrow Al_2O_3(s) + 2\,Fe(l)$; exotherm

c) Die Reaktion kann als Sauerstoffübertragungsreaktion und auch als Elektronenübertragungsreaktion beschrieben werden. Aluminium ist als unedles Metall ein gutes Reduktionsmittel, welches sich mit dem Sauerstoff aus dem Eisenoxid verbindet. Das Eisenoxid ist der Sauerstoffspender, das Oxidationsmittel.
Betrachtet man die Teilchenebene, findet eine Elektronenübertragung statt. Die Aluminium-Atome geben Elektronen an die Fe^{3+}-Ionen im Eisenoxid ab und werden so oxidiert. Die Eisen-Ionen nehmen die Elektronen auf und werden so zu Eisen-Atomen reduziert.

d) Als Pulver hat das Eisenoxid/Aluminium-Gemisch eine größere Oberfläche. Eisenoxid-Körnchen sind von Aluminium-Körnchen umgeben und umgekehrt. Dadurch kann die Reaktion zügig und unter Freisetzung der für das Schmelzen des Eisens notwendigen Wärmeenergie erfolgen.

Die Magnesiumfackel liefert die Aktivierungsenergie, um das Gemisch zu zünden und die Reaktion in Gang zu setzen. Die bei der Reaktion frei werdende Reaktionsenergie erhält die Reaktion, sodass diese sich durch das Gemisch fortpflanzen kann. Das vorher im Metalloxid enthaltene Metall wird so freigesetzt.
Das Thermitgemisch ist somit kein Explosivstoff und kann erst bei großer Wärmezufuhr zur Entzündung gebracht werden.

A248.10

Die Salzsäure hat keine oxidierende Wirkung und ist nicht in der Lage, die dünne Kupferplatte anzugreifen. Das Kupfer ist zu edel, um von der Salzsäure oxidiert zu werden. Reines Kupfer wird daher von Salzsäure nicht zersetzt.

A249.1

a) Das in den Einwegwärmekissen enthaltene Eisenpulver rostet, es reagiert mit dem Luftsauerstoff und dem Wasser zu Eisenoxidhydroxid. Da diese Redoxreaktion exotherm verläuft, erwärmt sich das Wärmekissen. Das im Gemisch vorhandene Kochsalz fördert das Rosten.

b)
- Die Reaktion muss unter Beteiligung von Luftsauerstoff erfolgen, da mehr Sauerstoff an die Oberfläche des Gemischs gelangt als in dessen Inneres.
- Bei der Reaktion wird Sauerstoff verbraucht. Fehlt der Sauerstoff durch Verschließen des Plastikbeutels, kann die Reaktion nicht mehr erfolgen.
- Luft enthält nur etwa 21 % Sauerstoff. Die Reaktion kann in reinem Sauerstoff mit deutlich höherer Intensität ablaufen, was die stärkere Erwärmung bewirkt. Das Verkleinern des Beutels lässt auf den Verbrauch an elementarem Sauerstoff schließen.
- Es läuft eine chemische Reaktion ab, bei der braunes Eisenoxid (Rost) entsteht.

Im Wärmekissen oxidiert das Eisenpulver mit dem Luftsauerstoff und dem im Gemisch vorhandenen Wasser zu braunem Eisenoxid. Die Reaktion verläuft exotherm.
$$4\,Fe(s) + 3\,O_2(g) + 2\,H_2O(l) \longrightarrow 4\,FeO(OH)(s) \longrightarrow 2\,Fe_2O_3(s) + 2\,H_2O(l)$$

c) Die Aktivkohle weist aufgrund ihrer zahlreichen Hohlräume eine große Oberfläche auf, in der sich Luftsauerstoff sammelt. Gleichzeitig wird das entstehende Wasser adsorbiert. Die große Oberfläche ermöglicht die gleichmäßigere Durchlüftung und somit die länger anhaltende Erwärmung des Wärmekissens.

A249.2

a) Das gebrauchte Fixierbad fließt in einen Behälter mit Eisenwolle. Dort werden die im Fixierbad enthaltenen Silber-Ionen am unedleren Eisen zu metallischem Silber reduziert, wodurch sich auf dem Eisen eine Schicht aus Silber bildet, während das Eisen nach und nach in Lösung geht. Das Recycling von Silber aus fotochemischen Bädern schont Ressourcen und ist zudem kostengünstig.

b)

Reduktion: $2\,Ag^+(aq) + 2\,e^- \dashrightarrow 2\,Ag(s)$;
Oxidationsmittel: Ag^+-Ionen

Oxidation: $Fe(s) \dashrightarrow Fe^{2+}(aq) + 2\,e^-$;
Reduktionsmittel: Fe-Atome

Redoxreaktion: $Fe(s) + 2\,Ag^+(aq) \longrightarrow Fe^{2+}(aq) + 2\,Ag(s)$

c) Technisch wird Silber heute durch Elektrolyse an einer Stahl-Kathode gewonnen. Der Vorteil dieses Verfahrens ist, dass Silber dadurch in sehr reiner Form gewonnen werden kann. Nachteilig sind die hohen Energiekosten der Elektrolyse. Die Vorgänge sind bei beiden Verfahren im Prinzip gleich: Silber-Ionen werden reduziert – einmal durch ein unedleres Metall, welches in Lösung geht, einmal durch elektrischen Strom. Die früher angewandte Fällung der Silber-Ionen durch Natriumsulfid spielt heute aufgrund der Giftwirkung von Schwefelwasserstoff keine Rolle mehr.

d) Die Entwickler-Lösung enthält meistens Hydrochinon als Reduktionsmittel. Da die Reduktion von Silber-Ionen zu elementarem Silber nur in alkalischer Lösung erfolgen kann, enthält die Entwickler-Lösung noch verdünnte Natronlauge. Das Stoppbad besteht aus verdünnter Essigsäure. Diese neutralisiert die alkalische Lösung des Entwicklerbades und verhindert so die weitere Reduktion der Silber-Ionen.
Die noch im Papier enthaltenen Silberbromid-Kristalle müssen entfernt werden, damit das entwickelte Bild sich nicht bei Belichtung nach und nach schwärzt. Das Fixierbad enthält dazu Natriumthiosulfat, welches mit den noch übrigen Silber-Ionen einen löslichen Komplex bildet und die Silber-Ionen so ausschwemmt.

e) Belichten des Filmes und des Fotopapiers: Elektronenübertragung von Bromid-Ionen auf Silber-Ionen durch Licht. Es entstehen Silber-Keime.
Entwickeln des Filmes und des Fotopapiers im Entwickler: Reduktion von Silber-Ionen um die Silber-Keime zu Silber-Atomen. Aus dem latenten Bild wird ein reales Bild.

17 Kampf der Korrosion

A251.1

Sauerstoffkorrosion: Rosten von Eisen, Korrosion von Zink und Kupfer
Säurekorrosion: Korrosion von Glas, Kalkstein und Beton

A251.2

Gold ist ein sehr edles Metall und korrodiert nicht. Bronze dagegen ist eine Legierung aus Kupfer sowie dem unedleren Zinn und demzufolge deutlich weniger korrosionsbeständig. Durch die Kombination verschieden edler Metalle kommt es zur Bildung eines Lokalelements, wodurch die unedleren Metalle Kupfer und Zinn nach und nach korrodieren.

V252.1

a)
1) unbehandelter Nagel:

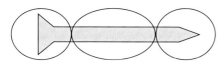

Blaufärbung   Hellblaufärbung   Blaufärbung

2) an der Spitze oxidierter Eisennagel:

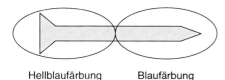

Hellblaufärbung   Blaufärbung

3) Eisennagel mit Kupferdraht umwickelt:

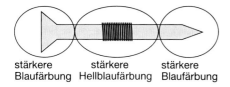

stärkere   stärkere   stärkere
Blaufärbung   Hellblaufärbung   Blaufärbung

4) Eisennagel mit verzinktem Eisendraht:

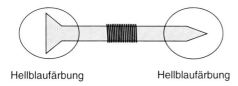

Hellblaufärbung   Hellblaufärbung

b) Die Blaufärbung zeigt die Stellen an, an denen Eisen-Atome zu Eisen-Ionen oxidiert worden sind.

$Fe(s) \dashrightarrow Fe^{2+}(aq) + 2\,e^-$

In den hellblau gefärbten Bereichen wurde der im Wasser gelöste Sauerstoff mit den Elektronen aus der Oxidation des Eisens reduziert, wobei sich Hydroxid-Ionen gebildet haben.

$O_2(g) + 2\,H_2O(l) + 4\,e^- \dashrightarrow 4\,OH^-(aq)$

c) Die Versuche 1) und 2) zeigen, dass es auf dem Eisennagel edlere und unedlere Bereiche gibt. Dort, wo das Eisen bereits teilweise oxidiert worden ist, werden verstärkt Eisen-Atome oxidiert. Es bildet sich der Minuspol. Die blanken Bereiche des Eisennagels sind edler; dort bildet sich durch Reduktion von Sauerstoff der Pluspol aus.

d) Bei dem mit Kupferdraht umwickelten Eisennagel zeigt sich im Bereich des Kupferdrahtes eine Hellblaufärbung, am Eisen eine stärkere Blaufärbung als im Versuch 1). Eisen und Kupfer bilden ein Lokalelement. Das unedlere Eisen wird oxidiert und geht als Eisen-Ionen in Lösung. Die entstandenen Elektronen fließen durch das Eisen zum Kupferdraht. An dem edleren Kupfer wird Sauerstoff unter Bildung von Hydroxid-Ionen reduziert.
Bei dem mit einem verzinkten Draht umwickelten Eisennagel zeigt sich um den Nagel eine Hellblaufärbung. Das unedlere Zink wird anstelle des Eisens oxidiert und geht in Form von Zink-Ionen in Lösung. Es bildet die Opferanode. Das edlere Eisen als Kathode bleibt unbeschädigt.

V252.2

a) Der als Kathode geschaltete Eisennagel überzieht sich während der Elektrolyse mit einer rötlichen Schicht; metallisches Kupfer scheidet sich ab. Im Messingbad bildet sich auf dem Eisennagel ein golden glänzender Messing-Belag. Die als Anode geschalteten Metallbleche verlieren ihren Glanz und werden an einigen Stellen dünner. Die Messingschicht lässt sich nicht so leicht abreiben wie die Kupferschicht. Generell sind Legierungen aufgrund ihrer größeren Härte abriebfester.

b) Im Kupferbad geht an der Anode Kupfer in Lösung und an der Kathode scheidet sich Kupfer ab. Es wird also Kupfer von einem Kupferblech in Form von Cu^{2+}-Ionen durch die Lösung auf den Eisennagel transportiert.

Anode: $\quad Cu(s) \longrightarrow Cu^{2+}(aq) + 2\,e^-$
Kathode: $\quad Cu^{2+}(aq) + 2\,e^- \longrightarrow Cu(s)$

Im Messingbad gehen an der Anode Kupfer und Zink in Lösung und Kupfer und Zink scheiden sich an der Kathode ab. Hier laufen zwei Reduktionsvorgänge parallel ab. Dies führt zur Bildung einer Legierung, nämlich Messing.

Anode: $\quad Cu \longrightarrow Cu^{2+} + 2\,e^-$
$\qquad\qquad Zn \longrightarrow Zn^{2+} + 2\,e^-$
Kathode: $\quad Cu^{2+} + 2\,e^- \longrightarrow Cu$
$\qquad\qquad Zn^{2+} + 2\,e^- \longrightarrow Zn$

c)

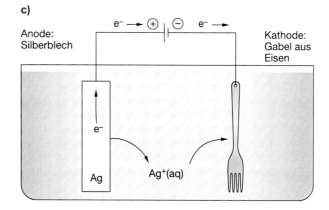

A253.1

Öle und Wachse bilden zwar einen wasserabweisenden Film auf dem Metall, dieser haftet meist nicht fest und kann durch Witterungseinflüsse schon nach kurzer Zeit vom Metall abgelöst werden beziehungsweise Risse aufweisen. Ein Korrosionsschutz ist dann nicht mehr gewährleistet.

A253.2

Die Luft ist im Hochgebirge sehr trocken und enthält kaum säurebildende Gase wie Schwefeldioxid und Stickstoffoxide. Durch die niedrigeren Temperaturen ist die Geschwindigkeit des Rostvorgangs zusätzlich verringert.

A253.3

Rostumwandler enthalten als wesentlichen Bestandteil Phosphorsäure. Die Säure bildet durch Reaktion mit dem Rost eine unlösliche Schicht aus matt schimmerndem Eisenphosphat, die mit der Metalloberfläche fest verbunden ist. Die Poren in der Phosphatschicht werden durch Kunstharz verschlossen, das in dem Rostumwandler enthalten ist. Dadurch entsteht eine luftundurchlässige Schicht, auf der sich neuer Lack gut auftragen lässt. So wird die Metalloberfläche für eine gewisse Zeit vor weiterem Rosten geschützt.

A253.4

Individuelle Lösung
Mögliche Vorgehensweise: Gegenstände aus Eisen (zum Beispiel Eisennägel) werden mit den verschiedenen Überzügen versehen und anschließend für eine Woche in Salzwasser oder an feuchter Luft gelagert. Als Vergleichsprobe dient ein unbehandelter Eisengegenstand. Nach der Einwirkungszeit werden die Gegenstände auf Rostflecken untersucht. Je weniger Roststellen der Eisengegenstand aufweist, desto besser ist der Überzug als Korrosionsschutz geeignet.

A255.1 oben

Passivierung: Viele unedle Metalle wie Zink und Aluminium bilden auf ihrer Oberfläche eine fest haftende Oxidschicht, die den Zutritt von Wasser und Sauerstoff sowie anderer korrosionsfördernder Stoffe verhindert. Das darunter liegende Metall ist so vor weiterer Korrosion geschützt.
Metallüberzüge: Überzüge aus edlen Metallen wie Kupfer oder Silber verhindern die Korrosion des darunter liegenden Metalls solange der Überzug unverletzt ist. Bei verletzter Schicht korrodiert das darunter liegende Metall durch Bildung eines Lokalelements sogar schneller als ohne Schutzschicht. Überzüge aus unedlen Metallen wie Zink oder Chrom schützen das edlere Metall sogar, wenn der Überzug verletzt ist. Die Atome des unedlen Metalls oxidieren anstelle des edleren Metalls und schützen es so vor der Korrosion.
Opferanoden: Verbindet man Stücke unedler Metalle elektrisch leitend mit dem edleren Metall, so korrodiert das unedle Metall anstelle des edlen Metalls. Es „opfert" sich sozusagen für das edlere Metall.

A255.2

Aluminium bildet eine fest haftende und für korrosionsverursachende Stoffe undurchdringliche Schicht aus Aluminiumoxid (Passivierung), wodurch das darunter liegende Aluminium vor der weiteren Korrosion geschützt ist. Der sich auf dem Stahl bildende Rost ist porös und für Wasser sowie Luftsauerstoff durchlässig. Das darunter liegende Eisen ist dadurch nicht vor Korrosion geschützt.

A255.3

Diese Maßnahme ist abzulehnen, da durch das Polieren die Schicht der edleren Metalle immer dünner wird und schließlich Löcher oder kleinste Risse entstehen, durch die Wasser und Sauerstoff an das Eisen gelangen können. Durch Lokalelementbildung verläuft die Korrosion des Eisens schneller.

A255.4

a) Der Magnesiumstab dient als Opferanode. Die Magnesium-Atome werden oxidiert; dadurch wird der Magnesiumstab zum Minuspol (Anode). Die frei werdenden Elektronen fließen zum Eisenblech des Warmwasserkessels. Dort wird der im Wasser gelöste Sauerstoff zu Hydroxid-Ionen reduziert. Das Eisen ist jedoch nur so lange vor der Korrosion geschützt, wie noch Magnesium-Atome vorhanden sind. Die Opferanode muss daher in regelmäßigen Abständen ersetzt werden.

b) *Oxidation:* $\quad 2\,Mg(s) \dashrightarrow 2\,Mg^{2+}(aq) + 4\,e^-$
Reduktion: $\quad O_2(aq) + 2\,H_2O(l) + 4\,e^- \dashrightarrow 4\,OH^-(aq)$
Redoxreaktion: $\quad 2\,Mg(s) + O_2(aq) + 2\,H_2O(l) \longrightarrow$
$$2\,Mg^{2+}(aq) + 4\,OH^-(aq)$$

A255.1 unten

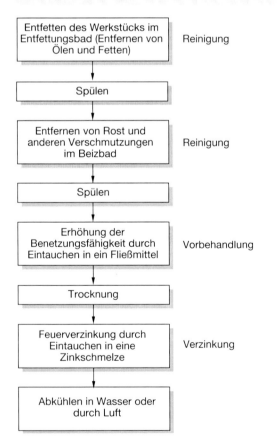

Das glänzend verzinkte Werkstück wird matt, weil das unedle Zink an der Luft oxidiert und eine fest haftende Schicht aus mattem Zinkoxid bildet (Passivierung).

A256.1

Bei einer Elektrolyse wird eine Ionenverbindung mit Hilfe des elektrischen Stroms in die Elemente zerlegt. Die in einer Salzschmelze oder einer Elektrolytlösung enthaltenen Kationen wandern zum Minuspol und werden dort zu Atomen entladen, indem die Kationen Elektronen aus der Elektrode aufnehmen. Die Anionen in der Lösung werden vom Pluspol angezogen und dort ebenfalls zu Atomen entladen. Die Anionen geben Elektronen an den Pluspol ab. Die an den Elektroden ablaufenden Elektronenübertragungen sind erzwungen, da durch die Spannungsquelle die Ladungsdifferenz aufrechterhalten wird.

A256.2

Minuspol (Reduktion): $Cu^{2+}(aq) + 2\ e^- \dashrightarrow Cu(s)$
Pluspol (Oxidation): $2\ Cl^-(aq) \dashrightarrow Cl_2(g) + 2\ e^-$
Redoxreaktion: $Cu^{2+}(aq) + 2\ Cl^-(aq) \longrightarrow Cu(s) + Cl_2(g)$

A256.3

Bei der Elektrolyse werden Ladungen transportiert. Im metallischen Leiter erfolgt der Ladungstransport durch Elektronen, die von der Spannungsquelle vom Pluspol zum Minuspol transportiert werden. Durch die so entstandene Ladungsdifferenz entsteht ein elektrisches Feld, in dem sich die Ionen bewegen und so Ladung transportieren.

A257.1

a)

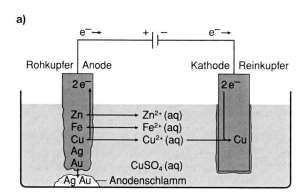

b) *Pluspol* (Oxidation): $Cu(s;\ roh) \dashrightarrow Cu^{2+}(aq) + 2\ e^-$
Minuspol (Reduktion): $Cu^{2+}(aq) + 2\ e^- \dashrightarrow Cu(s;\ rein)$

c) Nein. Im Wasser sind nur sehr wenige Ladungsträger enthalten. Wasser ist deshalb ein sehr schlechter elektrischer Leiter; somit kann nur ein sehr kleiner Strom zwischen den Elektroden fließen.

A257.2

Unter Raffination versteht man allgemein die Reinigung und Veredlung von Rohstoffen (z. B. Zucker-Raffination).
Königswasser (lat. *aqua regia*) ist eine Lösung aus drei Teilen konzentrierter Salzsäure und einem Teil konzentrierter Salpetersäure. Der Name leitet sich von der Eigenschaft ab, die Metalle Gold und Platin, die man als *königliche Metalle* bezeichnet, zu lösen. Heute wird Königswasser verwendet, um Gold, Platin und andere Edelmetalle zu recyceln.

V257.1

a) An dem Graphit-Stab, der mit dem Minuspol verbunden ist, scheidet sich Zink ab. An dem anderen Graphit-Stab sinken braune Schlieren in der Lösung nach unten.

b) Am Minuspol nehmen Zink-Ionen je zwei Elektronen auf. Es entsteht metallisches Zink. Am Pluspol geben gleichzeitig Bromid-Ionen je ein Elektron ab. Es bilden sich Brom-Moleküle.

c)
Minuspol: $Zn^{2+}(aq) + 2\ e^- \dashrightarrow Zn(s)$
Pluspol: $2\ Br^-(aq) \dashrightarrow Br_2(aq) + 2\ e^-$

Gesamtreaktion: $Zn^{2+}(aq) + 2\ Br^-(aq) \longrightarrow Zn(s) + Br_2(aq)$

d) Zinksulfat dissoziiert in wässriger Lösung in Zn^{2+}- und SO_4^{2-}-Ionen; Kaliumbromid-Lösung enthält K^+- und Br^--Ionen. Mischt man beide Lösungen, so werden bei der Elektrolyse die Zink- und Bromid-Ionen entladen; eine Abscheidung von Kalium- und Sulfat-Ionen erfolgt aufgrund des geringeren Abscheidungspotentials der Zink- und Bromid-Ionen nicht.

V257.2

a) An der Kathode scheidet sich Kupfer ab, an der Anode bildet sich ein Gas (Chlor).

b) In der Lösung wandern Kationen zur Kathode und Anionen zur Anode. An den Elektroden werden die Ionen entladen: Kationen nehmen an der Kathode Elektronen auf, Anionen geben an der Anode Elektronen ab.

c)
Minuspol (Kathode): $Cu^{2+}(aq) + 2\ e^- \dashrightarrow Cu(s)$
Pluspol (Anode): $2\ Cl^-(aq) \dashrightarrow Cl_2(g) + 2\ e^-$

Gesamtreaktion: $Cu^{2+}(aq) + 2\ Cl^-(aq) \longrightarrow Cu(s) + Cl_2(g)$

A258.1

Pluspol (Oxidation): $Cu(s) \dashrightarrow Cu^{2+}(aq) + 2\ e^-$
Minuspol (Reduktion): $Cu^{2+}(aq) + 2\ e^- \dashrightarrow Cu(s)$; Kupfer scheidet sich auf dem Nagel ab

A258.2

Ein Überzug aus dem unedleren Zink schützt das edlere Eisen, weil sich durch Passivierung auf dem Zink eine dünne Zinkoxidschicht bildet, die das darunter liegende Metall vor dem Zutritt von Wasser und Sauerstoff schützt. Selbst bei einer Verletzung der Zinkschicht ist das Eisen geschützt, da die Zink-Atome anstelle des edleren Eisens oxidieren und es so vor der Korrosion schützen.

V258.1

a) Die Kupfermünze überzieht sich mit einer silbrig glänzenden Schicht. An der Graphitelektrode ist eine leichte Gasentwicklung zu erkennen.

b)

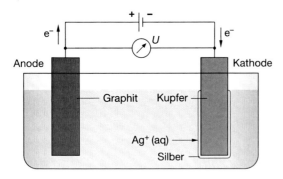

c) *Pluspol* (Oxidation): $2\,H_2O\,(l) \dashrightarrow O_2\,(g) + 4\,H^+\,(aq) + 4\,e^-$
Minuspol (Reduktion): $Ag^+\,(aq) + e^- \dashrightarrow Ag\,(s)$

A259.1

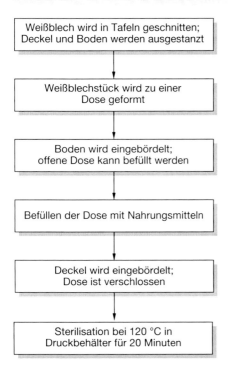

A259.2

Wenn die Zinkschicht verletzt wird, wird der Inhalt der Dose mit Zn^{2+}-Ionen „vergiftet". Bei einer defekten Zinnschicht, gehen Eisen-Ionen in Lösung, welche nicht giftig sind.

A260.1

Individuelle Lösung
Beispiele für Einflüsse: hohe und niedrige Temperaturen, UV-Strahlung, Steinschläge, Vogelkot, Baumharz, Luftschadstoffe, saurer Regen, Salze, Reinigungsmittel
Autolacke müssen daher temperaturunempfindlich sein und eine hohe Farbstabilität sowie Lichtechtheit aufweisen. Sie müssen Wasser und darin gelöste Salze sowie ätzende Stoffe abweisen können. Die Lackschicht muss zudem hart, aber dennoch elastisch sein, um mechanischen Einflüssen entgegenwirken zu können.

A260.2

Elektrotauchgrund: wasserabweisend, unempfindlich gegenüber Säuren und Laugen, Verbesserung der Haftung für die weiteren Lackschichten
Füller: elastisch, gleicht Unebenheiten aus, Schutz vor Steinschlägen
Basislack: wasserabweisend, glänzend, Farbechtheit, UV-Stabilität
Klarlack: wasserabweisend, glänzend, Schutz vor Baumharz und Vogelkot sowie sonstigen Umwelteinflüssen

A260.3

Die Rohkarosserie wird zuerst von anhaftenden Verschmutzungen aus der Montage befreit. Dies geschieht in einem Entfettungsbad. Nach dem Abspülen erfolgt die Phosphatierung durch Eintauchen der Karosserie in eine etwa 60 °C heiße saure Phosphat-Lösung. Dabei bildet sich auf dem Eisen eine 2 µm dicke Schicht aus Zinkphosphat und Eisenhydrogenphosphat, die das Eisen besser vor Korrosion schützt. Nach dem erneuten Spülen erfolgt die eigentliche Lackierung. Im ersten Schritt wird die Karosserie durch die Elektrotauchlackierung grundiert. Elektrolytisch werden dabei Epoxid-Lacke auf der Karosserie abgeschieden, wodurch die Karosserie besser vor Korrosion geschützt ist und die anschließend aufgetragenen Lackschichten besser auf der Karosserie haften. Nach der Grundierung wird der Füller aufgetragen, um Unebenheiten auszugleichen und die Haftung des Basislacks zu erhöhen. Die im Füller enthaltenen Mineralien, wie Kaolin oder Talkum, machen den Füller elastisch und schützen so vor dem Abplatzen ganzer Lackstücke durch Steinschläge. Der ausgehärtete Füller wird geschliffen, damit die meist zweischichtige Decklackierung haften kann. Die erste Schicht des Decklacks, der Basislack, besteht aus Polyurethan als Bindemittel und möglichst lichtechten Farbpigmenten sowie Additiven, die für eine gute UV-Stabilität sorgen. Nach dem Trocknen des Basislacks wird meist noch ein Klarlack aufgespritzt, der den Glanz des Basislacks erhöht und zudem noch vor äußeren Einflüssen schützt.

A260.4

Individuelle Lösung
Die gereinigte Karosserie wird in ein Tauchbad eingebracht, welches wasserlösliche Epoxidharz-Lacke enthält. Die Karosserie wird als Minuspol geschaltet, der Pluspol besteht meist aus Stahl. Es wird bei einer Spannung von 350 V bis 500 V elektrolysiert, wobei an den Elektroden Wasserstoff und Sauerstoff entstehen. Damit sich die Epoxidharz-Moleküle auf der Karosserie abscheiden können, wurden die Harz-Moleküle zuvor mit Aminogruppen versehen (funktionalisiert). Im sauren Milieu des Tauchbades liegen die Aminogruppen protoniert vor, wodurch Epoxidharz-Kationen entstehen. Diese wandern bei der Elektrolyse zum Minuspol (Karosserie). Auf der Karosserie werden die Kationen deprotoniert, wodurch die Harz-Moleküle auf der Karosserie einen Lackfilm bilden. Die Lackschicht muss nach der Tauchlackierung bei etwa 180 °C eingebrannt werden. Dabei vernetzen die Epoxidharz-Moleküle zu einer beständigen Lackschicht.

A260.5

Individuelle Lösung
Beispiele für Schutzmaßnahmen:
1980er Jahre: Umstellung von den „Lösemittellacken" (enthalten organische Lösemittel) zu den „Wasserlacken" (enthalten Wasser als Lösemittel)
Automatisierung der Spritzverfahren und Einbau von Absauganlagen für die Abluft (Minimierung der Gesundheitsgefährdung der Beschäftigten)
Entwicklung der elektrostatischen Füller- und Decklackapplikation (Vermeidung von Lackverlusten im Vergleich zum Spritzverfahren)
1990er Jahre: Entwicklung von Pulverlacken (können ganz ohne Lösemittel appliziert werden)
21. Jahrhundert: Vernetzung der Lacke durch UV-Licht (Verringerung des Energiebedarfs)

A260.6

Inhalte der Ausbildung: Entwicklung und Herstellung von Farben und Lacken, Produktkontrolle und Qualitätssicherung, Anwendungstechnik auch unter dem Aspekt der Nachhaltigkeit, physikalische und chemische Prüfverfahren, laborbezogene Informationstechnik.
Ausbildungsdauer: $3\frac{1}{2}$ Jahre
Weiterbildung: Lacktechniker, Industriemeister der Fachrichtung Lack, Studium (Bachelor/Master) Lackingenieur
Weitere Informationen finden sich beispielsweise unter: http://www.lacklaborant.de/6/Lacklaborant.htm

V260.1

a) Beim Eintauchen des Nagels in das Phosphatierbad entwickelt sich ein Gas. Der Nagel überzieht sich mit einer gräulich-matten Schicht. Taucht man die Nägel anschließend in Schwefelsäure, ist die Gasentwicklung bei den unbehandelten Nägeln deutlich stärker als bei den phosphatierten Nägeln, da die durch das Phosphatieren entstandenen Eisen- und Zinkphosphat-Schichten die Säurekorrosion des darunter liegenden Metalls verhindern. An den Stellen, an denen man den phosphatierten Nagel eingeritzt hat, verläuft die Gasentwicklung wesentlich stärker.

b) Die stärkere Gasentwicklung an der Ritzstelle zeigt, dass die Phosphatschicht sehr dünn ist und für den alleinigen Korrosionsschutz nicht ausreicht.

c) Beim Phosphatieren laufen mehrere Reaktionen ab, bei der sich auf dem Eisenblech verschiedene schwer lösliche und recht fest haftende Eisenphosphate bilden. Vereinfacht kann lässt sich die Reaktion so formulieren:

$2\,H_2PO_4^-(aq) + Fe(s) \longrightarrow 2\,HPO_4^{2-}(aq) + Fe^{2+}(aq) + H_2(g)$

Durch Luftsauerstoff erfolgt die Oxidation der Fe^{2+}-Ionen zu Fe^{3+}-Ionen und die Bildung des schwer löslichen Eisenphosphats:

$2\,Fe^{2+}(aq) + 2\,HPO_4^{2-}(aq) + O_2 \longrightarrow 2\,FePO_4(s) + H_2O(l)$

A262.1

Korrosion: Zerstörung der Oberfläche von Stoffen unter Einwirkung von Wasser, Luftsauerstoff und Säuren.

Korrosionsschutz: Maßnahmen zur Verhinderung der Korrosion, insbesondere bei Eisenwerkstoffen.

Passivierung: Korrosionsschutz durch Bildung fest haftender Oxidschichten an Luft bei einigen Metallen.

Opferanode: Form des Korrosionsschutzes, bei der unedlere Metalle anstelle des eigentlichen Werkmetalls oxidiert werden.

Elektrolyse: Abscheidung von Stoffen aus Lösungen oder Schmelzen mithilfe von Gleichspannung.

Anode: Elektrode, an der die Oxidation erfolgt.
Kathode: Elektrode, an der die Reduktion erfolgt.

Galvanisierung: Überziehen von Gegenständen mit einem Metall durch Elektrolyse.

A262.2

Aluminium und Zink bilden eine fest haftende und für korrosionsverursachende Stoffe undurchdringliche Schicht aus Aluminiumoxid beziehungsweise Zinkoxid (Passivierung), wodurch das darunter liegende Metall vor der weiteren Korrosion geschützt ist. Eisen ist zwar edler als die beiden anderen Metalle, doch ist der sich auf Eisen bildende Rost porös und für Wasser sowie Luftsauerstoff durchlässig. Das darunter liegende Eisen ist dadurch nicht vor Korrosion geschützt.

A262.3

Das warme Wasser in den Heizungsrohren enthält nur sehr wenig gelösten Sauerstoff, da die Löslichkeit von Gasen mit zunehmender Temperatur abnimmt.

A262.4

a) Bei der Elektrolyse der Bleichlorid-Lösung entsteht am Minuspol Blei und am Pluspol Chlor-Gas. Die in der Lösung enthaltenen Pb^{2+}-Ionen werden vom Minuspol angezogen und dort zu Blei-Atomen entladen, indem die Blei-Ionen zwei Elektronen von der Elektrode aufnehmen. Gleichzeitig wandern die Cl^--Ionen zum Pluspol und geben dort je ein Elektron an die Elektrode ab. Dadurch werden die Anionen zu Chlor-Atomen entladen. Je zwei Chlor-Atome verbinden sich zu einem Chlor-Molekül.

b) *Pluspol* (Oxidation): $2\,Cl^-(aq) \dashrightarrow Cl_2(g) + 2\,e^-$
Minuspol (Reduktion): $Pb^{2+}(aq) + 2\,e^- \dashrightarrow Pb(s)$
Redoxreaktion: $Pb^{2+}(aq) + 2\,Cl^-(aq) \longrightarrow Pb(s) + Cl_2(g)$

c) In metallischen Leitern transportieren Elektronen die elektrische Ladung; in Lösungen von Salzen wird die Ladung durch Ionen transportiert.

A262.5

a)

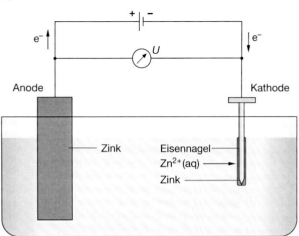

Vorgänge:
Pluspol (Oxidation): $Zn(s) \dashrightarrow Zn^{2+}(aq) + 2\,e^-$
Minuspol (Reduktion): $Zn^{2+}(aq) + 2\,e^- \dashrightarrow Zn(s)$; Zink scheidet sich auf dem Nagel ab

b) Die galvanisch erzeugte Zinkschicht ist etwa um den Faktor 100 dünner als die durch Feuerverzinken hergestellte Zinkschicht. Beim Galvanisieren sind zudem keine hohen Temperaturen nötig, da man mit wässrigen Lösungen arbeitet. Das Galvanisieren ist daher materialschonender und kostengünstiger.

c) Das edlere Kupfer ist korrosionsbeständiger als Eisen und korrodiert an Luft praktisch nicht; das unedle Zink überzieht sich an Luft mit einer fest haftenden Oxidschicht (Passivierung). Beide Überzüge verhindern den Zutritt der korrosionsverursachenden Stoffe und schützen das darunter liegende Eisen.

d) Bei einer Verletzung der Zinkschicht korrodiert das unedlere Zink anstelle des Eisens. Der Korrosionsschutz bleibt erhalten.

Minuspol (Oxidation): $2\,Zn(s) \dashrightarrow 2\,Zn^{2+}(aq) + 4\,e^-$
Pluspol (Reduktion): $O_2(aq) + 2\,H_2O(l) + 4\,e^- \dashrightarrow 4\,OH^-(aq)$
Redoxreaktion: $2\,Zn(s) + O_2(aq) + 2\,H_2O(l) \longrightarrow$
$2\,Zn^{2+}(aq) + 4\,OH^-(aq)$

Eine verletzte Kupferschicht schützt das Eisen nicht mehr vor Korrosion, sondern wirkt korrosionsfördernd. Es bildet sich ein Lokalelement, in dem das Eisen korrodiert.

Minuspol (Oxidation): $2\,Fe(s) \dashrightarrow 2\,Fe^{2+}(aq) + 4\,e^-$
Pluspol (Reduktion): $O_2(aq) + 2\,H_2O(l) + 4\,e^- \dashrightarrow 4\,OH^-(aq)$
Redoxreaktion: $2\,Fe(s) + O_2(aq) + 2\,H_2O(l) \longrightarrow$
$2\,Fe^{2+}(aq) + 4\,OH^-(aq)$

e) Die Kupferbeschichtung könnte mit einem Klarlack oder einem transparenten Kunststofffilm überzogen werden.

A262.6

Eisen ist unedler als Kupfer und daher leichter oxidierbar. In beiden Fällen wird das Eisen zum Minuspol, das Kupfer wird zum Pluspol. Die Korrosionsgeschwindigkeit hängt von der Fläche der Elektroden ab. Die Kupfernieten haben eine kleine Oberfläche, dadurch können pro Zeiteinheit auch nur wenige Sauerstoff-Moleküle reduziert werden. Dies verlangsamt die Korrosion des Eisens und die Vernietung bleibt lange stabil. Die Eisennieten korrodieren weitaus schneller, weil aufgrund der größeren Oberfläche des Kupfers pro Zeiteinheit mehr Sauerstoff-Moleküle reduziert werden können. Dadurch kann auch die Oxidation des Eisens schneller erfolgen und die Vernietung bricht eher.

Kupferniete (Pluspol, Reduktion)
$O_2(aq) + 2\,H_2O(l) + 4\,e^- \longrightarrow 4\,OH^-(aq)$

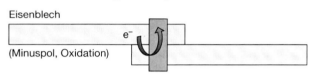

Eisenblech
(Minuspol, Oxidation)

$Fe(s) \longrightarrow Fe^{2+}(aq) + 2\,e^-$

Eisenniete (Minuspol, Oxidation)
$Fe(s) \longrightarrow Fe^{2+}(aq) + 2\,e^-$

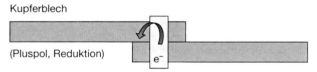

Kupferblech
(Pluspol, Reduktion)

$O_2(aq) + 2\,H_2O(l) + 4\,e^- \longrightarrow 4\,OH^-(aq)$

A262.7

Anstelle der Eisen-Atome des Wassertanks werden die unedleren Magnesium-Atome oxidiert. Dadurch ist das Eisen des Tanks so lange vor der Korrosion geschützt, bis die ganze Opferanode sich durch Korrosion gelöst hat. Der Magnesiumstab bildet den Minuspol (Anode). Die frei werdenden Elektronen fließen über die leitende Verbindung zum Eisenblech des Warmwasserkessels. Dort erfolgt die Reduktion der im Wasser gelösten Sauerstoff-Moleküle zu Hydroxid-Ionen.

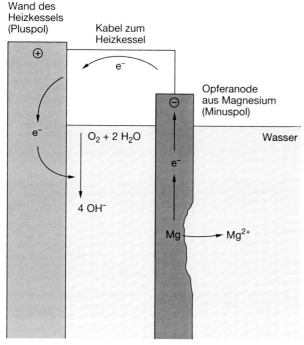

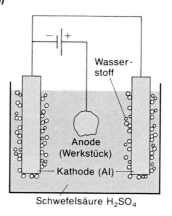

Oxidation:	$2\,Mg(s) \dashrightarrow 2\,Mg^{2+}(aq) + 4\,e^-$
Reduktion:	$O_2(aq) + 2\,H_2O(l) + 4\,e^- \dashrightarrow 4\,OH^-(aq)$
Redoxreaktion:	$2\,Mg(s) + O_2(aq) + 2\,H_2O(l) \longrightarrow$
	$2\,Mg^{2+}(aq) + 4\,OH^-(aq)$

A262.8

Kathode:	$4\,Al^{3+} + 12\,e^- \dashrightarrow 4\,Al$
Anode:	$3\,C + 6\,O^{2-} \dashrightarrow 3\,CO_2 + 12\,e^-$
Gesamtreaktion:	$2\,Al_2O_3(s) + 3\,C(s) \longrightarrow$
	$4\,Al(s) + 3\,CO_2(g)$

A263.1

a) Das Metall Aluminium findet aufgrund seiner geringen Dichte vielfältige Anwendung, da durch den Einsatz viel Gewicht eingespart werden kann. Es wird beispielsweise in der Verpackungsindustrie und Luft- und Raumfahrt eingesetzt. Auch wird der Werkstoff Aluminium zunehmend im Fahrzeugbau verwendet. In Legierungen mit Magnesium und Silicium können hohe Festigkeiten erreicht werden, die denen von Stahl gleichkommen.
Im Haushalt findet man Aluminium in Form von Getränkedosen, Aluminiumfolie und auch Töpfen.
Bei der Lebensmittelherstellung wird Aluminium als Lebensmittelfarbe bei Überzügen von Zuckerwaren und zum Dekorieren von Kuchen eingesetzt.

b) $2\,Ca + 2\,H_2O \longrightarrow 2\,Ca(OH)_2 + H_2$

$Al + H_2O$ keine Reaktion

Hinweis: Bei Zerstörung des Aluminiumoxid-Films treten Reaktionen auf, bei denen sich hochentzündliches Wasserstoff-Gas bildet.

c) Aluminium bildet an seiner Oberfläche schnell eine Schicht aus Aluminiumoxid, die vor der Reaktion mit Wasser schützt.

A263.2

a) Individuelle Lösung
Eine Übersicht findet sich beispielsweise unter:
http://www.nwowhv.de/NWOHOMEPAGE/popup/trasse.html

b) Die durchgehende Kunststoffschicht verhindert den Kontakt des Eisens mit den korrosionsverursachenden Stoffen Sauerstoff und Wasser. Die innere Schicht schützt zudem zusätzlich vor Leckagen. Die Entfernung von Oberflächenkorrosionen dient der Erkennung neuer Korrosionsstellen und ist die Voraussetzung für den Erhalt der Pipeline. Da diese Methoden allein jedoch für einen dauerhaften Korrosionsschutz nicht ausreichen, ist der kathodische Korrosionsschutz zusätzlich nötig.

c) Die Pipeline wird elektrisch leitend mit einem Magnesiumblock als Opferanode verbunden. Die Magnesium-Atome oxidieren anstelle der Eisen-Atome und schützen das Eisen so vor der Korrosion. Die Magnesium-Blöcke müssen von Zeit zu Zeit ersetzt werden.
Statt einer Opferanode kann die Pipeline auch an eine Gleichspannung liefernde Fremdstromanlage mit einer Hilfselektrode (Anode) aus Eisenschrott oder einer Inertelektrode aus Graphit oder Titan angeschlossen werden. Diese Methode entspricht im Prinzip einer Elektrolyse und führt zu einem hohen Energieaufwand und daher zu hohen Kosten. Doch ist diese Methode bei feuchten und sauren Böden der Opferanode vorzuziehen, weil eine Opferanode sich gegebenenfalls zu schnell auflöst. In beiden Fällen wird die Pipeline zum Minuspol und ist so vor der Oxidation geschützt.

d) *Schweißnähte der Rohre:* Prüfung durch Ultraschall, Dichtigkeitsprüfung durch Druckprüfung mit Wasser, Druckerkennungssensoren registrieren einen Druckabfall durch Leckagen, Erfassung der Durchflussmengen
Kunststoffummantelung der Rohre: Prüfung durch Hochspannung, regelmäßige Kontrolle der Pipeline durch Mitarbeiter der NWO und Leckerkennungsmolche

e) Auslaufendes Erdöl kann ins Erdreich und sogar ins Grundwasser einsickern und Boden und Wasser verseuchen. Die Gefahr von Explosionen nach dem Entzünden von Erdöl ist nicht so groß, da sich beim Auslaufen von Erdöl kaum explosive Gemische bilden.
Erdgas kontaminiert Boden und Grundwasser nicht, stattdessen kann es beim Austritt explosive Gemische bilden, die bei Entzündung weitere Teile der Pipeline zerstören können.

Erdöl- und Erdgaspipelines sollten unterirdisch verlegt werden, um ein Anzapfen zu vermeiden. Bei Gaspipelines bietet dies zusätzlich den Vorteil, dass austretendes Gas dann in geringerem Maße explosive Gemische bilden kann. Nachteilig ist, dass man die Rohre bei unterirdischer Trassenführung schlechter auf Korrosionsstellen untersuchen kann. Daher müssen Pipelines sehr korrosionsbeständig sein.

f) Aufgrund des unterirdischen Abbaus von Kohle kann es zu Erdverschiebungen kommen, die zu Leckagen der Pipeline führen können.

18 Für jeden Fleck die richtige Lösung

A265.1

Folgende Lösemittel können verwendet werden:
Aceton, Ameisensäureethylester, Chlorethan, Chloroform, Cyclohexan, Cyclopentan, Diethylether, Dimethylsulfoxid, DL-Limonen, Essigsäureethylester, Ethylbenzol, Heptan, iso-Amylalkohol, Isooctan, Methanol, Methylisobutylketon, Naphthalin, Nitromethan, n-Butan, n-Propylbenzol, Octan, Pentan, Phenol, Propylpropionat, p-Xylol, Schwefelkohlenstoff, Styrol, Terpentinöl, tert-Butanol, Toluol, 1-Butanol, 1-Propanol, 1,1,1-Trichlorethan, 1,2-Propandiol, 1,2,3-Trichlorbenzol, 2-Butanol

V266.1

a) Individuelle Lösung

b) Individuelle Lösung
Siedetemperatur Hexan: 69 °C
Siedetemperatur Aceton: 56 °C

V266.2

a) Aceton mischt sich mit Wasser und in geringen Mengen mit Speiseöl. Aus dem Gras extrahiert es das Blattgrün. Waschbenzin mischt sich mit Speiseöl. Mit Wasser bilden sich zwei Phasen. Gibt man Grashalme in Waschbenzin, kann man keine Veränderung beobachten.

b) Aceton löst sowohl Wasser als auch Speiseöl und Blattgrün. Waschbenzin hingegen löst nur Speiseöl.

V266.3

a)

Stoff	Elektrische Leitfähigkeit
Aceton	keine
Waschbenzin	keine
Kochsalz-Lösung	vorhanden

b) Die Kochsalz-Lösung leitet den elektrischen Strom, da hier frei bewegliche Ladungsträger in Form von Ionen vorhanden sind. Da Aceton und Waschbenzin den elektrischen Strom nicht leiten, existieren hier keine frei beweglichen Ladungsträger und diese Stoffe können nicht aus Ionen aufgebaut sein.

V266.4

a) Kaliumiodid löst sich in Aceton, die Lösung leitet den elektrischen Strom.
Kaliumiodid löst sich nicht in Hexan, es bildet sich rasch ein Bodensatz. Die Suspension leitet den elektrischen Strom nicht.

b) Kaliumiodid löst sich in Aceton, aber nicht in Hexan, das heißt, Hexan ist kein geeignetes Lösemittel für Kaliumiodid, Aceton hingegen ist geeignet.

c) Aceton und Hexan leiten als Reinstoffe den elektrischen Strom nicht (Versuch 3). Verantwortlich für die elektrische Leitfähigkeit der Kaliumiodid-Aceton-Lösung muss daher das gelöste Kaliumiodid sein. Ähnlich wie bei der Kochsalz-Lösung sind die Kalium- und Iodid-Ionen in der Lösung frei beweglich. Die Aceton-Moleküle müssen daher eine Anziehungskraft auf die Ionen ausüben, die größer ist als die Anziehungskraft zwischen den Ionen im Ionengitter. In der Kaliumiodid-Hexan-Suspension liegen keine frei beweglichen Ladungsträger vor. Die Anziehungskräfte zwischen den Ionen im Ionengitter müssen daher größer sein, als die Anziehungskräfte, die die Hexan-Moleküle auf die Ionen ausüben.

A266.1

a) Paprikapulver löst sich nicht in warmem Wasser, aber in Speiseöl.

b) Paprika ist nicht wasser-, aber fettlöslich. Daher kann man Paprikaflecken aus Kleidung mit Lösemitteln wie Waschbenzin entfernen.

A267.1 oben

Verantwortlich für die elektrische Leitfähigkeit von Stoffen sind frei bewegliche Ladungsträger. Ladungsträger bei Salzen sind Ionen, die im flüssigen und im gelösten Zustand frei beweglich sind. Im festen Zustand sitzen die Ionen auf festen Gitterplätzen im Ionengitter und können so keine Ladung transportieren.

A267.1 unten

Hauptgefahren sind Brand- und Explosionsgefahr, Vergiftungsgefahr sowie Gefahr von Hauterkrankungen.

A268.1

a) Schalenmodell des Fluor-Atoms:

Es fehlt noch ein Elektron zur Edelgaskonfiguration des Neon-Atoms.

b) Schalenmodell des Fluor-Moleküls:

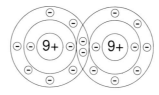

Beide Fluor-Atome erreichen durch das gemeinsame Elektronenpaar im Fluor-Molekül die Edelgaskonfiguration des Neon-Atoms.

A268.2

a) Wasserstoff und Chlor sind Nichtmetalle. Im Gegensatz zu Metall-Atomen nehmen Nichtmetall-Atome Elektronen auf und erreichen so eine Edelgaskonfiguration. Bei der Reaktion von Wasserstoff mit Chlor entsteht so eine Molekülverbindung, das gemeinsame Elektronenpaar zählt für beide Atome.

b) Schalenmodell des Chlorwasserstoff-Moleküls:

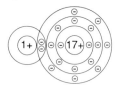

A269.1

Nach J. J. Thomson werden Atome durch Überlappung ihrer jeweiligen positiv geladenen Atomwolken, in der symmetrisch negativ geladene Elektronen angeordnet sind, gebunden.
Stark war der erste Chemiker, der am Beispiel der C–H- und C–C-Bindung die Theorie aufstellte, dass eine Atombindung aufgrund von gemeinsamen Elektronenpaaren zustande kommt.
Atome können ihren energetisch günstigen Zustand von acht Valenzelektronen nicht nur durch Elektronenübertragung, sondern auch durch das Teilen von Elektronenpaaren erreichen.
Jedes der beiden an der Bindung beteiligten Atome steuert ein Elektron zur Bindung bei. Diese Elektronen ordnen sich zu einem Elektronenpaar an, welches in der Mitte der beiden Atomkerne liegt und beiden Atomen gleichermaßen gehört.
Die Atombindung kann man auch grafisch darstellen. Dabei wird ein Elektron als Punkt, zwei Elektronen als Doppelpunkt an das jeweilige Elementsymbol geschrieben.
Die Elektronenpaare ordnen sich in jeder Valenzschale so an, dass sie jeweils in die Ecken eines Tetraeders weisen. In der zweidimensionalen Lewis-Schreibweise lassen sich allerdings diese räumlichen Strukturen nicht verdeutlichen. Durch bindende Elektronenpaare lassen sich auch die verschiedenen Polaritäten von Molekülen erklären: Liegt ein bindendes Elektronenpaar symmetrisch zwischen zwei Atomkernen, so ist die Bindung unpolar. Befindet sich das Elektronenpaar näher an einem Bindungspartner, so erhält dieser eine negative Ladung, der andere eine positive.

A269.2

a) Nach Lewis hat jedes Atom das Bestreben, eine Gruppe von acht Valenzelektronen in seiner äußersten Schale zu erreichen.

b) Im Wasserstoff-Molekül ist die Oktettregel nicht erfüllt, da Wasserstoff nur eine Schale besitzt, die schon mit zwei Elektronen voll besetzt ist: H–H.

A269.3

Die Lewis-Formel ist eine zweidimensionale Darstellung; somit sind räumliche Darstellungen nicht möglich.
Daher sieht es nach der Lewis-Formel so aus, als sei das Wasser-Molekül linear, tatsächlich ist dieses aber gewinkelt.

A269.4

Das NH_3-Molekül hat drei bindende Elektronenpaare und ein nicht bindendes Elektronenpaar am Stickstoff-Atom.
Die Wasserstoff-Atome weisen in drei Ecken eines Tetraeders, das nicht bindende Elektronenpaar am Stickstoff-Atom weist in die vierte Ecke des Tetraeders.

A270.1

Lewis-Formel von Chlorwasserstoff:

H· ·Cl̈: ⇒ H··Cl̈: ⇒ (H)(Cl) ⇒ H–Cl̄

Oktettregel: Das Chlor-Atom ist von acht Elektronen (vier Elektronenpaaren) umgeben.
Ausnahme Wasserstoff-Atom: Das Wasserstoff-Atom erreicht schon mit zwei Elektronen die Edelgaskonfiguration (Helium-Atom).

A270.2

Lewis-Formel von Kohlenstoffdioxid:

·Ö· ·Ċ· ·Ö· ⇒ Ö::C::Ö ⇒ (Ö)(C)(Ö) ⇒ (O=C=O)

Oktettregel: Das Kohlenstoff-Atom und die beiden Sauerstoff-Atome sind von acht Elektronen (vier Elektronenpaaren) umgeben.

A270.3

Ṅ=O

Im NO-Molekül hat das Sauerstoff-Atom zwei bindende und zwei nicht bindende Elektronenpaare und erfüllt somit die Oktettregel.
Das Stickstoff-Atom hingegen hat ein nicht bindendes und zwei bindende Elektronenpaare, sowie ein ungepaartes, einzelnes Elektron. Formal hat das Stickstoff-Atom also nur sieben Valenzelektronen und erfüllt damit die Oktettregel nicht.

A270.4

a), b)

LEWIS-Formel	Verbindung	Vorkommen, Verwendung
H–H	Wasserstoff	Knallgas, *Treibstoff*
⟨O=O⟩	Sauerstoff	Luftbestandteil, *Oxidationsmittel*
H–S–H	Schwefelwasserstoff	Bestandteil von Faulgasen
H–C≡N|	Cyanwasserstoff (Blausäure)	Mandeln, Aprikosen *Pestizid*
H–Ō–Ō–H	Wasserstoffperoxid	*(Haar-)Bleichmittel*
|C̄l–C̄l|	Chlor	Desinfektionsmittel
|B̄r–B̄r|	Brom	*Laborchemikalie*
|C≡O|	Kohlenstoffmonooxid	unvollständige Verbrennung, Autoabgase
H–F̄|	Fluorwasserstoff	*Ätzen von Glas*
H–Ō–C(H)(H)–C(H)(H)(H)	Ethanol (Alkohol)	Gärungsprodukt, *alkoholische Getränke*

A272.1

a) Grundannahmen des Elektronenpaarabstoßungs-Modells:
1. Die Außenelektronen halten sich paarweise in bestimmten Bereichen um den Atomkern auf. Man stellt sich das modellhaft wie eine Wolke vor.
2. Die negativ geladenen Elektronenpaare stoßen sich gegenseitig ab. So ergibt sich für jede Elektronenpaarbindung eine bestimmte Richtung und eine eindeutige Struktur des Moleküls.

b) Körper mit vier Ecken und vier gleichseitigen Dreiecken als Außenflächen:

A272.2

a) LEWIS-Formel von Ammoniak:

Oktettregel: Das Stickstoff-Atom ist von acht Elektronen (vier Elektronenpaaren) umgeben.
Ausnahme Wasserstoff-Atom: Das Wasserstoff-Atom erreicht schon mit zwei Elektronen die Edelgaskonfiguration (Helium-Atom).

b) räumliche Struktur des Ammoniak-Moleküls:

Das zentrale Stickstoff-Atom ist von vier Elektronenpaaren umgeben. Die gegenseitige Abstoßung der vier Elektronenpaare führt zur Tetraeder-Geometrie.
Für die räumliche Struktur des Ammoniak-Moleküls ergibt sich so eine Pyramide mit dem freien Elektronenpaar an der Spitze.

A272.3

a) Distickstoffmonooxid

b) LEWIS-Formel von Lachgas:

Hinweis: Es gibt noch eine zweite LEWIS-Formel mit einer Dreifachbindung, die sich vom Stickstoff-Molekül ableiten lässt:

c) *Oktettregel:* Die beiden Stickstoff-Atome und das Sauerstoff-Atom sind von acht Elektronen (vier Elektronenpaaren) umgeben.

d) Das zentrale Stickstoff-Atom ist von vier Elektronenpaaren umgeben. Mehrfachbindungen werden im Elektronenpaarabstoßungs-Modell wie Einfachbindungen behandelt. Die gegenseitige Abstoßung zwischen den Elektronenpaaren der beiden Zweifachbindungen ergibt eine lineare Struktur für das Lachgas-Molekül.

A274.1

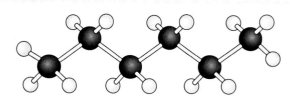

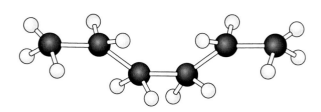

V275.1

a) Nach Auftragen der Fleckenpaste ist der Ölfleck kleiner, beziehungsweise ganz verschwunden.

b) Individuelle Lösung

c) Waschbenzin ist das Lösemittel für Fett. Die Stärke bindet das gelöste Fett.

Für jeden Fleck die richtige Lösung **93**

V275.2

a) Verwendet man Aceton als Lösemittel, wird zwar der Filzschreiber entfernt, allerdings wird auch der Acryllack beschädigt.
Waschbenzin entfernt den Filzschreiber nicht.
Brennspiritus löst den Filzschreiber und beschädigt den Acryllack nicht.

b) Acryllack ist ein schnell trocknender Lack, der für viele Untergründe wie Metalle, Holz, Leichtbeton, Mauerwerk, Gips, Putze, Pappe, Papier und Hart-PVC geeignet ist.
Daneben enthalten auch einige Nagellacke Acryllack.

c) Oberflächen, die mit Acryllacken gestrichen sind, dürfen auf keinen Fall mit Aceton oder einem ähnlichen polaren Lösemittel gereinigt oder gepflegt werden, da dieses den Acryllack beschädigt. Alkohol und Waschbenzin hingegen können problemlos verwendet werden.

V275.3

a) Die Butter löst sich sowohl in Waschbenzin als auch in Aceton.
Lässt man die Lösungen jedoch unter einem Abzug wieder trocknen, so kann man einen Fettfilm in beiden Petrischalen erkennen.

b) Es reicht nicht aus, Flecken wie Öl und Butter mit einem geeigneten Lösemittel aus der Textilie zu lösen, da beim Verdampfen des jeweiligen Lösemittels der Fleck an der Textilie zurückbleibt. Daher sollte man das Lösemittel mit dem gelösten Fleck zum Beispiel mit einem Tuch abtupfen oder mit einem Löschpapier aufnehmen.

V275.4

a) Mit Aceton kann man eine Auftrennung der Blattfarbstoffe beobachten.
Mit Waschbenzin findet keine Veränderung statt, das heißt, das Lösemittel läuft ohne die Blattfarbstoffe bis zum Rand des Rundfilters. Somit kann man auch keine Auftrennung der Blattfarbstoffe beobachten.

b) Aceton kann Blattfarbstoffe im Gegensatz zu Waschbenzin lösen und ist damit ein geeignetes Lösemittel.

A276.1

a) Die Elektronegativitätswerte wachsen in der 2. Periode von 1,0 (Li) auf 4,0 (F) an. Die Ursache des Anstiegs liegt in der wachsenden Kernladung bei annähernd gleichem Abstand der Außenelektronen vom Atomkern. Die Anziehungskraft nimmt in der Periode von links nach rechts zu.

b) Die Elektronegativitätswerte fallen in der VII. Hauptgruppe von 4,0 (F) auf 2,5 (I) ab. Die Ursache liegt in der Zunahme der Größe der Atome. Die Anziehungskraft nimmt trotz steigender Kernladung in der Hauptgruppe von oben nach unten ab, da der Abstand zwischen Außenelektronen und Atomkern überproportional wächst.

A276.2

Edelgase haben voll besetzte Elektronenschalen. Sie sind daher extrem reaktionsträge und bilden praktisch keine Verbindungen. Es lassen sich daher keine Aussagen darüber treffen, wie stark Edelgas-Atome die Elektronen einer Elektronenpaarbindung in einem Molekül anziehen.

A276.3

$\overset{\delta-}{N}-\overset{\delta+}{H}$ stark polare Elektronenpaarbindung (ΔEN: 0,9)

C–H   nahezu unpolare Elektronenpaarbindung (ΔEN: 0,4)

Cl–Cl   unpolare Elektronenpaarbindung (ΔEN: 0)

$\overset{\delta+}{H}-\overset{\delta-}{Cl}$ stark polare Elektronenpaarbindung (ΔEN: 0,9)

A277.1

Aceton hat eine trigonale Struktur. Die Polarität der C=O-Doppelbindung führt zu einer einseitigen Ladungsverschiebung:

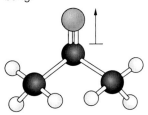

A278.1

Iodmethan ist genauso wie Aceton ein polares Molekül. Zwischen den Iodmethan-Molekülen und Aceton-Molekülen können daher Dipol/Dipol-Bindungen auftreten.

A279.1

Vom Fluor zum Iod steigt die Atomgröße und damit die VAN-DER-WAALS-Bindungen zwischen den jeweiligen Molekülen. Die Außenelektronen der Iod-Atome sind aufgrund der Größe des Atoms weniger fest gebunden als die Außenelektronen der anderen, kleineren Halogen-Atome. Daher sind die induzierten Dipole beim Iod stärker; sie bewirken, dass Iod bei Raumtemperatur fest ist.
Je stärker die VAN-DER-WAALS-Bindungen zwischen den jeweiligen Molekülen sind, desto höher ist die Siedetemperatur.
Zwischen Fluor- und Chlor-Molekülen herrschen nur schwache VAN-DER-WAALS-Bindungen. Zwischen den Brom-Molekülen sind die intermolekularen Anziehungskräfte aufgrund stärkerer VAN-DER-WAALS-Bindungen größer, sodass Brom bei Raumtemperatur flüssig ist.

A279.2

a)

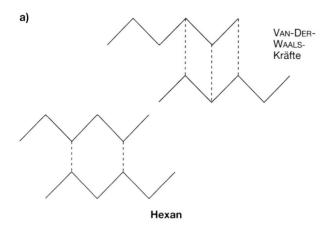

Hexan — Van-Der-Waals-Kräfte

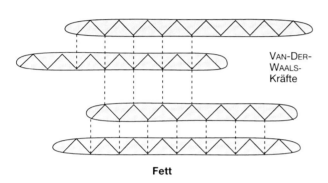

Fett — Van-Der-Waals-Kräfte

b)

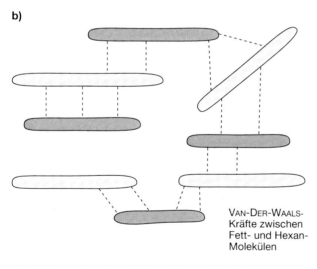

Van-Der-Waals-Kräfte zwischen Fett- und Hexan-Molekülen

A/V280

Individuelle Lösungen

A282.1

Elektronenpaarbindung: Bindungstyp in Molekülen; der Zusammenhalt der Atome wird durch gemeinsame Elektronenpaare bewirkt.

Edelgaskonfiguration: energetisch besonders stabile Elektronenverteilung: Die äußere Schale ist wie bei den Edelgasen mit acht Elektronen besetzt (beim Helium zwei Elektronen).

Oktettregel: Regel, nach der die Ausbildung von Elektronenpaarbindungen so erfolgt, dass die beteiligten Atome auf der äußeren Schale die Edelgaskonfiguration von acht Elektronen erreichen.

LEWIS-Formel: Strukturformel, in der bindende und freie (nicht bindende) Elektronenpaare angegeben sind.

Elektronenpaarabstoßungs-Modell: Modellvorstellung über den Bau der Atomhülle; danach werden die Außenelektronen der zu Molekülen verbundenen Atome zu Elektronenpaaren zusammengefasst. Sie bilden Elektronenwolken, die sich gegenseitig abstoßen und so den räumlichen Bau der Moleküle bestimmen.

Elektronegativität: Fähigkeit eines Atoms, in einer polaren Atombindung die Elektronen des anderes Atoms an sich zu ziehen.

polare Elektronenpaarbindung: durch die unterschiedliche Elektronegativität der Bindungspartner verursachte ungleichmäßige Ladungsverteilung entlang der Bindungsachse. Gleiche Bindungspartner gehen *unpolare* Elektronenpaarbindungen ein.

Dipol-Molekül: Molekül mit polaren Elektronenpaarbindungen, bei dem die Ladungen nicht symmetrisch verteilt sind.

Dipol/Dipol-Bindung: zwischenmolekulare Bindung zwischen Dipol-Molekülen aufgrund ihrer Teilladungen.

VAN-DER-WAALS-Bindung: schwache zwischenmolekulare Bindung, die sich aufgrund von temporären Dipolen bildet.

A282.2

a) Das Stickstoff-Atom hat fünf Elektronen in der Außenschale. Ihm fehlen noch drei Elektronen zur Edelgaskonfiguration. Das N-Atom geht daher drei Elektronenpaarbindungen ein.

b) LEWIS-Formel von Blausäure:

Oktettregel: Das Kohlenstoff-Atom und das Stickstoff-Atom sind jeweils von acht Elektronen (vier Elektronenpaaren) umgeben.

Ausnahme Wasserstoff-Atom: Das Wasserstoff-Atom erreicht schon mit zwei Elektronen die Edelgaskonfiguration (Helium-Atom).

c) Das zentrale Kohlenstoff-Atom ist von vier Elektronenpaaren umgeben. Mehrfachbindungen werden im EPA-Modell wie Einfachbindungen behandelt. Die gegenseitige Abstoßung zwischen den Elektronenpaaren der C–H-Einfachbindung und der C≡N-Dreifachbindung ergibt eine lineare Struktur für das Blausäure-Molekül.

A282.3

a), b)

LEWIS-Formel (x: korrigiert)	Name	Vorkommen
O=C=O x	Kohlenstoffdioxid	ausgeatmete Luft
|C≡O|	Kohlenstoffmonooxid	Autoabgase
H–S̄–H	Schwefelwasserstoff	Faulgase
H–N̄–H, H	Ammoniak	Gülle

A282.4

Die Siedetemperaturen von Molekülverbindungen sind niedriger, da es zwischen den Molekülen nur schwache Bindungen gibt. Zwischen den Ionen herrschen dagegen sehr starke Anziehungskräfte. Ionenverbindungen sind daher bei Raumtemperatur fest.

A282.5

Atome in Molekülen werden durch bindende Elektronenpaare zusammengehalten, welche zwischen den jeweiligen Atomkernen liegen und beiden Atomen „gehören". Die negativ geladenen Elektronenpaare verhindern so die Abstoßung der positiv geladenen Atomkerne.
Häufig besitzen die Atome in der Atombindung ein Elektronenoktett auf ihrer Valenzschale.

A282.6

a)

H H H H H H
H–C–C–C–C–C–C–H
H H H H H H

Hexan

```
      O
      ‖
      C
    /   \
H–C     C–H
 / \   / \
H   H H   H
```

Aceton

b) Hexan weist überall einen Tetraederwinkel von 109,5° auf. Im Aceton beträgt der Bindungswinkel überall 120°.

c) Hexan ist kein Dipol. Die C–H-Bindungen sind zwar schwach polar, das Molekül hat jedoch an jedem C-Atom eine Tetraeder-Struktur. Die Ladungsverschiebungen heben sich daher wie im Methan-Molekül gegenseitig auf.

Aceton ist ein Dipol. Aceton hat eine trigonale Struktur. Die Polarität der C=O-Doppelbindung führt zu einer einseitigen Ladungsverschiebung (vgl. A277.1).

A282.7

a), b)

Elementkombination	Name	Verbindungstyp
Schwefel/Sauerstoff	Schwefeldioxid	Molekülverbindung
Natrium/Brom	Natriumbromid	Ionenverbindung
Magnesium/Sauerstoff	Magnesiumoxid	Ionenverbindung
Kohlenstoff/Wasserstoff	Methan	Molekülverbindung
Stickstoff/Wasserstoff	Ammoniak	Molekülverbindung

A282.8

a) LEWIS-Formel von Schwefeldioxid:

b) *Oktettregel:* Für die beiden Sauerstoff-Atome ist die Oktettregel erfüllt. Sie sind von acht Elektronen (vier Elektronenpaaren) umgeben.
Das zentrale Schwefel-Atom ist dagegen von zehn Elektronen umgeben. Die Oktettregel ist hier nicht erfüllt.

Hinweis: Es existiert auch eine LEWIS-Formel für Schwefeldioxid, bei der die Oktettregel erfüllt ist. Allerdings tritt hier eine energetisch ungünstige Ladungstrennung auf:

c) Das zentrale Schwefel-Atom ist von fünf Elektronenpaaren umgeben. Mehrfachbindungen werden im Elektronenpaarabstoßungs-Modell wie Einfachbindungen behandelt. Die gegenseitige Abstoßung zwischen den Elektronenpaaren der beiden Zweifachbindungen und des nicht bindenden Elektronenpaares ergibt eine gewinkelte Struktur für das Schwefeldioxid-Molekül:

```
       S
      /  \\
   |O     O|
```

d) Das Schwefeldioxid-Molekül enthält zwei polare S=O-Zweifachbindungen. Aufgrund der gewinkelten Struktur des Moleküls verstärken sich die Wirkungen der beiden Ladungsverschiebungen. Das Schwefeldioxid-Molekül ist ein Dipol-Molekül:

```
       S δ+
      /  \
   δ– |O   O| δ–
```

A282.9

Bei der Elektronenpaarbindung teilen sich zwei Atome ein bis drei Elektronenpaare, um ein Elektronenoktett zu erreichen. Bei der Ionenbindung werden Elektronen vollständig von einem Atom auf das nächste übertragen, damit die Atome ein Elektronenoktett erreichen.

A282.10

Dipol/Dipol-Bindungen

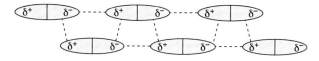

dauerhafte Dipole
----- starke Anziehungskräfte

Van-Der-Waals-Bindungen

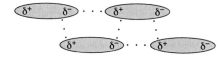

temporäre Dipole
··· schwache Anziehungskräfte

Dipol/Dipol-Bindungen sind zwischenmolekulare Anziehungskräfte, die nur zwischen Dipolen auftreten. Van-Der-Waals-Bindungen treten hingegen grundsätzlich zwischen allen Atomen, Molekülen und Ionen auf.
Dipol/Dipol-Bindungen entstehen durch Anziehung zwischen Dipol-Molekülen, die eine dauerhafte Teilladung haben. Van-Der-Waals-Bindungen bilden sich aufgrund von temporären Dipolen.
Van-Der-Waals-Bindungen sind deutlich schwächer als Dipol/Dipol-Bindungen.

A282.11

a) Lewis-Formel von Ozon:

b) *Oktettregel:* Die drei Sauerstoff-Atome sind jeweils von acht Elektronen (vier Elektronenpaaren) umgeben.

c) Das zentrale Sauerstoff-Atom ist von vier Elektronenpaaren umgeben. Allerdings werden Mehrfachbindungen im Elektronenpaarabstoßungs-Modell wie Einfachbindungen behandelt. Die gegenseitige Abstoßung zwischen den Elektronenpaaren der Einfachbindung, der Zweifachbindung und des nicht bindenden Elektronenpaares ergibt eine gewinkelte Struktur für das Ozon-Molekül:

O=O–O (gewinkelt dargestellt)

A282.12

a) Zwischen allen C–O-Bindungen und allen C–H-Bindungen liegt eine polare Elektronenpaarbindung vor; zwischen den C–C-Bindungen eine unpolare Elektronenpaarbindung.

b) Der Ethyl- und Methylrest sind unpolar, der Teil mit den C–O-Bindungen ist der polare Teil des Moleküls.

c) Essigsäureethylester kann wie Ethanol sowohl polare als auch unpolare Stoffe lösen, da Essigsäureethylester-Moleküle selbst sowohl polare als auch unpolare Bereiche aufweisen.

A282.13

a)
```
    H H H H H
    | | | | |
H – C–C–C–C–C – H
    | | | | |
    H H H H H
```

b) Wachs besteht aus Kohlenwasserstoffen. Kohlenwasserstoffe sind unpolare Moleküle. Daher lassen sich Wachs-Flecken auch mit unpolaren Lösemitteln wie z. B. Waschbenzin aus Textilien entfernen.

A283.1

a) Lösemittel sind als gesundheitsschädlich anzusehen. Chloroformdämpfe haben z. B. eine giftige Wirkung auf Herz, Leber und andere innere Organe und stehen unter dem Verdacht, krebserregend zu sein. Unpolare Lösemittel haben die Eigenschaft, die Haut zu durchdringen und können so zu chronischen Gesundheitsschäden wie zum Beispiel Hauterkrankungen und Allergien führen.

b) Neben der Schutzbrille sollten außerdem Atemschutz und Handschuhe getragen werden. Räume sollten gut gelüftet werden, wenn möglich, unter einem Abzug arbeiten.

c) Da insbesondere unpolare Lösemittel auf die Haut durchdringen können, gelangen diese so in den Organismus und können Krankheiten wie zum Beispiel Hautkrankheiten, Allergien und Vergiftungen hervorrufen.

A283.2

a) Kohlenstoffdioxid ist ein unpolares Lösemittel und kann daher unpolare Stoffe wie Fette, Öle und viele andere Naturstoffe lösen. Es hat den Vorteil, dass es ungiftig, unreaktiv, unbrennbar, geschmack- und geruchlos ist. Es ist somit ein für den Menschen nicht gesundheitsschädliches Lösemittel.

b) Das Kohlenstoffdioxid-Molekül hat eine lineare Struktur. Die Ladungsverschiebungen der beiden polaren C=O-Bindungen sind deswegen genau entgegengesetzt gerichtet. Ihre Wirkungen heben sich gegenseitig auf, sodass das Kohlenstoffdioxid-Molekül daher kein Dipol-Molekül ist.

c) In einem Kohlenstoffdioxid-Molekül liegen jeweils zwei Doppelbindungen zwischen einem zentralen Kohlenstoff-Atom und einem Sauerstoff-Atom vor.
Da die Sauerstoff-Atome jeweils eine höhere Elektronegativität als das Kohlenstoff-Atom aufweisen, sind die Doppelbindungen jeweils polar und das Sauerstoff-Atom erhält jeweils eine negative, das Kohlenstoff-Atom eine positive Teilladung.

d) Sauerstoff-Moleküle sind unpolar und relativ klein. Daher herrschen zwischen ihnen nur schwache Van-Der-Waals-Bindungen. Auch Kohlenstoffdioxid-Moleküle sind unpolar. Allerdings sind diese größer und länger als die Sauerstoff-Moleküle, sodass die Van-Der-Waals-Bindungen bei den Kohlenstoffdioxid-Molekülen größer sind. Unter

Druck lagern sich die Kohlenstoffdioxid-Moleküle aufgrund der höheren VAN-DER-WAALS-Bindungen näher aneinander als dies bei Sauerstoff-Molekülen der Fall ist. Kohlenstoffdioxid hat somit eine höhere Dichte als Sauerstoff. Daher „passen" mehr Kohlenstoffdioxid-Moleküle in eine Druckflasche als Sauerstoff-Moleküle.

e) Zwischen Wasser-Molekülen herrschen relativ starke Dipol/Dipol-Bindungen. Der Druck in den Druckflaschen reicht daher aus, um Wasser zu verflüssigen.
Zwischen den Kohlenstoffdioxid-Molekülen liegen hingegen nur schwache VAN-DER-WAALS-Bindungen vor. Die zwischenmolekulare Anziehung zwischen den Kohlenstoffdioxid-Molekülen ist daher viel geringer als zwischen Wasser-Molekülen. Dies hat zur Folge, dass Wasser bei gleichem Druck eine höhere Dichte hat als Kohlenstoffdioxid und sich daher unten in der Druckflasche ansammelt.

19 Wasser – alltäglich und doch außergewöhnlich

V285.1

a) Der Kaliumpermanganat-Kristall und der Zuckerwürfel lösen sich. Beim Kaliumpermanganat entsteht ein violetter runder Fleck, der sich langsam ausbreitet. Die Tinte bildet ebenfalls einen runden Fleck, der sich auch vergrößert. Im warmen Wasser erfolgt das Lösen und Verteilen der Stoffe schneller als in kaltem Wasser.

b) Beim Lösen beider Feststoffe stoßen die Wasser-Teilchen mit den äußeren Zucker- beziehungsweise Kaliumpermanganat-Teilchen des Kristalls zusammen. Die gut beweglichen Wasser-Teilchen drängen sich auch zwischen die Feststoff-Teilchen. Dadurch werden die Anziehungskräfte zwischen den Zucker-Teilchen beziehungsweise den Kaliumpermanganat-Teilchen geschwächt. Nach und nach werden so die Teilchen der Feststoffe aus dem Kristallgitter herausgelöst.
Wenn das Wasser die Feststoffe vollständig aufgelöst hat, verteilen sich die Feststoff-Teilchen allmählich gleichmäßig zwischen den Wasserteilchen. Da die Teilchengeschwindigkeit im warmen Wasser größer ist als im kalten Wasser, erfolgen das Lösen und die Diffusion schneller.

V285.2

a) 1.–4. Individuelle Lösung
Die Temperaturveränderung kann sich von Gruppe zu Gruppe unterscheiden, da die Lösung der Salze nicht gleich schnell erfolgt. Die Werte der folgenden Tabelle dienen der Orientierung.

Salz	Temperaturänderung in °C
Ammoniumchlorid	–8,5
Natriumchlorid	–0,5
wasserfreies Kupfersulfat	+1
wasserfreies Calciumchlorid	+10
Calciumchlorid-Hydrat + Eiswürfel	–4
Kaliumnitrat	starke Abkühlung

5. Die Temperatur sinkt auf etwa –20 °C.
Hinweis: Wenn man das Becherglas auf ein angefeuchtetes Holzbrettchen stellt, friert es nach kurzer Zeit fest.

b) Ammoniumchlorid, Calciumchlorid-Hydrat und Kaliumnitrat lösen sich endotherm, da beim Lösen dieser Salze Energie dem Wasser entzogen wird, das sich dadurch abkühlt. Wasserfreies Calciumchlorid und wasserfreies Kupfersulfat lösen sich exotherm, da beim Lösen der Salze Energie an das Wasser abgegeben wird. Da beim Natriumchlorid praktisch keine Temperaturänderung messbar ist, löst es sich weder exotherm noch endotherm.

c) 1.–4. Im Fall eines exothermen Lösungsvorgangs ist die Gitterenergie des Salzes kleiner als die Hydratationsenergie. Im Fall des endothermen Lösungsvorgangs ist die Gitterenergie größer als die Hydratationsenergie. Es muss demnach mehr Energie aufgewendet werden, um die Ionen des Gitters zu trennen, als bei der Hydratation der Ionen frei wird. Die Energie wird dem Wasser entzogen, das sich dadurch abkühlt.
Im Fall des Natriumchlorids entsprechen sich die Gitterenergie und die Hydratationsenergie weitestgehend. Es kommt deshalb kaum zu einer Temperaturveränderung des Wassers.

5. Bei wasserfreiem Calciumchlorid wird für die Zerstörung des Kristallgitters zwar Energie aus der Umgebung benötigt (endotherme Teilreaktion), bei der Hydratisierung der dabei entstandenen Ionen wird aber ein Mehrfaches der Energie wieder an die Umgebung abgegeben (exotherme Teilreaktion).
Im kristallwasserhaltigen Calciumchlorid sind die Ionen schon teilweise hydratisiert. Der Beitrag der Hydratisierung zur Energiebilanz fällt entsprechend kleiner aus. Es wird mehr Energie aus der Umgebung aufgenommen als abgegeben.

Bei den Salzen, die sich exotherm lösen, muss ein entsprechendes Diagramm wie das beim Lösen von Lithiumchlorid erstellt werden; bei den sich endotherm lösenden Salzen entsprechend ein Diagramm wie das von Kaliumchlorid (siehe Schülerband S. 285). Je nach gemessenem Temperaturunterschied sind die Pfeile für die Lösungsenergie kürzer oder länger zu zeichnen. Im Diagramm für das Lösen von Kochsalz müssen die Pfeile für die Gitterenergie und die Hydratationsenergie gleich lang sein, damit die Lösungsenergie den Wert Null ergibt.

V285.3

a) Beim Lösen von Sudanrot in Speiseöl färbt sich dies intensiv rot und es entsteht eine klare Lösung. Schüttelt man nach der Überschichtung dieses Gemisch, bildet sich eine rosa gefärbte Emulsion; diese trennt sich nach fünf Minuten und es bilden sich wieder zwei Phasen.
Gibt man Spülmittel hinzu, so bildet sich zusätzlich zur Emulsion ein Schaum. Die Trennung der Emulsion erfolgt hier deutlich langsamer.

b) Wasser und Öl sind nicht mischbar, da Öl ein hydrophober Stoff und somit wasserabstoßend ist. Wasser-Moleküle sind polare Moleküle. Zwischen ihnen wirken Wasserstoffbrückenbindungen. Diese starken zwischenmolekularen Wechselwirkungen können von den schwächeren VAN-DER-WAALS-Bindungen zwischen den unpolaren Öl-Molekülen nicht überwunden werden. Beim Schütteln entstehen kleine Öltröpfchen im Wasser, diese verschmelzen beim Stehenlassen wieder zu größeren und Wasser und Öl trennen sich.
Seifen sind Verbindungen, deren Ionen sowohl polare als auch unpolare Strukturmerkmale aufweisen und somit als Emulgatoren wirken können. Der polare Teil des Seifen-Ions bildet Wasserstoffbrückenbindungen mit Wasser-Molekülen aus, der unpolare Teil geht mit den Öl-Molekülen VAN-DER-WAALS-Bindungen ein. Es bilden sich Micellen aus, in denen sich das Öl einlagert und so in kleinste Tröpfchen zerteilt wird. Durch diese Wirkung trennen sich Öl und Wasser nach Zugabe von Seife deutlich langsamer.

A287.1

Dipol-Moleküle sind elektrisch neutrale Moleküle mit Ladungsverschiebungen in den Elektronenpaarbindungen. Im Wasser-Molekül gibt es zwei polare O–H-Bindungen. Aufgrund der gewinkelten Struktur erhält das Wasser-Molekül so eine positiv und eine negativ geladene Seite.

A287.2

Festes Kochsalz besteht aus einem Ionengitter aus Na^+- und Cl^--Ionen. Im Inneren des Kristalls umgeben sechs Natrium-Ionen ein Chlorid-Ion und umgekehrt. An den Kanten und Ecken eines Kristalls sind die Ionen von weniger entgegengesetzt geladenen Ionen umgeben und werden folglich weniger fest auf den Gitterplätzen gehalten.
Beim Lösen eines Kochsalz-Kristalls lagern sich Wasser-Moleküle (Dipole) entsprechend ihrer Teilladung an die Ionen des Kristalls an: Die negativ polarisierten Sauerstoff-Atome der Wasser-Moleküle treten mit den Na^+-Ionen und die positiv polarisierten Wasserstoff-Atome der Wasser-Moleküle mit den Cl^--Ionen in Wechselwirkung. Durch diese Wechselwirkungen werden die Gitterkräfte zwischen den entgegengesetzt geladenen Ionen geschwächt und einzelne Ionen aus dem Gitterverband herausgelöst. Dies geschieht besonders leicht an den Ecken und Kanten des Kristalls, da dort die Anziehungskräfte zwischen den Ionen kleiner sind. Nach und nach löst sich so der Kristall auf. Die nun frei beweglichen Ionen werden von einer Hydrathülle aus Wasser-Molekülen umgeben.

A287.3

Natrium-Ion   Chlorid-Ion

Die negativ polarisierten Sauerstoff-Atome der Wasser-Moleküle treten mit den Na^+-Ionen und die positiv polarisierten Wasserstoff-Atome der Wasser-Moleküle mit den Cl^--Ionen in Wechselwirkung.

A287.4

Die Gitterenergie ist die aufzuwendende Energie, die für die Überwindung der Anziehungskräfte benötigt wird. Die Hydratationsenergie wird frei, wenn Wasser-Moleküle ein Ion umgeben. Beide Energiearten wirken entgegengesetzt. Dies drückt man durch unterschiedliche Vorzeichen aus.

A287.5

Im festen Kochsalz bilden die Ionen ein Kristallgitter mit Hohlräumen. Im gelösten Zustand existieren die Hohlräume nicht mehr. Die Ionen liegen hydratisiert vor. Die Ionen mit Hydrathülle beanspruchen weniger Raum als die Ionen im Kristallgitter: Der Wasserstand in dem Messkolben sinkt, wenn sich das Salz löst.

A287.6

Beim Lösen von Kaliumchlorid ist die Gitterenergie größer als die Hydratationsenergie. Für die Trennung der Ionen voneinander muss mehr Energie aufgewendet werden als durch die Hydratation der Ionen frei wird. Löst man Lithiumchlorid, wird durch die Hydratation der Ionen mehr Energie frei als für die Trennung der Ionen im Gitter nötig ist. Die Hydratationsenergie ist größer als die Gitterenergie.

A287.7

a) Individuelle Lösung
Beispiele: Hexan, Heptan, Cyclohexan

b) Natriumchlorid ist in einem unpolaren Lösemittel nicht löslich, weil die Moleküle des Lösemittels keine Wechselwirkungen mit den Ionen des Kochsalzkristalls eingehen können.

A287.8

Gegeben: $V(\text{Lösung}) = 500 \text{ ml}$; $m(\text{Traubenzucker}) = 3 \text{ g}$

Gesucht: $c(\text{Traubenzucker})$

1. Bestimmung der molaren Masse von Traubenzucker:

$$M(C_6H_{12}O_6) = 6 \cdot 12 \tfrac{g}{mol} + 12 \cdot 1 \tfrac{g}{mol} + 6 \cdot 16 \tfrac{g}{mol}$$
$$= 180 \tfrac{g}{mol}$$

2. Berechnung der Stoffmenge an Traubenzucker:

$$n(C_6H_{12}O_6) = \frac{m(C_6H_{12}O_6)}{M(C_6H_{12}O_6)} = \frac{3 \text{ g}}{180 \tfrac{g}{mol}}$$
$$= 0{,}0167 \text{ mol}$$

3. Berechnung der Stoffmengenkonzentration:

$$c(C_6H_{12}O_6) = \frac{n(C_6H_{12}O_6)}{V(\text{Lösung})} = \frac{0{,}0167 \text{ mol}}{0{,}5 \text{ l}}$$
$$= 0{,}033 \tfrac{mol}{l}$$

A287.9

Gegeben: $c(\text{Lösung}) = 0{,}01 \tfrac{mol}{l}$; $V(\text{Lösung}) = 100 \text{ ml}$

Gesucht: $m(KI)$

1. Bestimmung der molaren Masse von Kaliumiodid:

$$M(KI) = 39{,}10 \tfrac{g}{mol} + 126{,}90 \tfrac{g}{mol} = 166 \tfrac{g}{mol}$$

2. Berechnung der Stoffmenge an KI im Lösungsvolumen:

$$n(KI) = c(\text{Lösung}) \cdot V(\text{Lösung}) = 0{,}01 \tfrac{mol}{l} \cdot 0{,}1 \text{ l} = 0{,}001 \text{ mol}$$

3. Berechnung der Masse:

$$m(KI) = n(KI) \cdot M(KI) = 0{,}001 \text{ mol} \cdot 166 \tfrac{g}{mol} = 0{,}166 \text{ g}$$

A288.1

Das Wasser würde zur Seite gedrückt. Der Schlittschuh käme immer mit neuem Eis in Kontakt und würde nicht gleiten.

A288.2

Der Wasserspiegel wölbt sich zunächst nach oben: Das durch die Münzen verdrängte Wasser wird aufgrund der Oberflächenspannung zusammengehalten. Weitere Münzen bringen dann das Wasser zum Überfließen, da die Oberflächenspannung nur eine begrenzte Menge zusammenhalten kann.

A288.3

Schnee entsteht bei Temperaturen unter −12 °C und entsprechend hoher Luftfeuchtigkeit, indem sich feinste Tröpfchen unterkühlten Wassers an Staubteilchen oder anderen Kristallisationskeimen anlagern und dort gefrieren. Die maximale Luftfeuchtigkeit hängt von der Lufttemperatur ab: Je kälter es ist, desto weniger Wasserdampf ist in der Luft enthalten. Wenn es also im Winter schneit, bedeutet dies, dass die Luft nicht mehr so kalt ist.

A289.1

1. Das Diagramm *Dichte* von flüssigem Wasser soll veranschaulichen, wie sich die Dichte von flüssigem Wasser mit zunehmender Temperatur ändert.
2. Es ist ein Liniendiagramm dargestellt, in dem auf der x-Achse die Temperatur in °C von 0 bis 15 °C aufgetragen wurde; die y-Achse beschreibt die Dichte in der Einheit $\frac{g}{cm^3}$ von 0,9990 $\frac{g}{cm^3}$ bis 1,0000 $\frac{g}{cm^3}$.
3. Die Dichte von Wasser nimmt im Temperaturintervall von 0 °C bis 4 °C von 0,9999 $\frac{g}{cm^3}$ auf 1,0000 $\frac{g}{cm^3}$ zu und erreicht bei 4 °C ihren maximalen Wert. Dann sinkt die Dichte mit weiter zunehmender Temperatur von 1,0000 $\frac{g}{cm^3}$ auf 0,9991 $\frac{g}{cm^3}$ bei 15 °C ab.
4. Allgemein gilt, dass die Dichte von Flüssigkeiten mit steigender Temperatur abnimmt. Dies trifft für Wasser nicht zu, da Wasser bei 4 °C seine größte Dichte besitzt. Erst bei weiterer Temperaturerhöhung sinkt die Dichte des Wassers. Diese Dichte-Anomalie von flüssigem Wasser ist der Grund dafür, dass sich im Winter Wasser von 4 °C am Grund eines Sees sammelt.

A289.2

Dichte-Anomalie von Eis und Wasser: Allgemein ist die Dichte eines Feststoffes größer als die seiner Schmelze. Bei Eis und Wasser ist dies umgekehrt: Eis hat eine geringere Dichte als Wasser.
Alltagsbeispiele: Schwimmen von Eis auf dem Wasser; Zufrieren von stehenden Gewässern von der Wasseroberfläche her; Frostsprengung von Steinen und Felsen durch in Risse und Spalten eingedrungenes Wasser; Zerplatzen einer vollen Mineralwasserflasche im Gefrierschrank
Siehe auch A289.1, Punkt 4: Dichte-Anomalie von flüssigem Wasser

A289.3

a) V(Wasser, 0 °C) = 1 m³ = 1000 l
ϱ(Wasser, 0 °C) = 1,000 $\frac{g}{cm^3}$
m(Wasser, 0 °C) = 1000 kg
ϱ(Eis, 0 °C) = 0,917 $\frac{g}{cm^3}$
m(Eis, 0 °C) = 1000 kg
V(Eis, 0 °C) = 1090 l
Die Volumenzunahme beträgt 90 Liter.

b) V(Wasser, 4 °C) = 1 m³ = 1000 l
ϱ(Wasser, 4 °C) = 1,0000 $\frac{g}{cm^3}$
m(Wasser, 4 °C) = 1000 kg
ϱ(Wasser, 0 °C) = 0,9998 $\frac{g}{cm^3}$
m(Wasser, 0 °C) = 1000 kg
V(Wasser, 0 °C) = 1000,2 l
Die Volumenzunahme beträgt 0,2 Liter.

A289.4

Beim Abkühlen unter konstantem Druck wird das Volumen aller idealen Gase kleiner.
Es gilt das Gesetz von GAY-LUSSAC: $\frac{V}{T}$ = konstant. Bei konstantem Druck erhöht sich das Gasvolumen um $\frac{1}{273,15}$ seines Volumens bei 0 °C, wenn man das Gas um 1 °C erwärmt. Im Temperaturintervall von 0 bis 15 °C würde das Volumen einer Gasportion von 1000 l auf etwa 1055 l steigen. Das gleiche Volumen einer Wasserportion würde im entsprechenden Temperaturintervall nur auf 1000,90 l steigen.

A291.1 oben

Methan-Moleküle sind aufgrund der nahezu unpolaren C–H-Bindungen keine Dipol-Moleküle. Sie können auch keine Wasserstoffbrückenbindungen ausbilden. Die Wechselwirkungen zwischen den Methan-Molekülen sind daher sehr schwach.

A291.2

Zwischen Ammoniak- und Wasser-Molekülen können sich Wasserstoffbrückenbindungen ausbilden, da in beiden Molekülen die O–H- beziehungsweise die N–H-Bindung stark polarisiert ist sowie freie Elektronenpaare vorliegen.

$$\underset{H^{\delta^+}}{\overset{H^{\delta^+}}{\underset{|}{\overset{|}{^{\delta^-}N}}}}-H^{\delta^+}\cdots^{\delta^-}\underset{}{\overset{}{|\underline{O}|}}-H^{\delta^+}$$

A291.3

VAN-DER-WAALS-Bindungen beruhen auf kurzzeitig auftretenden Anziehungskräften zwischen unpolaren Atomen und Molekülen. Ursache sind so genannte temporäre Dipole, die in benachbarten Atomhüllen ebenfalls Dipole induzieren. Diese Anziehungskräfte sind daher nicht dauerhaft.
Die Ursache von Wasserstoffbrückenbindungen sind dauerhafte (permanente) Dipole zwischen stark elektronegativen Fluor-, Sauerstoff- und Stickstoff-Atomen und positiv polarisierten Wasserstoff-Atomen eines anderen Moleküls.

A291.4

Bei Temperaturen unter 0 °C überwiegen die Wasserstoffbrückenbindungen zwischen den Molekülen über die Eigenbewegung der Wasser-Moleküle. Die Wasser-Moleküle werden so auf festen Plätzen innerhalb des Eiskristallgitters gehalten.
Im Eisgitter gibt es große Hohlräume. Im flüssigen Wasser ist das Kristallgitter zusammengebrochen. Die ehemaligen Hohlräume füllen sich mit Wasser-Molekülen. Die Dichte von flüssigem Wasser ist daher größer als die Dichte von Eis: Der Eiswürfel schwimmt.

A291.5

Durch die Masse des Gewichts übt der Draht einen Druck auf das Eis aus. Das Eisgitter wird zerstört und Wasser-Moleküle dringen in die Hohlräume des Eisgitters ein. Das Eis schmilzt unter dem Draht und der Draht schneidet sich durch das Eis. Oberhalb des Drahtes erstarrt das Wasser wieder zu Eis und fügt die Schnittstelle wieder zusammen.

A291.1 unten

Ursache der Oberflächenspannung sind Wasserstoffbrückenbindungen zwischen den Wasser-Molekülen. Während in der Flüssigkeit die Wasser-Moleküle Wasserstoffbrücken nach allen Seiten hin ausbilden und sich die Kräfte somit aufheben, können an der Oberfläche die Wasserstoffbrückenbindungen nur zu Wasser-Molekülen geknüpft werden, die sich neben oder unter einem Wasser-Molekül befinden. Dadurch ergibt sich eine Anziehungskraft, die stets senkrecht zur Oberfläche ins Innere des Wassers wirkt. Dies führt dazu, dass die Oberfläche möglichst klein wird.

A292.1

Die Meere besitzen eine höhere Wärmespeicherfähigkeit als das Festland: Bei Sonneneinstrahlung erwärmt sich das Wasser daher nicht so stark und die Luft über dem Wasser bleibt kühler. In der Nacht kühlt sich die Wasseroberfläche weniger stark ab als das Festland. Die Luft über dem Wasser wird daher in der Nacht aufgewärmt.

A292.2

a) Der Trockenvorgang entzieht dem Körper viel Wärme. Dadurch kann insbesondere die Blase unterkühlt werden.

b) Um Wasser zu verdampfen, wird Wärme benötigt. Die Wärme, die zum Verdunsten notwendig ist, wird dem Körper entzogen. Dabei entsteht ein Kältegefühl: die Verdunstungskälte.

A292.3

Eine geeignete Methode ist das Umwickeln der Getränkeflasche mit einem nassen Handtuch. Wenn das Wasser verdampft, wird der Getränkeflasche Wärme entzogen; das Getränk bleibt kühl.

A292.4

a) Beim Löschen eines Brandes mit Wasser wird der Brennstoff unter die Entzündungstemperatur abgekühlt. Das Löschwasser verdampft dabei teilweise. Die für das Verdampfen nötige Verdampfungswärme wird der Umgebung – dem Brennstoff – entzogen, wodurch dieser abkühlt. Die Verdampfungswärme ist beim Wasser aufgrund der starken Wasserstoffbrückenbindungen sehr hoch. Daher ist Wasser ein für viele Brände geeignetes Löschmittel.

b) Die fein verteilten Wassertröpfchen im Nebel haben eine im Vergleich zu einem Wasserstrahl wesentlich größere Oberfläche. Es verdampft dadurch pro Zeiteinheit mehr Wasser, wodurch eine effektivere Abkühlung bei gleichzeitig kleiner Wassermenge möglich ist. Der Nebel kann zusätzlich auf eine größere Brandfläche gesprüht werden. Bei einem Wasserstrahl gelangt viel Wasser auf eine vergleichsweise kleine Brandfläche. Die Wasserschäden sind daher beim Löschen mit dem Nebel deutlich geringer.

A293.1

Wasserstoffbrückenbindungen treten in den Abbildungen nur zwischen stark elektronegativen Sauerstoff- und Stickstoff-Atomen eines Moleküls oder Molekülteils und positiv polarisierten Wasserstoff-Atomen eines anderen Moleküls oder Molekülteils auf. Die zwischenmolekularen Bindungen treten dort auf, weil die Sauerstoff- und Stickstoff-Atome aufgrund ihrer großen Elektronegativität eine negative Teilladung tragen und über freie Elektronenpaare verfügen. Diese Atome können mit den Wasserstoff-Atomen, die eine positive Teilladung tragen, in Wechselwirkung treten.

A296.1

Löslichkeit: gibt an, wie viel Gramm einer Substanz sich bei einer bestimmten Temperatur maximal in 100 g Wasser lösen lassen.

Massenanteil: Gehaltsangabe für Lösungen. Der Massenanteil w gibt die Masse des gelösten Stoffes bezogen auf die Masse der Lösung an (Einheit: %).

Massenkonzentration: Gehaltsangabe für Lösungen. Die Massenkonzentration β gibt die Masse des gelösten Stoffes bezogen auf das Volumen der Lösung an (Einheit: $\frac{mg}{l}$ bzw. $\frac{g}{l}$).

Stoffmengenkonzentration: Gehaltsangabe für Lösungen. Die Stoffmengenkonzentration c gibt an, welche Stoffmenge eines Stoffes in einem bestimmten Volumen vorliegt (Einheit: $\frac{mol}{l}$).

Dichte-Anomalien des Wassers: Eis hat eine geringere Dichte als Wasser. Wasser hat seine größte Dichte bei 4 °C, nicht bei 0 °C. Allgemein besitzt ein Feststoff eine größere Dichte als seine Schmelze. Auch nimmt die Dichte einer Flüssigkeit mit zunehmender Temperatur ab.

Dipol-Molekül: Molekül mit polaren Elektronenpaarbindungen, bei dem die Ladungen nicht symmetrisch verteilt sind.

Dipol/Ionen-Bindung: Wechselwirkung zwischen Dipol-Molekülen und Ionen. Ein Beispiel ist das Lösen eines Salzes in Wasser.

Wasserstoffbrücken: zwischenmolekulare Bindungen, die zwischen stark polar gebundenen Wasserstoff-Atomen des einen und freien Elektronenpaaren von Sauerstoff-Atomen eines anderen Teilchens wirksam werden.

Hydratation: Bildung einer Hülle von Wasser-Molekülen um ein Molekül oder Ion während des Lösungsvorgangs.

VAN-DER-WAALS-*Bindung:* Anziehung zwischen unpolaren oder schwach polaren Molekülen.

Wärmekapazität: Stoffeigenschaft, die angibt, wie viel Wärmeenergie (ΔQ) ein Stoff pro Temperaturänderung (ΔT) speichern kann. Es gilt: $C = \frac{\Delta Q}{\Delta T}$. Die spezifische Wärmekapazität ist auf ein Gramm des Stoffes bezogen und wird in $\frac{J}{K \cdot g}$ angegeben. Für Wasser beträgt die spezifische Wärmekapazität $c(H_2O) = 4,2 \frac{J}{K \cdot g}$.

A296.2

Die Siedetemperaturen von Molekülverbindungen sind niedriger, da es zwischen den Molekülen nur schwache Bindungen gibt. Zwischen den Ionen herrschen dagegen sehr starke Anziehungskräfte. Ionenverbindungen sind daher bei Raumtemperatur fest.

A296.3

Ammoniak-Moleküle sind Dipol-Moleküle. Das N-Atom eines Ammoniak-Moleküls ist stark elektronegativ und besitzt ein freies Elektronenpaar. Die N–H-Bindung ist stark polarisiert, wodurch die H-Atome eine positive Teilladung tragen. Zwischen dem negativ polarisierten N-Atom eines Ammoniak-Moleküls und einem positiv polarisierten H-Atom eines anderen Ammoniak-Moleküls kann sich eine Wasserstoffbrückenbindung ausbilden:

$$\begin{array}{c} H^{\delta+} \\ | \\ \delta^- \text{N–H}^{\delta+} \\ | \\ H^{\delta+} \end{array} \cdots\cdots \begin{array}{c} H^{\delta+} \\ | \\ \delta^- \text{N–H}^{\delta+} \\ | \\ H^{\delta+} \end{array}$$

A296.4

a) Die Dipol-Moleküle des Wassers greifen zunächst die Außenseite des Kaliumbromid-Kristalls an. Dabei lagern sich die Sauerstoff-Atome der Wasser-Moleküle wegen ihrer negativen Teilladung an den K$^+$-Ionen des Kristalls an. Die Wasserstoff-Atome mit ihrer positiven Teilladung lagern sich dagegen an den Cl$^-$-Ionen an. Auf diese Weise werden die einzelnen Ionen abgespalten und gehen in Lösung.

b)

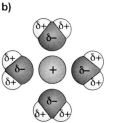
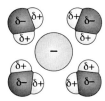

Kalium-Ion   Bromid-Ion

A296.5

Wasser eignet sich nicht als Steigflüssigkeit in Thermometern. Es liefert nur für den Temperaturbereich zwischen 5 und 98 °C brauchbare Werte. Temperaturen unter 0 °C und über 100 °C wären nicht erfassbar. Aufgrund der Dichteanomalie könnte eine Temperaturzunahme für das Temperaturintervall 0 bis 4 °C nicht angezeigt werden.

A296.6

Kaliumnitrat löst sich endotherm in Wasser, da die für die Trennung der Ionen aufzuwendende Gitterenergie größer ist als die bei der Hydratation der Ionen frei werdende Hydratationsenergie. Die benötigte Energie wird dem Wasser entzogen, worauf es sich abkühlt. Beim Natriumhydroxid ist umgekehrt die Hydratationsenergie größer als die benötigte Gitterenergie. Die frei werdende Energie wird an das Wasser abgegeben, woraufhin es sich erwärmt.

A296.7

a)

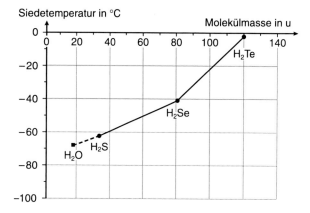

b) Die Siedetemperatur von Wasser läge nach dem Diagramm bei etwa –74 °C.

c) Die Ursache für den drastischen Sprung der Siedetemperatur von theoretisch –74 °C auf real 100 °C sind die starken Wasserstoffbrückenbindungen zwischen den Wasser-Molekülen.

Hinweis: Aufgrund der geringen Elektronegativität der Schwefel-, Selen- und Tellur-Atome sind H–S-Bindungen, H–Se-Bindungen und H–Te-Bindungen nicht polar genug, um Wasserstoffbrücken auszubilden.

A296.8

Die Haftung der Kontaktlinsen wird durch Adhäsionskräfte zwischen den Wasser-Molekülen in der Tränenflüssigkeit zwischen Hornhaut und Kontaktlinse und durch Kohäsionskräfte zwischen den Wasser-Molekülen untereinander hervorgerufen.

A296.9

a) Das Handtuch wird nass um die Getränkeflasche gewickelt. Wenn das Wasser verdampft, wird der Getränkeflasche Wärme entzogen; das Getränk bleibt kühl.

b) Oktan verdunstet schneller als Wasser. Die Temperatur des Oktans steigt pro Zeiteinheit stärker an als die des Wassers. Die Oktan-Moleküle weisen nur unpolare Elektronenpaarbindungen auf und sind daher insgesamt unpolar. Zwischen den Molekülen treten daher nur VAN-DER-WAALS-Bindungen auf. Diese sind schwach, daher verdunstet Oktan etwas schneller als das Wasser. Die schwachen zwischenmolekularen Kräfte sind Ursache der geringeren Wärmekapazität des Oktans. Oktan kann daher weniger Wärmeenergie speichern, weshalb sich die Flüssigkeit stärker erwärmt. Zwischen den polaren Wasser-Molekülen wirken deutlich stärkere Wasserstoffbrückenbindungen, was die geringe Verdunstungsneigung und die große Wärmekapazität erklärt.

A296.10

a) Wie verändert sich die Löslichkeit eines Salzes mit zunehmender Temperatur?

b) Es muss für jedes Salz die Löslichkeit bei einer vorgegebenen Temperatur bestimmt werden. Dazu löst man unter ständigem Rühren so viel des jeweiligen Salzes in 100 g Wasser, bis man eine gesättigte Lösung erhält. Die gelöste Masse an Salz in 100 g Wasser entspricht dann dem Wert der Löslichkeit. Diesen Versuch wiederholt man für verschiedene Salze und Temperaturen. Anschließend trägt man die Werte auf und erstellt damit ein entsprechendes Temperatur-Löslichkeits-Diagramm.

c) Individuelle Lösung
Es wird deutlich, dass die Löslichkeit aller Salze bis auf Kochsalz mit zunehmender Temperatur steigt. Beim Kaliumchlorid erkennt man einen linearen Verlauf der Löslichkeitskurve, bei den übrigen Salzen steigt die Löslichkeit mit zunehmender Temperatur exponentiell an.

d) $L\text{(Kochsalz, 20 °C)} = \dfrac{m\text{(Kochsalz)}}{m\text{(Wasser)}} = \dfrac{37\text{ g}}{100\text{ g}}$

$w\text{(Kochsalz, 20 °C)} = \dfrac{m\text{(Kochsalz)}}{m\text{(Lösung)}} = \dfrac{37\text{ g}}{137\text{ g}} = 0{,}27$

Der Massenanteil von Natriumchlorid bei 20 °C beträgt 27 %.

$L\text{(Kochsalz, 80 °C)} = \dfrac{39\text{ g}}{100\text{ g}}$

$w\text{(Kochsalz, 80 °C)} = 0{,}28$

Der Massenanteil von Natriumchlorid bei 80 °C beträgt 28 %.

$L\text{(Kaliumchlorid, 20 °C)} = \dfrac{35\text{ g}}{100\text{ g}}$

$w\text{(Kaliumchlorid, 20 °C)} = 0{,}26$

Der Massenanteil von Kaliumchlorid bei 20 °C beträgt 26 %.

$L\text{(Kaliumchlorid, 80 °C)} = \dfrac{54\text{ g}}{100\text{ g}}$

$w\text{(Kaliumchlorid, 80 °C)} = 0{,}35$

Der Massenanteil von Kaliumchlorid bei 80 °C beträgt 35 %.

e) Beim Abkühlen der Lösung fällt festes Kaliumchlorid aus, da dessen Löslichkeit mit abnehmender Temperatur auch abnimmt. Natriumchlorid bleibt größtenteils gelöst, da dessen Löslichkeit nahezu nicht von der Temperatur abhängt. Filtriert man die Lösung, bleibt als Rückstand ein Salz mit einem sehr hohen Anteil an Kaliumchlorid zurück. Dieses Verfahren eignet sich daher gut, um Kaliumchlorid und Natriumchlorid voneinander zu trennen.

f) In diesen Seen setzen sich verschiedene Salze durch Verdunstung des Wassers ab. Ist für die unterschiedlichen Salze die Sättigungsgrenze erreicht, setzen sich die verschiedenen im Wasser gelösten Salze am Boden des Sees ab. So bilden sich im Laufe der Zeit verschiedene Schichten aus.

A297.1

a) Aus der Molekülformel H_2O geht die räumliche Anordnung der Atome nicht hervor. Aus der Lewis-Formel ergibt sich, dass das Wasser-Molekül eine gewinkelte Struktur aufweist. Das räumliche Modell des Wasser-Moleküls zeigt, dass das zentrale Sauerstoff-Atom von zwei bindenden und zwei nichtbindenden Elektronenpaaren umgeben ist. Die vier Elektronenpaare richten sich nach den Ecken eines Tetraeders aus. An zwei Ecken des Tetraeders sind die Wasserstoff-Atome, die beiden nichtbindenden Elektronenpaare weisen in die noch freien Ecken. Da die acht Protonen des Sauerstoff-Atoms die gemeinsamen Elektronenpaare der OH-Bindungen viel stärker anziehen als das eine Proton des Wasserstoff-Atoms, kommt es zu einer Ladungsverschiebung in den Bindungen. Die Seite des Moleküls mit dem O-Atom ist negativ aufgeladen, die Seite, auf der sich die H-Atome befinden, positiv. Das Wasser-Molekül ist ein Dipol-Molekül. Aufgrund dieser Struktur kommt es zwischen den Wasser-Molekülen zu Wasserstoffbrückenbindungen. Ein H-Atom befindet sich zwischen einem O-Atom, an das es durch eine Elektronenpaarbindung gebunden ist und an einem O-Atom eines anderen Wasser-Moleküls, von dem es über ein freies Elektronenpaar angezogen wird. Im Eis ergibt sich so ein regelmäßig gebautes Gitter mit Hohlräumen zwischen den Wasser-Molekülen. Mit steigender Temperatur brechen Wasserstoffbrückenbindungen auf, das Eis schmilzt. Frei gewordene Wasser-Moleküle können dann Hohlräume besetzen, die Dichte nimmt daher bis 4 °C zu. Über 4 °C steigt der Anteil frei beweglicher Wasser-Moleküle an: die Dichte sinkt wieder. Zur Sprengung der Wasserflasche kommt es aufgrund der geringeren Dichte und des somit größeren Volumens des gefrorenen Wassers.

b) Wasser hat seine größte Dichte nicht bei 0 °C sondern bei 4 °C.
Wasser siedet erst bei 100 °C. Ähnliche Stoffe wie NH_3, H_2S und CO_2 haben deutlich niedrigere Siedetemperaturen.
Ein Eisberg schwimmt auf dem Wasser. Eis hat eine geringere Dichte als flüssiges Wasser.
Ursache für diese Eigenschaften sind die zwischen den Wasser-Molekülen bestehenden Wasserstoffbrückenbindungen.

3 Faustregeln: Bei chemisch ähnlichen Verbindungen nehmen Schmelz- und Siedetemperatur mit wachsender Molekülgröße zu.
Die Dichte eines Feststoffes ist größer als die Dichte der Flüssigkeit.
Die Dichte einer Flüssigkeit nimmt mit steigender Temperatur ab.

c) Bei Speiseöl gelten die unter b) erwähnten Faustregeln. Festes Speiseöl hat eine höhere Dichte als flüssiges Speiseöl.

A297.2

a) Im Salzhydrat sind sowohl Ionen als auch Wasser-Moleküle gebunden. Die Moleküle umgeben in den meisten Fällen das Metall-Kation. So ist im Calciumchlorid-Hexahydrat jeweils das Ca^{2+}-Ion durch 6 H_2O-Moleküle umgeben; pro hydratisiertem Ca^{2+}-Ion sind dann weiterhin zwei Cl^--Ionen im Ionengitter gebunden.

b) weitere Salzhydrate:
$FeCl_3 \cdot 6\ H_2O$, $ZnSO_4 \cdot 7\ H_2O$, $CuSO_4 \cdot 5\ H_2O$

wasserfreie Salze:
wasserfreies Kupfersulfat, wasserfreies Calciumchlorid

c) Zunächst sind frei bewegliche Na^+(aq)-Ionen und Ac^-(aq)-Ionen zu sehen; dann erste {Na^+Ac^-}-Gruppen mit eingebauten H_2O-Molekülen; schließlich im Ionengitter fixierte Na^+- und Ac^--Ionen und gittermäßig eingebaute H_2O-Moleküle.

d) Beim Zusammentreten der Ionen zum Ionengitter wird Gitterenergie frei. Diese reicht aus, um die Hydratationsenergie zu überwinden, die Hydrathüllen weiterer Ionen zu zerstören. Insgesamt resultiert aus beiden Prozessen die frei werdende Lösungsenergie.

e) *Hypothese:* man benötigt Wärmeenergie, um den Feststoff in eine klare Flüssigkeit zu überführen. Erhitzt man das feste Salzhydrat, so überträgt man die Wärmeenergie auf die Bewegungsenergie der Ionen und Moleküle im Salzhydrat, bis es bei einer bestimmten Temperatur zu schmelzen bzw. sich im eigenen Hydratwasser zu lösen beginnt. Bei gleich bleibender Temperatur benötigt man die Wärmeenergie solange, bis insgesamt die klare Flüssigkeit vorliegt.

f) Ökologisch ist das Wärmespeicher-Verfahren insofern nützlich, als man Wärmeenergie speichern kann, die anderenfalls an die umgebende Luft abgegeben wird und nicht genutzt werden kann. Die gespeicherte Energie wird beispielsweise für die Heizung eines Hauses genutzt und es müssen keine fossilen Brennstoffe für das Heizen verbrannt werden.

20 Säuren und Laugen – Werkzeuge nicht nur für Chemiker

A299.1

Ein Entkalker enthält Säure und kann die Kalkrückstände lösen und in eine wasserlösliche Form überführen, die man dann wegspülen kann.

A299.2

Saure Reinigungsmittel werden zum Beseitigen von Kalkflecken oder Urinstein verwendet. Sie finden vor allem im Sanitärbereich und in der Küche Anwendung.

Alkalische Reinigungsmittel werden zum Entfernen von Eiweißstoffen, Verkrustungen und Fettspritzern verwendet.

A299.3

Bevor man ein Reinigungsmittel verwendet, sollte man das Etikett sorgfältig lesen, das auf eventuelle Gefahren wie Hautreizungen oder ätzende Wirkung hinweist. Dies erkennt man an den Gefahrstoffsymbolen. Auf dem Etikett kann man auch nachlesen, wie die Verträglichkeit mit anderen Materialien ist.

A299.4

Individuelle Lösung

A299.5

Individuelle Lösung

A299.6

Individuelle Lösung

A300.1

Ein Indikator zeigt an, ob eine Lösung sauer, neutral oder alkalisch ist.

A300.2

Der pH-Wert gibt an, wie stark sauer oder alkalisch eine Lösung ist. Ein pH-Wert von 0 bis 7 bedeutet, dass die Lösung sauer ist; ein pH-Wert größer als 7 gibt an, dass die Lösung alkalisch ist. Je kleiner der pH-Wert, umso saurer ist die Lösung; je höher der pH-Wert, umso alkalischer ist die Lösung.

V300.1

a)

Lösung	Bromthymolblau	Thymolphthalein	Universalindikator
Zitronensaft	gelb	farblos	rot
Spülmittel	blau	rot	blau
Klarspüler	gelb	farblos	rot
Salmiak	blau	rot	blau
Entkalker	gelb	farblos	rot
Kernseife	blau	rot	blau
Abflussreiniger	blau	rot	blau
Backofenreiniger	blau	rot	blau

b) *saure Reinigungsmittel:* Zitronensaft, Klarspüler, Entkalker
alkalische Reinigungsmittel: Spülmittel, Salmiak, Kernseife, Abflussreiniger, Backofenreiniger

A301.1

$MgO(s) + 2\, HAc(aq) \longrightarrow MgAc_2(aq) + H_2O(l)$

A301.2

Essig dient als Konservierungsmittel für beispielsweise saure Gurken und saure Heringe.

A302.1

Salzsäure wurde früher aus Schwefelsäure und Kochsalz hergestellt, indem man das entstehende Chlorwasserstoff-Gas in Wasser löste.

A302.2

a) Die Bezeichnung 7 % bedeutet, dass 7 g Chlorwasserstoff in 100 g konzentrierter Salzsäure gelöst sind.

b) In 100 g Lösung sind 7 g Chlorwasserstoff enthalten. Dies entspricht einer Stoffmenge von 0,2 mol. Bezogen auf 1 l Lösung ergibt sich eine Konzentration von $c = 0{,}2\,\frac{mol}{l}$.

A303.1

$MgO(s) + 2\, HCl(aq) \longrightarrow MgCl_2(aq) + H_2O(l)$

A303.2

Individuelle Lösung

A304.1

Gemeinsamkeiten:
Säuren sind Molekülsubstanzen, die in wässriger Lösung in positiv geladene Wasserstoff-Ionen und negativ geladene Säurerest-Ionen dissoziieren. Sie schmecken sauer, sind

ätzend und reagieren als verdünnte Lösungen mit unedlen Metallen zu Wasserstoff und Metall-Ionen. Der pH-Wert saurer Lösungen liegt unter 7.
Unterschiede:
Sie besitzen unterschiedliche Säurerest-Ionen.

A304.2

$H_2SO_4 \xrightarrow{Wasser} 2\,H^+(aq) + SO_4^{2-}(aq)$

$HNO_3 \xrightarrow{Wasser} H^+(aq) + NO_3^-(aq)$

A304.3

a) $Ca(s) + 2\,HCl(aq) \longrightarrow CaCl_2(aq) + H_2(g)$

b) $2\,Al(s) + 6\,HNO_3(aq) \longrightarrow 2\,Al(NO_3)_3(aq) + 3\,H_2(g)$

c) $3\,Ba(s) + 2\,H_3PO_4(aq) \longrightarrow Ba_3(PO_4)_2(aq) + 3\,H_2(g)$

A305.1

Alle Säuren bilden in Wasser hydratisierte Wasserstoff-Ionen. Diese sind für die ähnlichen Eigenschaften und das Reaktionsverhalten der Säuren verantwortlich.

A305.2

$HBr(g) \xrightarrow{Wasser} H^+(aq) + Br^-(aq)$

Es entstehen hydratisierte Wasserstoff-Ionen und hydratisierte Bromid-Ionen.

A305.3

Man könnte das Centstück in Salzsäure tauchen. Die Kupferoxidschicht würde sich dadurch lösen.

$CuO(s) + 2\,HCl(aq) \longrightarrow CuCl_2(aq) + H_2O(l)$

V306.1

a) Bei der Reaktion zwischen Magnesium und Salzsäure ist eine Gasentwicklung zu beobachten, Magnesium löst sich auf. Hält man die Reagenzglasöffnung an die Flamme des Gasbrenners, so ist ein „Ploppen" zu hören und das Gas entzündet sich. Dampft man die Lösung ein, so bildet sich ein weißer Feststoff (farblose Kristalle).
Bei der Reaktion zwischen Magnesiumoxid und Salzsäure, löst sich Magnesiumoxid auf. Hält man die Reagenzglasöffnung an die Flamme des Gasbrenners, so passiert nichts. Dampft man die Lösung ein, so bildet sich ein weißer Feststoff (farblose Kristalle).

b)
$Mg(s) + 2\,HCl(aq) \longrightarrow MgCl_2(aq) + H_2(g)$

$MgO(s) + 2\,HCl(aq) \longrightarrow MgCl_2(aq) + H_2O(l)$

c) Gibt man zu Essigreiniger Aluminiumkörner, so beobachtet man eine Gasentwicklung; Aluminium löst sich auf, es bilden sich Aluminiumacetat und Wasserstoff.
Gibt man zu Essigreiniger Calciumoxid, so löst sich Calciumoxid auf, es bilden sich Calciumacetat und Wasser.

$2\,Al(s) + 6\,HAc(aq) \longrightarrow 2\,AlAc_3(aq) + 3\,H_2(g)$

$CaO(s) + 2\,HAc(aq) \longrightarrow CaAc_2(aq) + H_2O(l)$

V306.2

a) Die beim Eindampfen erhaltenen Stoffe ergeben weder saure noch alkalische Lösungen. Im Falle der Neutralisation von Natronlauge weist auch die merkliche Temperaturerhöhung auf eine Reaktion hin.

b)
$2\,Na^+(aq) + 2\,OH^-(aq) + 2\,H^+(aq) + SO_4^{2-}(aq) \longrightarrow$
$\qquad 2\,Na^+(aq) + SO_4^{2-}(aq) + 2\,H_2O(l)$

$Ca^{2+}(aq) + 2\,OH^-(aq) + 2\,H^+(aq) + 2\,Cl^-(aq) \longrightarrow$
$\qquad Ca^{2+}(aq) + 2\,Cl^-(aq) + 2\,H_2O(l)$

c) Das Bromthymolblau würde zunächst eine gelbe Farbe (saurer Bereich) zeigen und dann eine grüne Farbe annehmen (neutraler Bereich). Bei weiterer Zugabe des Rohrreinigers würde sich Bromthymolblau blau färben.

V306.3

a) Sobald man Salzsäure auf das Calciumcarbonat tropft, schäumt die Mischung auf (Bildung von Kohlenstoffdioxid), Gasblasen steigen in der Calciumhydroxid-Lösung auf und die Lösung trübt sich allmählich. Nach einiger Zeit setzt sich ein weißer Niederschlag ab (Calciumcarbonat).

b) $Ca^{2+}(aq) + 2\,OH^-(aq) + CO_2(g) \longrightarrow CaCO_3(s) + H_2O(l)$

V306.4

a) Im Reagenzglas mit Salzsäure ist eine heftigere Gasentwicklung zu beobachten als im Reagenzglas mit Essigsäure.

b)
$2\,HCl(aq) + Mg(s) \longrightarrow MgCl_2(aq) + H_2(g)$

$2\,HAc(aq) + Mg(s) \longrightarrow MgAc_2(aq) + H_2(g)$

c) Salzsäure ist die stärkere der beiden Säuren, da sie eine heftigere Reaktion mit Magnesium zeigt und bei gleicher Menge an eingesetzter Säure mehr Wasserstoff bildet.

A306.1

Magnesiumbromid:
$Mg(s) + Br_2(l) \longrightarrow MgBr_2(s)$

$Mg(s) + Br_2(aq) \longrightarrow Mg^{2+}(aq) + 2\,Br^-(aq)$

$Mg(s) + 2\,H^+(aq) + 2\,Br^-(aq) \longrightarrow$
$\qquad Mg^{2+}(aq) + 2\,Br^-(aq) + H_2(g)$

$MgO(s) + 2\,H^+(aq) + 2\,Br^-(aq) \longrightarrow$
$\qquad Mg^{2+}(aq) + 2\,Br^-(aq) + H_2O(l)$

$Mg(OH)_2(s) + 2\,H^+(aq) + 2\,Br^-(aq) \longrightarrow$
$\qquad Mg^{2+}(aq) + 2\,Br^-(aq) + 2\,H_2O(l)$

Die Lösungen müssten anschließend eingedampft werden.

Aluminiumsulfat:
$2\,Al(s) + 6\,H^+(aq) + 3\,SO_4^{2-}(aq) \longrightarrow$
$\qquad 2\,Al^{3+}(aq) + 3\,SO_4^{2-}(aq) + 3\,H_2(g)$

$Al_2O_3(s) + 6\,H^+(aq) + 3\,SO_4^{2-}(aq) \longrightarrow$
$\qquad 2\,Al^{3+}(aq) + 3\,SO_4^{2-}(aq) + 3\,H_2O(l)$

$2\,Al(OH)_3(s) + 6\,H^+(aq) + 3\,SO_4^{2-}(aq) \longrightarrow$
$\qquad 2\,Al^{3+}(aq) + 3\,SO_4^{2-}(aq) + 6\,H_2O(l)$

Die Lösungen müssten anschließend eingedampft werden.

A307.1

$M(HCl) = 36{,}5 \frac{g}{mol}$

$M(HI) = 127{,}9 \frac{g}{mol}$

Mit $c = \frac{n}{V}$ und $n = \frac{m}{M}$:

$n(HCl) = \frac{10\ g}{36{,}5 \frac{g}{mol}} = 0{,}27\ mol$

$c(HCl) = \frac{0{,}27\ mol}{0{,}1\ l} = 2{,}7 \frac{mol}{l}$

$n(HI) = \frac{10\ g}{127{,}9 \frac{g}{mol}} = 0{,}08\ mol$

$c(HI) = \frac{0{,}08\ mol}{0{,}1\ l} = 0{,}8 \frac{mol}{l}$

A307.2

$HCl \longrightarrow H^+ + Cl^-$

$n(HCl) = n(H^+)$

$n(H^+) = c \cdot V = 0{,}1 \frac{mol}{l} \cdot 0{,}025\ l = 0{,}0025\ mol$

A307.3

$Mg + 2\ HCl \longrightarrow MgCl_2 + H_2$

$\frac{n(H_2)}{n(HCl)} = \frac{1}{2} \qquad n(H_2) = \frac{1}{2} n(HCl)$

$n(HCl) = 0{,}3 \frac{mol}{l} \cdot 0{,}03\ l = 0{,}009\ mol$

$\Rightarrow n(H_2) = 0{,}0045\ mol$

$V(H_2) = V_m \cdot n = 24 \frac{l}{mol} \cdot 0{,}0045\ mol = 0{,}1\ l$

$Mg + H_2SO_4 \longrightarrow MgSO_4 + H_2$

$n(H_2SO_4) : n(H_2) = 1 : 1$

$n(H_2SO_4) = 0{,}3 \frac{mol}{l} \cdot 0{,}03\ l = 0{,}009\ mol = n(H_2)$

$V(H_2) = V_m \cdot n = 24 \frac{l}{mol} \cdot 0{,}009\ mol = 0{,}2\ l$

A308.1

Bildung von wasserunlöslichen Kalkseifen, Kesselsteinbildung in Warmwasserrohren, Heißwasserspeichern und Heißwassergeräten

A308.2

Die Waschmittel enthalten Wasserenthärter, die Calcium-Ionen binden.

A308.3

Individuelle Lösung

A309.1

Die eingravierten, kupferfarbenen Linien heben sich von dem schwarzen Hintergrund gut ab. Der Künstler kann so die von ihm gefertigte Zeichnung besser erkennen.

A309.2

Die Farbe befindet sich in den *Vertiefungen* der Platte. Unter *Druck* nimmt saugfähiges Papier die Farbe aus den Vertiefungen auf.

A309.3

Da die Natronlauge stark ätzend ist, müssen Schutzbrille, Handschuhe und eventuell Schutzkleidung getragen werden.

A309.4

Mit Hilfe der Lithographie werden beispielsweise Transistoren für integrierte Schaltkreise auf Siliciumscheiben (Wafer) aufgebracht. Dazu wird der Wafer mit einer lichtempfindlichen Schicht versehen und dann in den Strahlengang einer Optik gebracht, in der sich eine Maske befindet. Durch die Maske wird erreicht, dass nur ein Teil der lichtempfindlichen Schicht belichtet wird. Nach dem Entwickeln sind winzige Fenster des Siliciums freigelegt, durch die beispielsweise Fremdatome in das Silicium eindringen können. Diese offenen Fenster bilden erste Teilstücke für einen Transistor.

A309.5

Beim Beizen greift die Natronlauge nur die Oberfläche an, das heißt, sie löst den alten Lack von den Möbeln, greift diese aber nicht an.
Beim Backofenreiniger greift die Natronlauge ebenfalls nur die Oberfläche an, löst die Verkrustungen und Fettablagerungen, greift aber nicht das Metall an.

A310.1

Um Rohrverstopfungen zu vermeiden, sollte man regelmäßig Haarreste und Fettablagerungen entfernen. Benutzt man beispielsweise ein Sieb, können Haarreste erst gar nicht im Waschbecken beziehungsweise in der Dusche weggespült werden.

A310.2

Rohrreiniger ist stark ätzend und beim Einsatz kann es zu Spritzern kommen. Daher sollte man auf jeden Fall Schutzhandschuhe und Schutzbrille tragen.

A310.3

Chemischer Rohrreiniger enthält neben Natriumhydroxid noch Aluminium-Stückchen. Das Natriumhydroxid löst sich unter starker Wärmeentwicklung in Wasser, es bildet sich Natronlauge. Diese zersetzt Haare, Hautschuppen und Fettablagerungen. Die Aluminium-Stückchen lösen sich im

Wasser unter Bildung von Wasserstoff. Die Gasbläschen dringen zwischen die Ablagerungen und dienen zur Lockerung. So kann der Schmutz besser gelöst und anschließend weggespült werden.

A310.4

Rohrreiniger ist stark ätzend und stark alkalisch. Deswegen sollte ein Eindringen in Boden und Gewässer verhindert werden.

A310.5

Viele Reiniger sind flüssig und enthalten gewisse Mengen an Wasser. Durch das Wasser kann es zu einer sehr heftigen Reaktion kommen und ätzende Natronlauge kann spritzen.

A311.1

Natriumhydroxid ist ein weißer Feststoff mit der Formel NaOH, das heißt, er besteht aus Na^+-Ionen und OH^--Ionen. Natronlauge ist die wässrige Lösung von Natriumhydroxid (NaOH(aq)), das heißt, in der Lösung befinden sich hydratisierte Na^+-Ionen und hydratisierte OH^--Ionen.

A311.2

Natriumhydroxid ist hygroskopisch, das heißt, es kann Feuchtigkeit aus der Luft aufnehmen.

A311.3

Seife bildet mit Wasser Seifenlauge, eine schwach alkalische Lösung. Die Hydroxid-Ionen reizen die Augen.

A311.4

Die Lacke alter Möbel wurden meist auf Naturstoffbasis hergestellt. Natronlauge zersetzt solche organischen Stoffe relativ rasch, ohne das Holz zu schädigen.

A312.1

Bei längerer Einwirkung greift Natronlauge auch Glas an.

A312.2

$$2\,NaOH(aq) + CO_2(g) \longrightarrow Na_2CO_3(s) + H_2O(g)$$
Natronlauge   Kohlenstoffdioxid   Soda   Wasser

A/V313

Individuelle Lösungen

Nachfolgend finden sich Informationen zur Thematik:
Vollentsalzung. Vollentsalztes („demineralisiertes") Wasser wird überwiegend mit Hilfe von Ionenaustauschern gewonnen. Für die Vollentsalzung benötigt man eine Mischung von Kationenaustauschern mit Anionenaustauschern.
Die Kationenaustauscher werden in der H^+-Form eingesetzt; sie geben also Protonen an das Wasser ab, während sie Kationen (Ca^{2+}, Na^+) aufnehmen. Die in der OH^--Form eingesetzten Anionenaustauscher geben Hydroxid-Ionen ab, während sie Anionen (HCO_3^-, Cl^-, SO_4^{2-}) aus dem Wasser aufnehmen.
Die von den Ionenaustauschern abgegebenen Ionen (H^+, OH^-) reagieren miteinander zu Wasser-Molekülen. Vollentsalztes Wasser weist daher nur einen geringen Restgehalt an Ionen auf, sodass die Leitfähigkeit sehr gering ist. Die Funktionsfähigkeit von Vollentsalzern wird deshalb in der Regel durch Messung der Leitfähigkeit überwacht. Sobald ein bestimmter Grenzwert überschritten wird, tauscht man die Harzfüllung aus. Das weitgehend „erschöpfte" Harz wird im Allgemeinen beim Gerätehersteller regeneriert. Dazu werden zunächst Kationenaustauscher und Anionenaustauscher voneinander getrennt, indem man einen merklichen Dichteunterschied ausnutzt. Der Kationenaustauscher wird durch Behandlung mit Salzsäure wieder in die H^+-Form überführt, der Anionenaustauscher durch Natronlauge in die OH^--Form.
Hinweis: „Schnellentkalker" für die Vollentsalzung kleiner Wassermengen (insbesondere für Dampfbügeleisen) arbeiten nach dem gleichen Prinzip. Die Funktionsfähigkeit wird hier jedoch mit Hilfe eines Indikators für Ca^{2+}-Ionen kontrolliert. Der Entkalker ist erschöpft, sobald sich die Farbänderung in der gesamten Füllung zeigt.

Teilenthärtung durch Wasserfilter. Wasserfilter werden im Handel für Privathaushalte als Kleinfilter für die Küche angeboten. Sie sollen die Qualität des Trinkwassers verbessern, indem sie die Wasserhärte verringern und Chlor sowie Umweltschadstoffe wie Blei aus Bleileitungen, Nitrat oder Pestizide entfernen.
Als Filtermaterial enthalten sie Aktivkohle sowie Kationenaustauscher, gelegentlich auch Anionenaustauscher. Aktivkohle soll unpolare Stoffe wie beispielsweise Pestizide, Kohlenwasserstoffe oder Chlor adsorbieren. Ionenaustauscher enthärten das Wasser und binden Blei-, Aluminium- oder Nitrat-Ionen. Manche Wasserfilter sind mit Silber-Ionen versetzt, um eine Verkeimung zu verhindern.
Das Filtermaterial befindet sich in auswechselbaren Patronen, durch die das Leitungswasser in einen Vorratsbehälter läuft.
Ob es sinnvoll ist, solche Wasserfilter einzusetzen, ist allerdings umstritten. So ist das von den Wasserwerken gelieferte Wasser oft bereits ausreichend enthärtet. Calcium- und Magnesium-Ionen sind aus medizinischer Sicht wichtige Mineralien, sodass Trinkwasser nicht unter 8,4 °d enthärtet werden darf. Allerdings sollen einige Teesorten besser schmecken, wenn sie mit besonders weichem Wasser zubereitet werden. Zum Blumengießen verwendet man besser Regenwasser, da sonst der Gehalt an Calciumlonen im Blumentopf sehr schnell ansteigt.
Chlor wird von den handelsüblichen Filtern in der Regel gut zurückgehalten. Das Filtervermögen für die anderen Stoffe ist je nach Zusammensetzung des Filtermaterials unterschiedlich. Es gibt keinen Wasserfilter, der alle denkbaren Schadstoffe gleichermaßen gut entfernt.
Wenn man Wasserfilter benutzt, muss man die empfohlenen Betriebsbedingungen genau einhalten. Die Filterwirkung lässt mit der Zeit deutlich nach. Wechselt man die Patronen zu spät oder steht das Wasser zu lange, kann es durch Vermehrung von Mikroorganismen zur Verkeimung kommen. Bei unsachgemäßem Gebrauch können sich aus einigen Filtern organische Stoffe lösen; auch können Silber-Ionen freigesetzt werden.
Die unsachgemäße Entsorgung der Filterpatronen beziehungsweise des Granulats kann die Umwelt belasten. Man

sollte die Patronen deshalb sammeln und an den Händler zurückgeben.

Durch den Einsatz von Wasserfiltern wird das vom Wasserwerk gelieferte Trinkwasser erheblich teurer.

Aus allen diesen Gründen sollte man sich deshalb zunächst beim Wasserwerk genau über die Qualität des Wassers informieren. In den meisten Fällen wird dann die Verwendung von Wasserfiltern überflüssig sein.

Geschirrspülmittel. Für das Spülen in der Maschine benötigt man in der Regel drei unterschiedliche Produkte: *Reiniger*, *Klarspüler* und *Regeneriersalz*.

Reiniger lösen den Schmutz vom Geschirr und halten ihn fein verteilt in der Schwebe, bis er mit dem Wasser fortgespült wird. Dabei muss die chemische Wirkung des Reinigers stärker als die eines Handspülmittels sein, denn die mechanische Wirkung einer Spülbürste entfällt in der Maschine. Reiniger enthalten beispielsweise Natriumsilicat, Soda, Natriumtriphosphat, Natriumcitrat sowie nichtionische Tenside. Das Gemisch reagiert deutlich alkalisch (pH 12–13).

Einige Reiniger enthalten Bleichmittel auf Sauerstoffbasis. So werden Keime abgetötet. Enzyme bauen stärkehaltige Verschmutzungen ab.

In letzter Zeit kamen umweltverträglichere Konzentrate in den Handel, in denen das ätzende Natriumsilicat durch das mildere Natriumdisilicat ersetzt ist. Probleme können entstehen, wenn der Ionenaustauscher die Calcium- und Magnesium-Ionen nicht ganz entfernt, sodass Gläser nach dem Spülen trübe sind und sich ein Belag auf dem Geschirr bildet.

Klarspüler werden nach dem Reinigungsgang zugesetzt. Tenside setzen die Oberflächenspannung des Wassers auf dem Geschirr herab, sodass es tropfenfrei abfließt. Klarspülmittel enthalten auch organische Säuren wie Zitronensäure, um Reste des alkalischen Reinigers zu neutralisieren und Kalkablagerungen zu vermeiden.

Das *Regeneriersalz* muss zugesetzt werden, um den Ionenaustauscher funktionsfähig zu halten. Die Calcium- und Magnesium-Ionen des harten Wassers ersetzen die Natrium-Ionen des Austauscherharzes, sodass Kalkablagerungen in der Maschine verhindert werden. Wenn die Kapazität des Ionenaustauschers nach einiger Zeit erschöpft ist, müssen die Calcium- und Magnesium-Ionen wieder durch Natrium-Ionen in hoher Konzentration verdrängt werden. Zur Regenerierung setzt man sehr reines Kochsalz zu.

Geschirrspüler oder Spülen von Hand?
Vorteile einer Geschirrspülmaschine:
– Zeitersparnis
– Die Reinigung ist intensiver, hygienischer: Man kann stärkere Reinigungsmittel einsetzen, da die Haut nicht mit ihnen in Kontakt kommt; es wird bei höheren Temperaturen gereinigt; chlorhaltige Verbindungen wirken desinfizierend; unhygienisches Geschirrtuch und Bürsten entfallen.
– Schonung der Haut

Nachteile einer Geschirrspülmaschine:
– hohe Anschaffungskosten
– Platzbedarf
– nur für spülmaschinenfestes Geschirr, Vorsicht bei Kunststoffen, schwierige Reinigung bei Gefäßen mit engen Öffnungen

Der Energie- und Wasserverbrauch von modernen Maschinen ist mit dem Verbrauch beim Handspülen vergleichbar.

Abflussreiniger. *Feste Reiniger* enthalten als wesentlichen Wirkstoff Natriumhydroxid oder Kaliumhydroxid. Bei Berührung mit Wasser wird durch die Hydratation sehr viel Wärme frei: Es entsteht eine heiße, stark alkalische Lösung. Fetthaltiger Schmutz wird unter diesen Bedingungen angelöst. Rohrreiniger enthalten manchmal zusätzlich granuliertes Aluminium. Es reagiert in alkalischer Lösung unter Bildung von Wasserstoff. Durch die Gasentwicklung wird der Schmutz auf mechanischem Wege gelockert.

Um die Bildung von explosivem Knallgas zu vermeiden, enthalten einige Reiniger zusätzlich Nitrate, sodass sich neben Wasserstoff zusätzlich Ammoniak bildet.

Hinweis: Dieser in der Literatur angeführte Zusammenhang erscheint allerdings zweifelhaft: Der Nitratzusatz dürfte im Wesentlichen die Reaktion verlangsamen, sodass die Bildung von Ammoniak nur als (unerwünschte) Nebenreaktion einzuschätzen ist.

Flüssige Reiniger sind ebenfalls stark alkalisch. Sie enthalten zusätzlich Tenside und Natriumhypochlorit, das besonders Verstopfungen durch Haare löst.

Abflussreiniger enthalten also sehr aggressive Chemikalien, sie müssen daher genau nach Vorschrift verwendet werden. Mit mechanischen Mitteln wie Saugglocke, Spiralfeder oder Rohrzange lassen sich Verstopfungen ebenfalls unproblematisch und sicherer beseitigen. Mithilfe eines Siebs kann man von vornherein verhindern, dass Abflüsse verstopfen.

Alkalische Sanitärreiniger. Fetthaltiger Schmutz auf Fliesen, Keramik und Armaturen kann mit alkalischen Sanitärreinigern entfernt werden. Sie enthalten neben Tensiden oft bleichende und desinfizierende Wirkstoffe wie Wasserstoffperoxid.

Saure WC-Reiniger. Gegen Ablagerungen von Kalk oder Urinstein werden meist saure WC-Reiniger eingesetzt. Es sind meist Pulver, die als wesentlichen Wirkstoff Zitronensäure, Natriumhydrogensulfat oder Amidosulfonsäure enthalten. Ein Zusatz von Natriumhydrogencarbonat führt zur Gasentwicklung; das damit verbundene Aufschäumen unterstützt den Reinigungsvorgang. Zumeist enthalten saure Reiniger noch Tenside sowie Desinfektionsmittel und Duftstoffe.

Allzweckreiniger. Wichtigster Bestandteil von Allzweckreinigern sind Tenside oder Seifen. *Neutralreiniger* haben einen pH-Wert von etwa 7. Sie sind besonders für empfindliche Oberflächen geeignet. Sie sind bei Hautkontakt unproblematisch. Die pH-Werte von *Salmiakreinigern* liegen bei etwa 10. Sie enthalten Ammoniak. *Essigreiniger* reagieren leicht sauer. Mit ihnen kann vor allem Kalk beseitigt werden.

Alkoholreiniger bestehen zu etwa 30 % aus Alkohol, beispielsweise Isopropanol. Sie eignen sich vor allem für glänzende Flächen und Glas. Sie trocknen schnell und streifenfrei.

Seifenreiniger enthalten Seifenflocken oder auch flüssige Schmierseife. Sie sind vielseitig einsetzbar.

Man kann mit Allzweckreinigern nahezu alles reinigen. Damit machen sie viele Spezialmittel überflüssig. Moderne Allzweckreiniger enthalten keine Phosphate. Ihre Tenside werden in kurzer Zeit vollständig abgebaut. Damit gehören sie zu den Reinigungsmitteln, die die Umwelt nur wenig belasten. Dabei sind Reiniger mit Seifen als Hauptbestandteil hervorzuheben, weil diese in Kläranlagen leicht als Kalkseifen entfernt werden können.

Quellen:
KATALYSE e.V., Das Umweltlexikon, Kiepenheuer & Witsch, Köln 1993
STIFTUNG WARENTEST, Ratgeber Umwelt, Zenit Pressevertrieb, Stuttgart 1995
J. ELKINGTON, J. HAILES, Umweltfreundlich einkaufen, Droemer-Knaur, München 1991
Verbraucherzentralen der einzelnen Bundesländer
z. B. Verbraucherzentrale Nordrhein-Westfalen:
http://www.vz-nrw.de
Arbeitsgemeinschaft der Verbraucher e.V. Heilsbachstr. 20, 53123 Bonn
Industrieverband Körperpflege und Waschmittel e.V. (IKW) Karlstraße 21, 60329 Frankfurt a.M.:
http://www.ikw.org/
G. VOLLMER, M. FRANZ: Chemie in Haus und Garten, dtv, München (1994)

A314.1

Ammoniak wird großtechnisch mit dem HABER-BOSCH-Verfahren hergestellt. Es findet Verwendung bei der Herstellung von Düngemitteln und Salpetersäure, bei der Herstellung von Kunststoffen und wird als Kühlmittel in Großkühlanlagen eingesetzt.

A314.2

Salmiak kommt aus dem Lateinischen (*sal ammoniacum*) und bedeutet *Salz des Ammon*. Ammon war ein ägyptischer Mönch.
Salmiak wird in Kältemischungen und zum Verzinnen und Löten verwendet und ist in Lakritze (Salmiakpastillen) enthalten.

A316.1

saure Lösung, Säure: Eine Säure zerfällt beim Lösen in Wasser in hydratisierte Wasserstoff-Ionen und Säurerest-Ionen. Eine saure Lösung enthält hydratisierte Wasserstoff-Ionen (H^+(aq)).

Hydroxid: Hydroxide enthalten als Bausteine Hydroxid-Ionen (OH^-).

alkalische Lösung, Lauge: Eine alkalische Lösung nennt man auch Lauge. Sie enthält hydratisierte Hydroxid-Ionen (OH^-(aq)).

Indikatoren: Farbstoffe, die durch ihre Farbe anzeigen, ob eine saure, eine neutrale oder eine alkalische Lösung vorliegt.

Salzsäure: wichtigste Säure; Lösung von Chlorwasserstoff (HCl) in Wasser.

einprotonig, mehrprotonig: einprotonig bedeutet, dass eine Säure ein Proton (1 H^+) enthält. Mehrprotonig bedeutet, dass eine Säure mehrere Protonen (mehrere H^+) enthält.

Säurestärke: Die Säurestärke gibt an, wie stark eine Säure dissoziiert. Starke Säuren dissoziieren vollständig, schwache Säuren dissoziieren nur in geringem Maße.

Natronlauge: Natronlauge ist die wässrige Lösung von Natriumhydroxid NaOH(aq).

Entkalker: Ein Entkalker enthält Säure und kann die Kalkrückstände lösen und in eine wasserlösliche Form überführen, die man dann wegspülen kann.

Ammoniak, Ammoniumsalze: Ammoniak ist ein Gas mit der Formel NH_3, das sich sehr gut in Wasser löst und dessen wässrige Lösung alkalisch ist. Ammoniumsalze bestehen aus NH_4^+-Ionen und einem Anion.

A316.2

Salzsäure: H^+(aq), Cl^-(aq)
Schwefelsäure: H^+(aq), HSO_4^-(aq), SO_4^{2-}(aq)
Natronlauge: Na^+(aq), OH^-(aq)
Kalkwasser: Ca^{2+}(aq), OH^-(aq)

A316.3

Alle sauren Lösungen enthalten Wasserstoff-Ionen, ihr pH-Wert ist kleiner als 7, sie leiten den elektrischen Strom, sie färben Universalindikator-Lösung rot, sie reagieren mit unedlen Metallen unter Wasserstoff-Entwicklung.

A316.4

Indikator	saure Lösung	alkalische Lösung
Phenolphthalein	farblos	rot
Bromthymolblau	gelb	blau
Universalindikator	rot	blau

A316.5

Ca^{2+}, Mg^{2+}

A316.6

Die Lösung mit pH = 0 ist gefährlicher, sie enthält die tausendfache Konzentration an Wasserstoff-Ionen im Vergleich zur Lösung mit pH = 3.

A316.7

Elektrolyse einer sauren Lösung:

$2\,H^+(aq) + 2\,e^- \dashrightarrow H_2(g)$ (Minuspol)

Reaktion einer sauren Lösung mit einem unedlen Metall:

$2\,H^+(aq) + Zn(s) \longrightarrow H_2(g) + Zn^{2+}(aq)$

A316.8

Das Indikatorpapier zeigt gelöste Wasserstoff-Ionen an. An einem feuchten Indikatorpapier gibt das Chlorwasserstoff-Molekül sofort ein Wasserstoff-Ion ab:

$HCl(g) \xrightarrow{\text{Wasser}} H^+(aq) + Cl^-(aq)$

Das trockene Indikatorpapier dürfte keine Veränderung zeigen. Da aber immer etwas Luftfeuchtigkeit vorhanden ist, kommt es doch langsam zu einer Verfärbung.

A316.9

Salzsäure ist eine starke Säure und dissoziiert vollständig in H^+- und Cl^--Ionen. Das heißt, es liegen nur hydratisierte Ionen vor. Dadurch wird die Glühlampe im Versuch mit Salzsäure leuchten.
Ammoniak ist eine schwache Lauge und wird nur zu einem Teil in Wasser dissoziieren, das heißt, in der wässrigen Lösung liegen nicht so viele geladene Teilchen vor; aus diesem Grund leuchtet die Glühlampe nicht.

A316.10

Bei hohen Temperaturen zerfallen Hydrogencarbonat-Ionen unter Bildung von Carbonat-Ionen und Kohlenstoffdioxid, das in heißem Wasser nur schlecht löslich ist und deshalb entweicht. Gleichzeitig bilden die Carbonat-Ionen mit den Calcium-Ionen die Kalkablagerung.

A316.11

Die Geologen können kalkhaltiges Gestein erkennen: Beim Auftropfen der Salzsäure entweicht Kohlenstoffdioxid und an der Auftropfstelle schäumt es.

$CaCO_3(s) + 2\,H^+(aq) + 2\,Cl^-(aq) \longrightarrow$
$\qquad Ca^{2+}(aq) + 2\,Cl^-(aq) + H_2O(l) + CO_2(g)$

A316.12

Hydrogensulfat-Ionen können in wässriger Lösung Wasserstoff-Ionen abgeben:
$HSO_4^-(aq) \longrightarrow H^+(aq) + SO_4^{2-}(aq)$

A316.13

Essig dient als Konservierungsmittel für beispielsweise saure Gurken und saure Heringe.
Essigsäure verhindert die Vermehrung von Schimmelpilzen, Hefen und Bakterien.

A316.14

Ein Massenanteil der Phosphorsäure von $w = 0{,}1\,\%$ in Cola-Getränken bedeutet, dass 0,1 g Phosphorsäure in 100 g Lösung enthalten sind. Dies entspricht einer Stoffmenge von 0,001 mol Phosphorsäure. Bezogen auf 1 l Lösung ergibt sich eine Konzentration von $c = 0{,}001\,\frac{mol}{l}$. Die Phosphorsäure ist zudem eine mittelstarke Säure. Aufgrund der geringen Konzentration stellt sie daher keine Gefahr dar.

A316.15

In einmolaren Lösungen von Salzsäure und Essigsäure liegen unterschiedliche Konzentrationen an Wasserstoff-Ionen vor:
In Salzsäure ist $c(H^+) = 1\,\frac{mol}{l}$, in Essigsäure ist $c(H^+) \approx 0{,}001\,\frac{mol}{l}$. In der Salzsäure haben alle Chlorwasserstoff-Moleküle ihre Wasserstoff-Ionen abgegeben; in der Essigsäure dagegen nur etwa jedes tausendste Molekül.

A317.1

a) $2\,LiOH(s) + CO_2(g) \longrightarrow Li_2CO_3(s) + H_2O(l)$

b) Lithiumhydroxid besitzt eine höhere Affinität zu Kohlenstoffdioxid als Natriumhydroxid und Calciumhydroxid.

c) Die vom Taucher ausgeatmete Luft mit einem erhöhten Kohlenstoffdioxidanteil wird durch einen Behälter mit Hydroxiden gedrückt. Dabei wird das Kohlenstoffdioxid chemisch gebunden. Die so gereinigte Luft gelangt mit frischem Sauerstoff aus der Druckflasche in den Atemkreislauf zurück.

A317.2

a) Nichtmetalloxide wie Kohlenstoffdioxid entstehen vor allem beim Verbrennen kohlenstoffhaltiger Brennstoffe, beim Atmen und beim Gärprozess. Stickstoffoxide können in Kraftzeugmotoren gebildet werden, entstehen aber auch bei Gewittern. Schwefeloxide entstehen vor allem bei der Verbrennung von schwefelhaltigen Verbindungen.

b) In der Automobilindustrie hat der Einsatz eines Abgaskatalysators dafür gesorgt, dass keine beziehungsweise nur noch wenige schädliche Abgase in die Atmosphäre gelangen. Die schädlichen Nichtmetalloxide werden im Autoabgaskatalysator zu unschädlichen Produkten umgewandelt. Des Weiteren ist der Einsatz von Filteranlagen in der Industrie vorgeschrieben, sodass gefährliche Nichtmetalloxide herausgefiltert werden und nicht in die Atmosphäre gelangen können.

c) Wenn es regnet, reagiert das Regenwasser mit den Nichtmetalloxiden zu Säuren. Man spricht dann von saurem Regen.

$SO_2(g + H_2O(l) \longrightarrow H_2SO_3(aq)$

$2\,SO_2(g) + O_2(g) \longrightarrow 2\,SO_3(s)$

$SO_3(s) + H_2O(l) \longrightarrow H_2SO_4(aq)$

$2\,NO_2(g) + H_2O(l) \longrightarrow HNO_3(aq) + HNO_2(aq)$

$4\,NO_2(g) + O_2(g) + 2\,H_2O(l) \longrightarrow 4\,HNO_3(aq)$

Saurer Regen ist mitverantwortlich für die Zerstörung von Bauwerken aus Sandstein. Saurer Regen führt auch zu einer Versauerung des Bodens, sodass dieser unter Umständen gekalkt werden muss.

d) Die Meere können als CO_2-Speicher betrachtet werden. Jedoch gibt das Meer einen Teil des gebundenen CO_2 auch wieder an die Atmosphäre ab. Durch die Erwärmung der Meere kann jedoch weniger CO_2 gespeichert werden als beispielsweise während der Eiszeit. Das bedeutet wiederum, dass die Meere mehr CO_2 abgeben und somit die Erwärmung der Erde durch die Treibhausgase weiter voranschreitet.

21 Haut und Haar – alles im neutralen Bereich?

A319.1

Der Begriff *hautneutral* bezeichnet einen pH-Wert von 5,5 und entspricht damit dem pH-Wert des Säureschutzmantels der Haut.

A319.2

Im Magen werden bei einem pH-Wert von 1 bis 3 Eiweißstoffe verdaut. Im Darm liegt ein alkalischer pH-Wert von 8 vor. Dadurch können Kohlenhydrate und Fette gut verdaut werden.
Beispielsweise werden diese unterschiedlichen Eigenschaften zur vollständigen Verdauung eines Wurstbrotes benötigt: die Wurst wird hauptsächlich im Magen, die Butter und das Brot im Darm verdaut.

A319.3

Individuelle Lösung

A320.1

Die übliche pH-Skala umfasst die Werte von 0 bis 14.
pH-Werte <7: saure Lösungen; je kleiner der pH-Wert, desto größer ist die Konzentration an Wasserstoff-Ionen
pH-Wert = 7: neutrale Lösung; Konzentration von Wasserstoff- und Hydroxid-Ionen ist sehr gering und gleich groß
pH-Werte >7: alkalische Lösungen; je größer der pH-Wert, desto größer ist die Konzentration an Hydroxid-Ionen

A320.2

Die Salzsäure muss auf das 1000fache verdünnt werden, also muss man zu einem Liter Salzsäure 9 999 l Wasser geben.

A320.3

Die Natronlauge wird auf das 1 000fache verdünnt. Das heißt, der pH-Wert ändert sich um 3 Einheiten von 14 auf 11.

A321.1

250 ml der Seifenlösung müssen auf das Hundertfache verdünnt werden. Es müssen also 24,75 l Wasser zugegeben werden.

A321.2

a) Der pH-Wert ändert sich um eine Einheit auf den Wert 5.

b) Eine 20 000fache Verdünnung würde zwar theoretisch eine Änderung des pH-Werts von 4 Einheiten bewirken, also 8, jedoch wird die Limonade nur mit Wasser verdünnt. Um einen alkalischen pH-Wert von 8 zu erhalten, müssten Hydroxid-Ionen der Lösung zugefügt werden. Dies ist bei einer Verdünnung mit Wasser jedoch nicht der Fall. Somit kann selbst bei einer 20 000fachen Verdünnung immer nur ein pH-Wert von 7 erreicht werden.

A323.1

a) Die Neutralisation ist eine Reaktion, bei der Wasserstoff-Ionen mit Hydroxid-Ionen zu Wasser reagieren. Sie ist eine exotherme Reaktion.

b) Man versetzt die Kaliumhydroxid-Lösung mit Universalindikator, sodass diese sich blau färbt. Nun gibt man das gleiche Volumen an Salzsäure hinzu. Färbt sich der Indikator grün, so wurde die Kaliumhydroxid-Lösung vollständig neutralisiert.

A323.2

Die Reaktion zwischen einer sauren und einer alkalischen Lösung bezeichnet man als Neutralisation. Hierbei reagieren die Wasserstoff-Ionen der sauren Lösung mit den Hydroxid-Ionen der alkalischen Lösung zu Wasser-Molekülen. Es entsteht eine neutrale Salzlösung.

$H^+(aq) + OH^-(aq) \longrightarrow H_2O(l)$; exotherm

Eine neutrale Lösung mit einem pH-Wert von 7 erhält man allerdings nur, wenn die Anzahl der Wasserstoff-Ionen in der Säure gleich der Anzahl der Hydroxid-Ionen in der Lauge ist.

A323.3

a) Die Neutralisationsreaktion ist eine exotherme Reaktion. Die dabei frei werdende Wärme bezeichnet man als Neutralisationswärme.

b) Eine Neutralisation ist immer eine Reaktion von Wasserstoff-Ionen mit Hydroxid-Ionen zu Wasser. Da immer die gleiche Reaktion stattfindet, ist somit auch immer die freiwerdende Wärme gleich groß.

A323.4

a) Kernseife hat einen pH-Wert von 9. Es läuft beim Waschen eine Neutralisationsreaktion ab und der pH-Wert des Säureschutzmantels steigt. Dadurch wird er kurzfristig zerstört.

b) Die Waschlösung hat den gleichen pH-Wert wie der Säureschutzmantel (5,5). Es tritt keine pH-Wert-Änderung auf und somit bleibt der Säureschutzmantel der Haut erhalten.

A323.5

$3 H^+(aq) + Al(OH)_3(s) \longrightarrow 3 H_2O(l) + Al^{3+}(aq)$

V323.1

a) Der Indikator schlägt um, wenn der Neutralpunkt erreicht ist. Beim Eindampfen kristallisieren die Salze aus. Die so erhaltenen Stoffe ergeben weder saure noch alkalische

Lösungen. Im Falle der Neutralisation von Natronlauge ist eine merkliche Temperaturerhöhung festzustellen.

b) An der Färbung des Indikators lässt sich erkennen, dass die Lösungen neutral sind. Die beim Eindampfen erhaltenen Stoffe ergeben weder saure noch alkalische Lösungen. Bei der Neutralisation von Natronlauge weist die merkliche Temperaturerhöhung auf eine Reaktion hin.

c) $2\,Na^+(aq) + 2\,OH^-(aq) + 2\,H^+(aq) + SO_4^{2-}(aq) \longrightarrow$
$\qquad\qquad 2\,Na^+(aq) + SO_4^{2-}(aq) + 2\,H_2O\,(l)$

$Ca^{2+}(aq) + 2\,OH^-(aq) + 2\,H^+(aq) + 2\,Cl^-(aq) \longrightarrow$
$\qquad\qquad Ca^{2+}(aq) + 2\,Cl^-(aq) + 2\,H_2O\,(l)$

d) Bei der Schwefelsäure handelt es sich um eine zweiprotonige Säure. Sie setzt zwei Wasserstoff-Ionen frei, die dann auch zwei Hydroxid-Ionen der Natronlauge neutralisieren können. Das heißt, dass die Hälfte des Volumens der Natronlauge an Schwefelsäure hinzugegeben werden muss.
Im Gegensatz dazu ist Salzsäure eine einprotonige Säure, die nur ein Wasserstoff-Ion freisetzt. Eine Calciumhydroxid-Lösung setzt jedoch zwei Hydroxid-Ionen frei; daher muss insgesamt das doppelte Volumen an Salzsäure zur Calciumhydroxid-Lösung gegeben werden.

V323.2

a) Individuelle Lösung
Es ist eine Temperaturerhöhung von 6–7 °C zu beobachten.

b) $H^+(aq) + Cl^-(aq) + Na^+(aq) + OH^-(aq) \longrightarrow$
$\qquad\qquad Na^+(aq) + Cl^-(aq) + H_2O\,(l)$

$2\,Na^+(aq) + 2\,OH^-(aq) + 2\,H^+(aq) + SO_4^{2-}(aq) \longrightarrow$
$\qquad\qquad 2\,Na^+(aq) + SO_4^{2-}(aq) + 2\,H_2O\,(l)$

Die Temperaturerhöhung ist auf die freiwerdende Neutralisationswärme zurückzuführen.

c) Bei beiden Experimenten ist die gleiche Temperaturerhöhung zu beobachten.
Schwefelsäure ist eine zweiprotonige Säure. Daher reicht die halbe Konzentration an Schwefelsäure aus, um Natronlauge zu neutralisieren. Salzsäure als eine einprotonige Säure muss in der gleichen Konzentration vorliegen wie die Natronlauge, um eine vollständige Neutralisation zu erzielen.

A325.1

$M(NaOH) = (23 + 16 + 1)\,\dfrac{g}{mol} = 40\,\dfrac{g}{mol}$

$n(NaOH) = \dfrac{m(NaOH)}{M(NaOH)} = \dfrac{5\,g}{40\,\frac{g}{mol}} = 0{,}125\,mol$

$c(NaOH) = \dfrac{n(NaOH)}{V(\text{Lösung})} = \dfrac{0{,}125\,mol}{0{,}5\,l} = 0{,}25\,\dfrac{mol}{l}$

A325.2

a) $n(H^+) = c(H^+) \cdot V(\text{Lösung}) = 0{,}1\,\dfrac{mol}{l} \cdot 0{,}025\,l$
$\qquad = 0{,}0025\,mol = 2{,}5\,mmol$

b) 1 ml Natronlauge enthält 0,125 mmol OH^--Ionen. Zur Neutralisation von 2,5 mmol Salzsäure werden daher 20 ml Natronlauge benötigt.

V326.1

Individuelle Lösung
vergleiche Rechenbeispiel im Schülerband S. 325

V326.2

a) Individuelle Lösung
vergleiche Rechenbeispiel im Schülerband S. 325

Umrechnen in Massenprozent:
$m(\text{Essigsäure})$
$\qquad = c(\text{Essigsäure}) \cdot M(\text{Essigsäure}) \cdot V(\text{Essigsäure})$
$\qquad = c(\text{Essigsäure}) \cdot 60\,\dfrac{g}{mol} \cdot 0{,}02\,l$

$\%: \left(\dfrac{m(\text{Essigsäure})}{20\,g}\right) \cdot 100$

b) Handelsüblicher Speiseessig enthält 5 % Essigsäure.

A327.1

Man bestimmt das genaue Volumen von 4 Tropfen Natronlauge und errechnet über das Volumen die zu viel zugegebene Stoffmenge an Natronlauge.

A327.2

Individuelle Lösung

A328.1

Individuelle Lösung

A328.2

a) Nach Arrhenius zerfällt eine Säure in ein negativ geladenes Säurerest-Ion und ein positiv geladenes Wasserstoff-Ion. Nach Brönsted sind Säuren Protonendonatoren, also Substanzen, die positiv geladene Wasserstoff-Ionen freisetzen. Somit stimmen beide Säure-Definitionen in dem Punkt überein, dass H^+-Ionen freigesetzt werden.

b) Für Arrhenius zerfallen Basen in positiv geladene Baserest-Ionen und negativ geladene Hydroxid-Ionen. Brönsted definiert eine Base als einen Protonenakzeptor, also eine Substanz, die H^+-Ionen aufnehmen kann. Diese Base-Definitionen unterscheiden sich: das freigesetzte OH^--Ion in der Arrhenius-Definition kann zwar generell auch als Protonenakzeptor nach Brönsted reagieren, jedoch ist Brönsteds Definition insgesamt somit wesentlich weiter, da sie auch andere Substanzen als OH^--Ionen umfasst.

c) Individuelle Lösung

A329.1

Elektrolyte sind Salzlösungen, die aus Ionen aufgebaut sind und den elektrischen Strom leiten.

A329.2

Beim Auflösen in Wasser werden die positiven Na^+-Ionen und negativen Cl^--Ionen frei beweglich.

A329.3

Säure: dissoziiert in Wasserstoff-Ionen und negativ geladene Säurerest-Ionen
Base: dissoziiert in Hydroxid-Ionen und positiv geladene Baserest-Ionen

A329.4

$Mg(OH)_2(s) \xrightarrow{Wasser} Mg^{2+}(aq) + 2\ OH^-(aq)$

$Al(OH)_3(s) \xrightarrow{Wasser} Al^{3+}(aq) + 3\ OH^-(aq)$

A329.5

$HBr(g) \xrightarrow{Wasser} H^+(aq) + Br^-(aq)$

$H_2S(g) \xrightarrow{Wasser} 2\ H^+(aq) + S^{2-}(aq)$

A330.1

$HBr(g) + H_2O(l) \longrightarrow Br^-(aq) + H_3O^+(aq)$
Säure   Base

A330.2

$H_2SO_4(aq) + H_2O(l) \longrightarrow HSO_4^-(aq) + H_3O^+(aq)$
Säure   Base

$HSO_4^-(aq) + H_2O(l) \longrightarrow SO_4^{2-}(aq) + H_3O^+(aq)$
Säure   Base

A330.3

$NH_4Cl(s) + Na^+(aq) + OH^-(aq) \longrightarrow$
$\qquad NH_3(g) + H_2O(l) + Na^+(aq) + Cl^-(aq)$
Säure/Base-Reaktion (Säure: NH_4^+; Base: OH^-)

A330.4

$Mg(s) + 2\ H^+(aq) + 2\ Cl^-(aq) \longrightarrow$
$\qquad Mg^{2+}(aq) + 2\ Cl^-(aq) + H_2(g)$
keine Säure/Base-Reaktion, Elektronenübertragung von Magnesium-Atomen auf Wasserstoff-Ionen

A330.5

$H_3O^+(aq) + OH^-(aq) \longrightarrow 2\ H_2O(l)$
Säure   Base

A330.6

HNO_3/NO_3^-, NH_4^+/NH_3, I^-/HI, OH^-/H_2O, HCO_3^-/H_2CO_3 bzw. HCO_3^-/CO_3^{2-}, H_2O/H_3O^+ bzw. H_2O/OH^-

A330.7

Es liegen keine Ionen in der Lösung vor. Chlorwasserstoff-Moleküle spalten keine Protonen ab. Die Moleküle des Benzins reagieren nicht als Base.

A330.8

$MgO(s) + 2\ H_3O^+(aq) + 2\ Cl^-(aq) \longrightarrow$
$\qquad Mg^{2+}(aq) + 2\ Cl^-(aq) + 3\ H_2O(l)$
Säure/Base-Reaktion (Säure: Hydronium-Ionen; Base: Oxid-Ionen aus dem Magnesiumoxid)

A332.1

Früher wurde oft herkömmliche Kernseife als Shampoo verwendet. Der alkalische pH-Wert der Seifenlösung lässt jedoch die Haarschuppen anquellen, wodurch die Haare anschließend stumpf wirken. Zusätzlich bildeten sich mit hartem Wasser weiße Kalkablagerungen auf dem Haar, was die stumpfe Erscheinung nochmals verstärkt.
Heutige Spülungen sind sauer, um die angequollene Schuppenschicht wieder zu glätten und somit das Haar glänzend zu machen. Früher wurden Zitronensäure oder Essig als Spülung verwendet, um dem Haar Glanz zu verleihen.

V332.1

Individuelle Lösung
Mögliche Versuchsdurchführung:

Materialien: Haarsträhnen, Haarfarbe, Spülung, Haartönung, pH-Papier.

Durchführung:
1. Prüfe zunächst den pH-Wert einer feuchten Haarsträhne mit pH-Indikatorpapier.
2. Gib die Haarfarbe auf eine Haarsträhne und lass die Farbe etwa 20 Minuten einwirken.
3. Spüle die Farbe anschließend gründlich mit Wasser aus und überprüfe erneut den pH-Wert.
4. Behandle die Haarsträhne anschließend mit der der Packung beigefügten Spülung (Kurmittel) und prüfe erneut den pH-Wert.
5. Wiederhole den Versuch mit einer Haartönung.

A332.2

Individuelle Lösung

V332.2

Individuelle Lösung
Mögliche Versuchsdurchführung:

Materialien: zwei Haarsträhnen, zwei Lockenwickler, Dauerwellflüssigkeit, Kamm, Haartrockner, Sprühflasche; Wasser.

Durchführung:
1. Drehe die angefeuchteten Haarsträhnen auf jeweils einen Lockenwickler. Besprühe eine der Haarsträhnen mit dem Dauerwellenpräparat.
2. Trockne das Haar mit einem Haartrockner.
3. Frisiere anschließend die Haare mit einem Kamm.
4. Sprühe Wasser auf die fertigen Locken.

Aufgaben:
a) Notiere deine Beobachtungen.
b) Prüfe die Locken auf ihre Haltbarkeit hin und vergleiche die Ergebnisse der Wasser- und Dauerwelle.

V332.3

Individuelle Lösung
Mögliche Versuchsdurchführung:

Materialien: Klemme, 3 Gewichte (10 g), 3 Haare, 3 Tropfpipetten, Indikatorpapier;
Natronlauge (2 $\frac{mol}{l}$, C), Dauerwellflüssigkeit.

Durchführung:
1. Befestige die Haare einzeln an der Klemme und bringe an jede Strähne ein Gewicht so an, dass alle Gewichte nachher auf gleicher Höhe hängen.
2. Gib mit Hilfe einer Pipette auf die erste Haarsträhne Wasser, auf die zweite Natronlauge und auf die dritte die Dauerwellflüssigkeit.
3. Prüfe den pH-Wert der drei Flüssigkeiten.

Aufgaben:
a) Notiere deine Beobachtungen.
b) Erkläre deine Beobachtungen mit Hilfe der pH-Werte, die du gemessen hast.

A334.1

pH-Wert: Maß für die Konzentration an Wasserstoff-Ionen und Hydroxid-Ionen in einer Lösung.
saure Lösung: pH <7
neutrale Lösung: pH = 7
alkalische Lösung: pH >7

pH = 1: $c(H^+) = 10^{-1} \frac{mol}{l}$ und $c(OH^-) = 10^{-13} \frac{mol}{l}$

pH = 7: $c(H^+) = c(OH^-) = 10^{-7} \frac{mol}{l}$

Neutralisation: Reaktion von Wasserstoff-Ionen mit Hydroxid-Ionen zu Wasser, exotherm.

Indikator: Farbstoff, der durch sine Farbe anzeigt, ob eine saure, eine neutrale oder eine alkalische Lösung vorliegt.

Titration: Verfahren zur Ermittlung der Stoffmengenkonzentration. Dabei tropft man eine Maßlösung genau bekannter Konzentration so lange zur Probelösung, bis ein zugesetzter Indikator umschlägt.

Säure (Protonendonator): Teilchen, die bei einer Reaktion Protonen abgeben.

Base (Protonenakzeptor): Teilchen, die bei einer Reaktion Protonen aufnehmen.

Säure/Base-Reaktion: Eine Reaktion, bei der eine Protonenübertragung zwischen BRÖNSTED-Säuren und BRÖNSTED-Basen stattfindet.

A334.2

Indikator	Färbung in saurer Lösung	Färbung in alkalischer Lösung
Phenolphthalein	farblos	rot
Bromthymolblau	gelb	blau
Universalindikator	rot	blau

A334.3

Salzsäure: $H^+(aq)$, $Cl^-(aq)$
Schwefelsäure: $H^+(aq)$, $HSO_4^-(aq)$, $SO_4^{2-}(aq)$
Natronlauge: $Na^+(aq)$, $OH^-(aq)$

A334.4

Mit steigender Wasserstoff-Ionenkonzentration sinkt der pH-Wert. Mit steigender Hydroxid-Ionenkonzentration steigt der pH-Wert.

A334.5

Die Lösung mit einem pH-Wert von 0 ist gefährlicher, da sie die tausendfache Konzentration an Wasserstoff-Ionen im Vergleich zur Lösung mit pH = 3 enthält.

A334.6

a) $H_3O^+(aq) + OH^-(aq) \longrightarrow 2\ H_2O(l)$; exotherm
   Säure   Base

Die Reaktion von Wasserstoff-Ionen mit Hydroxid-Ionen zu Wasser ist exotherm und somit erwärmt sich die Lösung.

b) Schwefelsäure ist eine zweiprotonige Säure, wohingegen Salzsäure eine einprotonige Säure ist. Unter gleichen Bedingungen, also vollständiger Neutralisation der Lösungen, reagieren bei der Schwefelsäure doppelt so viele Wasserstoff-Ionen mit Hydroxid-Ionen wie bei der Salzsäure. Daher muss die Temperatur auch stärker ansteigen.

A334.7

a) 27,2 ml Natronlauge ($c = 0,1 \frac{mol}{l}$) enthalten 2,72 mmol Hydroxid-Ionen, 20 ml Salzsäure enthalten somit 2,72 mmol Wasserstoff-Ionen:

$$c(H^+) = \frac{2{,}72\ mmol}{20\ ml} = 0{,}136\ \frac{mol}{l}$$

$$c(HCl) = 0{,}136\ \frac{mol}{l}$$

Es können Fehler beim Ablesen des Volumens an der Bürette entstanden sein. Zusätzlich kann das überführte Volumen mittels Pipette fehlerbehaftet sein. Der Endpunkt der Titration könnte nicht richtig erkannt worden sein.

b) Von 20 ml Schwefelsäure ($c = 0,1 \frac{mol}{l}$) werden 4 mmol Wasserstoff-Ionen abgegeben.
25 ml Natronlauge enthalten somit 4 mmol OH^--Ionen:

$$c(OH^-) = \frac{4\ mmol}{25\ ml} = 0{,}16\ \frac{mol}{l}$$

$$c(NaOH) = 0{,}16\ \frac{mol}{l}$$

c) 5,3 ml Salzsäure ($c = 0,01 \frac{mol}{l}$) enthalten 0,053 mmol Wasserstoff-Ionen, 20 ml Calciumhydroxid-Lösung enthalten somit 0,053 mmol Hydroxid-Ionen:

$$c(OH^-) = \frac{0{,}053\ mmol}{20\ ml} = 0{,}00265\ \frac{mol}{l}$$

$$c(Ca(OH)_2) = 0{,}001325\ \frac{mol}{l}$$

$$M(Ca(OH)_2) = 74\ \frac{g}{mol}$$

$n(Ca(OH)_2) = 0{,}001325 \frac{mol}{l} \cdot 0{,}02 \, l = 0{,}0000265 \, mol$

$m(Ca(OH)_2) = 0{,}0000265 \, mol \cdot 74 \frac{g}{mol}$
$= 1{,}961 \, mg \, Calciumhydroxid$

A334.8

a) $H_3O^+(aq) + NO_3^-(aq) + K^+(aq) + OH^-(aq) \longrightarrow$
   Säure   Base
$K^+(aq) + NO_3^-(aq) + 2\,H_2O(l)$

b) Säure/Base-Reaktion nach BRÖNSTED:
$H_3O^+(aq)$ = Protonendonator
$OH^-(aq)$ = Protonenakzeptor

A334.9

a)–c) Die fetthaltigen Absonderungen der Talgdrüsen bilden zusammen mit Schweiß einen feinen Flüssigkeitsfilm auf der Haut. Dieser besitzt einen pH-Wert von 5,5 und kann somit Bakterien und Pilze abwehren. Dadurch werden Infektionen verhindert.

d) Ein pH-Wert von 5,5 wird als hautneutral bezeichnet.

A334.10

Verdünnte Essigsäure leitet den elektrischen Strom, da positiv geladene Wasserstoff-Ionen und negativ geladene Säurerest-Ionen in der Lösung vorliegen. Reine Essigsäure besteht aus elektrisch neutralen Molekülen.

A334.11

a) Ein mögliches Mittel zur Beseitigung von Kalkablagerungen ist Essigsäure. Dabei läuft folgende Reaktion ab:
$2\,HAc(aq) + CaCO_3(s) \longrightarrow CaAc_2(aq) + CO_2(g) + H_2O(l)$

b) Laugen sind stark ätzend und können durch Kontakt mit der Haut oder den Augen zu schmerzhaften Verletzungen oder zum Verlust des Sehvermögens führen. Daher sollte man als Vorsichtsmaßnahme Gummihandschuhe und eine Schutzbrille tragen.

c) Kalkablagerungen können am besten mit Säuren, fetthaltige Verunreinigungen am besten mit Laugen entfernt werden. Will man beide Verschmutzungen gleichzeitig durch die Verwendung einer Säure und einer Lauge entfernen, so findet auch eine Neutralisationsreaktion statt. Das entstehende Wasser besitzt für diese Verschmutzungen geringe Reinigungskraft, sodass die gleichzeitige Entfernung beider Verschmutzungen aufgrund der gleichzeitig ablaufenden Neutralisationsreaktion weniger erfolgreich sein wird.

A334.12

In einmolaren Lösungen von Salzsäure und Essigsäure liegen unterschiedliche Konzentrationen an Wasserstoff-Ionen vor:
In Salzsäure ist $c(H^+) = 1 \frac{mol}{l}$, in Essigsäure ist $c(H^+) \approx 0{,}001 \frac{mol}{l}$.
In der Salzsäure haben alle Chlorwasserstoff-Moleküle Wasserstoff-Ionen abgegeben, in der Essigsäure dagegen nur etwa jedes tausendste Molekül.

A334.13

a) Die Schuppenschicht der Haare liegt bei einem schwach sauren pH-Wert glatt und geschlossen vor. In stark saurer und alkalischer Lösung richten sich die Schuppen auf.

b)

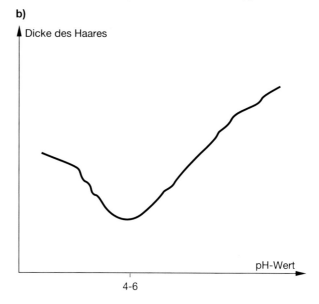

c) *Färben von Haaren:* das Aufstellen der Schuppenschicht bei alkalischen pH-Werten bewirkt, dass Öffnungen entstehen und somit die gewünschte Haarfarbe tief ins Haarinnere eindringen kann. Werden diese anschließend durch Behandlung mit einer schwach sauren Lösung wieder verschlossen, wird die Farbe eingeschlossen und die Haltbarkeit des Farbergebnisses garantiert.
Dauerwelle: Die Haare werden auf Lockenwickler gedreht und anschließend mit einem schwach alkalischen Wellmittel behandelt. Dadurch wird die Struktur der Haare angegriffen (Disulfid-Brücken gebrochen) und die Haare verlieren ihre ursprüngliche Form. Bei der anschließenden Behandlung mit einem schwach sauren Fixiermittel wird die Struktur der Haare wieder gefestigt und zwar in der Form, wie sie um die Lockenwickler gedreht sind. Der saure pH-Wert bewirkt, dass die Schuppenschicht geschlossen wird und somit das Haar wieder in einer widerstandfähigen Form vorliegt.

A335.1

a) Mineralwasser ohne Kohlensäure und Kräutertees bewirken, dass der Magensaft verdünnt und zurückgespült wird.

b) Das in Antacida enthaltene Calciumcarbonat neutralisiert die Salzsäure:
$CaCO_3 + 2\,HCl \longrightarrow CaCl_2 + H_2O + CO_2$

c) Bei Überdosierung oder längerer Anwendung kann es passieren, dass zu viel Salzsäure neutralisiert wird. Die Salzsäure im Magen spielt jedoch eine wichtige Rolle für die Verdauung und muss daher ausreichend vorhanden sein.

A335.2

a)

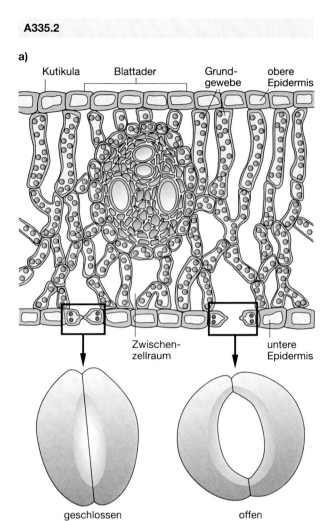

Kutikula, Blattader, Grundgewebe, obere Epidermis, Zwischenzellraum, untere Epidermis

geschlossen — offen

b)

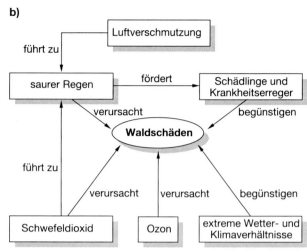

c) Sind die Bäume beispielsweise durch Schadstoffe (saurer Regen) bereits geschwächt, können Schädlingsbefall oder ungünstige Witterungsverhältnisse lebensbedrohlich für sie sein.

22 Kraftstoffe – begehrte Ressourcen

A338.1

Erdöl ist aus Überresten von Meereslebewesen (Plankton u. Ä.) entstanden, die zuvor Biomasse durch Fotosynthese aufgebaut hatten. Bei der Fotosynthese werden mit Hilfe von Sonnenlicht energiereiche Stoffe erzeugt. Die Sonnenenergie ist in diesen Stoffen in chemischer Form gespeichert.

A338.2

Erdgas wird hauptsächlich über lange Rohrleitungen (Pipelines), teilweise auch verflüssigt mit Schiffen nach Deutschland transportiert. Der überwiegende Teil des in Deutschland genutzten Erdgases kommt aus Russland.

A338.3

vereinfachte Darstellung:

Kohlenstoffdioxid aus der Luft ⇒ Plankton ⇒ Zersetzung ⇒ **Erdöl** ⇒ Förderung und Verbrennung ⇒ Kohlenstoffdioxid ⇒ ...
Die Bildung des Öls aus Überresten der Meereslebewesen dauert mehrere Millionen Jahre, sodass heute Kohlenstoffdioxid freigesetzt wird, das vor vielen Millionen Jahren aus der Luft entfernt wurde.

Kohlenstoffdioxid aus der Luft ⇒ Rapspflanzen ⇒ Rapssamen mit **Rapsöl** ⇒ Ernte und Ölgewinnung ⇒ Verbrennung ⇒ Kohlenstoffdioxid ⇒ ...
Die Entfernung des Kohlenstoffdioxids aus der Luft und die Bildung des Rapsöls dauern eine Wachstumsperiode der Pflanzen, also weniger als ein Jahr. Bei der Verbrennung des Rapsöls (oder Biodiesels) wird also Kohlenstoffdioxid freigesetzt, das erst kurz zuvor gebunden wurde. Dadurch bleibt die Kohlenstoffdioxidmenge in der Luft praktisch konstant.

Fossile Brennstoffe (Kohle, Erdgas, Erdöl) sind in geologischer Vorzeit aus Abbauprodukten abgestorbener Pflanzen und Tiere entstanden.
Regenerative oder erneuerbare Brennstoffe stammen aus Quellen, die sich in kurzer Zeit von selbst erneuern oder deren Nutzung nicht zur Erschöpfung der Quelle beiträgt. Es handelt sich hierbei um nachhaltig zur Verfügung stehende Ressourcen (Wasserkraft, Wind- und Sonnenenergie).

A339.1

Durch fraktionierte Destillation wird ein Gemisch in einem Destillationsvorgang in verschiedene Anteile (Fraktionen) zerlegt. Hierzu verwendet man eine Destillationskolonne. Das ist eine aufrecht stehende Röhre, die in Böden unterteilt ist. Die Dämpfe des Gemischs steigen in der Kolonne auf und kondensieren je nach ihrer Siedetemperatur in verschiedener Höhe. Im unteren Bereich verflüssigen sich die Anteile mit höherer Siedetemperatur, weiter oben kondensieren die niedriger siedenden Anteile.

A339.2

Bei einer Vakuumdestillation wird in der Destillationsapparatur ein Unterdruck (Vakuum) erzeugt. Dadurch erniedrigt sich die Siedetemperatur, sodass auch Stoffe unzersetzt destilliert werden können, deren Siedetemperatur bei normalem Luftdruck zu hoch wäre.

A339.3

Methan, Ethan, Propan, Butan

A339.4

Unter dem Begriff Petrochemie fasst man die Zweige der organisch-chemischen Technik zusammen, die Erdöl, Erdgas und die daraus gewonnenen Primärprodukte (z. B. Rohbenzin und Flüssiggase) als Ausgangsstoffe verarbeiten.

A339.5

Bitumen ist wasserundurchlässig. Der Anstrich verhindert, dass Wasser in das Mauerwerk eindringt.

A340.1

Bei den gesättigten Kohlenwasserstoffen liegen zwischen den C-Atomen nur Einfachbindungen vor, während bei ungesättigten Kohlenwasserstoffen auch C/C-Mehrfachbindungen auftreten.

A340.2

Methyl-Gruppe CH_3-
Ethyl-Gruppe C_2H_5-
Propyl-Gruppe C_3H_7-
Butyl-Gruppe C_4H_9-
allgemeine Formel der Alkyl-Gruppe: $(C_nH_{2n+1})-$

A342.1

CH₃−CH₂−CH₂−CH₂−CH₂−CH₂−CH₃
n-Heptan

CH₃−CH(CH₃)−CH₂−CH₂−CH₂−CH₃
2-Methylhexan

CH₃−CH₂−CH(CH₃)−CH₂−CH₂−CH₃
3-Methylhexan

CH₃−CH(CH₃)−CH(CH₃)−CH₂−CH₃
2,3-Dimethylpentan

CH₃−CH(CH₃)−CH₂−CH(CH₃)−CH₃
2,4-Dimethylpentan

CH₃−C(CH₃)(CH₃)−CH₂−CH₂−CH₃
2,2-Dimethylpentan

CH₃−CH₂−C(CH₃)(CH₃)−CH₂−CH₃
3,3-Dimethylpentan

CH₃−CH₂−CH(CH₂−CH₃)−CH₂−CH₃
3-Ethylpentan

CH₃−C(CH₃)(CH₃)−CH(CH₃)−CH₃
2,2,3-Trimethylbutan

Isomere des Heptans	Siedetemperatur in °C
n-Heptan	98
2-Methylhexan	90
3-Ethylpentan	93
3-Methylhexan	100
2,2-Dimethylpentan	78
2,3-Dimethylpentan	90
2,4-Dimethylpentan	80
3,3-Dimethylpentan	86
2,2,3-Trimethylbutan	81

A342.2

Die Form stark verzweigter Moleküle ist eher kugelförmig, sodass die Berührungsflächen zwischen den Molekülen kleiner sind als bei kettenförmigen Molekülen. Kleinere Berührungsflächen bewirken geringere Anziehungskräfte (VAN-DER-WAALS-Kräfte), sodass die Moleküle leichter voneinander getrennt werden können. Dadurch siedet der Stoff bei niedrigerer Temperatur, denn beim Sieden werden die Moleküle voneinander getrennt.

A342.3

Die vier Takte eines Verbrennungsmotors:
1. Ansaugen: Ein Gemisch aus Benzindämpfen und Luft (beim Ottomotor) oder nur Luft (beim Dieselmotor) wird in den Verbrennungsraum gesaugt. Der Kolben geht abwärts.
2. Verdichten: Das Gemisch beziehungsweise die Luft wird zusammengedrückt. Der Kolben geht aufwärts.
3. Arbeiten: Das Gemisch wird durch einen Funken der Zündkerze entzündet (beim Ottomotor) beziehungsweise es wird Dieselöl eingespritzt und entzündet sich an der heißen Luft (beim Dieselmotor). Die Abgase werden sehr heiß und dehnen sich aus. Der Kolben wird abwärts gedrückt.
4. Ausstoßen: Die Abgase werden herausgedrückt. Der Kolben geht aufwärts.

Klopfen (nur beim Ottomotor): Das Benzin-Luft-Gemisch entzündet sich bereits, bevor es von der Zündkerze gezündet werden soll. Die dabei entstehenden Explosionsgeräusche hört man als Klopfen oder Klingeln. Kolben und Lager erhalten dabei während der Aufwärtsbewegung einen Schlag nach unten, wodurch insbesondere die Lager stark beschädigt werden können.

A343.1

n-Pentan, 2-Methylbutan, 2,2-Dimethylpropan

A343.2

n-Pentan hat die gleiche Molekülformel wie 2,2-Dimethylpropan.

A343.3

CH₃−CH₂−CH(CH₂−CH₃)−CH₂−CH₃
3-Ethylpentan

CH₃−CH(CH₃)−CH(CH₂−CH₃)−CH₂−CH₂−CH₃
3-Ethyl-2-methylhexan

CH₃−C(CH₃)(CH₃)−CH₂−CH(CH₃)−CH₃
2,2,4-Trimethylpentan

CH₃−C(CH₃)(CH₃)−CH(CH₃)−CH(CH₂−CH₂−CH₃)−CH₂−CH₂−CH₃
2,2,3-Trimethyl-4-propylheptan

A343.4

−CH₂−CH₂−CH₃
n-Propyl-Gruppe

−CH(CH₃)(CH₃)
iso-Propyl-Gruppe

A343.5

a) 2,3-Dimethylhexan

b) 2,3,3,4-Tetramethylpentan

c) 3,4-Diethyl-2-methyl-4-*iso*-propylheptan

A344.1

Benötigt wird etwa doppelt so viel Benzin, wie im Erdöl enthalten ist und rund 1,5-mal so viel Dieselöl/Kerosin.
Da sich nur ein etwa halb so großer Anteil des Öls für Benzin (16 %) und 33 % für Dieselöl nutzen lässt, muss für jeden Liter Benzin rund doppelt so viel Rohöl eingesetzt werden. Das ist ein Grund dafür, dass Benzin teurer ist als Dieselöl.

A344.2

Rapsöl besteht aus unterschiedlich zusammengesetzten Triglyceriden, z. B. Glycerin-Diölsäure-Linolsäure-Ester. Diese Verbindung hat die Summenformel $C_{57}H_{101}O_6$ und eine molare Masse von 881 $\frac{g}{mol}$.
Hexadecan mit der Summenformel $C_{16}H_{34}$ besitzt eine molare Masse von 226 $\frac{g}{mol}$.
Das Rapsöl mit der größeren molaren Masse lässt sich nicht so leicht verdampfen wie Hexadecan, sodass insgesamt nach dem Verdampfen und Verbrennen ein geringerer Energieüberschuss entsteht als bei Hexadecan.

A344.3

Individuelle Lösung

A345.1

$C_{12}H_{26} \longrightarrow 2\ C_6H_6 + 7\ H_2$
Es muss noch Wasserstoff entstehen.

A345.2

Reforming (Umlagerung von Atomen im Molekül)

$CH_3-CH_2-CH_2-CH_2-CH_2-CH_2-CH_2-CH_3 \xrightarrow{Reforming}$

$$CH_3-\underset{\underset{CH_3}{|}}{\overset{\overset{CH_3}{|}}{C}}-CH_2-\underset{}{\overset{\overset{CH_3}{|}}{CH}}-CH_3$$

2,2,4-Trimethylpentan

A345.3

Individuelle Lösung
Trimethylpentan ist ein Octan-Isomer. Alle Octan-Isomere besitzen die Summenformel C_8H_{18}.

A345.4

Beispiel: Beim Cracken eines Dodekan-Moleküls in zwei Alkan-Moleküle bleibt ein Kohlenstoff-Atom übrig:

$C_{12}H_{26} \longrightarrow C_6H_{14} + C_5H_{12} + C$

Aus diesem Kohlenstoff besteht der Ruß.
Ruß wird durch Verbrennung an Katalysatorperlen in Kohlenstoffdioxid umgewandelt und dadurch aus der Crackanlage entfernt.

A346.1

Anmerkung: In der Tabelle der Bindungsenergien befindet sich ein Druckfehler. Die Angabe „839" gehört zur $C\equiv C$-Dreifachbindung.

Reaktionsgleichung: $C_3H_8 + 5\ O_2 \longrightarrow 3\ CO_2 + 4\ H_2O$
Lösen der Bindungen:
$C_3H_8 \longrightarrow 3\ C + 8\ H$ und $5\ O_2 \longrightarrow 10\ O$
2 C–C-Bindungen: $2 \cdot 348$ kJ = 696 kJ
8 C–H-Bindungen: $8 \cdot 415$ kJ = 3320 kJ
5 O=O-Doppelbindungen: $5 \cdot 498$ kJ = 2490 kJ
Insgesamt: 6506 kJ (pro Mol Propan)

Knüpfen neuer Bindungen:
6 C=O-Doppelbindungen: $6 \cdot (-804$ kJ$) = -4824$ kJ
8 O–H-Bindungen: $8 \cdot (-463$ kJ$) = -3704$ kJ
Insgesamt: –8528 kJ (pro mol Propan)

Energiebilanz:
6506 kJ + (–8528 kJ) = –2022 kJ
Bei der Verbrennung von einem Mol Propan werden 2022 kJ freigesetzt.

V347.1 Auswertung

a) Im Experiment wird ermittelt, wie viele Tropfen Benzin im optimalen Fall mit der Luft in einem Standzylinder reagieren, welches Volumen ein Tropfen besitzt und welches Luftvolumen in einen Standzylinder passt. Durch Umrechnung auf einen Liter Petrolether (Division durch das Volumen eines Tropfens in Liter) und auf das Luftvolumen in Liter (Multiplikation mit dem Volumen des Standzylinders in Liter) erhält man den gesuchten Wert.

b) Mit der Formel $m = \rho \cdot V$ erhält man durch Multiplikation des Volumens mit der Dichte die gesuchte Masse.

c) $C_5H_{12} + 8\ O_2 \longrightarrow 5\ CO_2 + 6\ H_2O$

d) Nach der Reaktionsgleichung müsste 1 mol Petrolether mit der Masse 72 g mit 8 mol Sauerstoff reagieren. Da die Luft rund 21 % Sauerstoff enthält, sind 8 mol Sauerstoff in ca. 38 mol Luft enthalten. 38 mol Luft nehmen ein Volumen von 914 Litern ein. 914 Liter Luft haben eine Masse von 1189 Gramm. Somit müsste jedes Gramm Petrolether bei der Verbrennung 16,5 Gramm Luft verbrauchen. Dieser Wert kann mit dem experimentell ermittelten aus Aufgabe b) verglichen werden.

e) Mit Hilfe eines Luftmassen-Messers wird die Masse der pro Kolbenhub angesaugten Luft ermittelt. Daraus errechnet ein Steuergerät die zugehörige Masse des Benzins und öffnet für eine bestimmte Zeit ein Einspritzventil. Die zur Luftmasse passende Benzinmenge wird dann in die Ansaugluft gespritzt und verdampft dort.
Nachträglich wird mit Hilfe einer Lambda-Sonde der Restsauerstoffgehalt im Abgas bestimmt und der aus der Luftmasse bestimmte Benzinwert korrigiert.

f) Benzin besitzt einen Siedebereich von 100 °C bis 140 °C und verdunstet daher bei Zimmertemperatur nicht so schnell wie Petrolether. In einer Versuchsreihe mit mehreren Experimenten nacheinander muss jedoch der zugefügte Brennstoff möglichst schnell verdunsten, um dann im Gemisch mit Sauerstoff aus der Luft verbrennen zu können.

A348.1

Individuelle Lösung

V349.2

a) Individuelle Lösung
Im Schülerversuch werden maximal 60 % des Heizwerts von Erdgas erreicht.

b) Der Heizwert von Biogas beträgt etwa 25 $\frac{MJ}{m^3}$ verglichen mit 34 $\frac{MJ}{m^3}$ für Erdgas. Der Unterschied kommt im Wesentlichen durch die Zusammensetzung von Biogas zustande: Unveredelt besteht es nur zu 50–70 % aus Methan. Neben Spuren von Schwefelwasserstoff, Stickstoff, Wasserstoff und Kohlenstoffmonooxid liegt Kohlenstoffdioxid als wichtigster Nebenbestandteil vor. Je höher der Methananteil im Biogas oder Erdgas, desto näher liegt der Heizwert an 50 $\frac{kJ}{g}$.

A350.1

$$C_8H_{18}(l) + 12\tfrac{1}{2}\,O_2(g) \longrightarrow 8\,CO_2(g) + 9\,H_2O(g)$$

A350.2

Ein Abgaskatalysator oxidiert unverbrannte Kohlenwasserstoffe zu Kohlenstoffdioxid und Wasser. Außerdem setzt er Kohlenstoffmonooxid mit Stickstoffoxiden um. Dabei entstehen Kohlenstoffdioxid und Stickstoff.

A350.3

Die Lambda-Sonde misst den Sauerstoffgehalt der Abgase und gibt den ermittelten Wert an einen Regler weiter.

A350.4

a) Bei zu hohem Sauerstoffgehalt im Kraftstoff/Luft-Gemisch steigt der Anteil an Stickstoffmonooxid an.

b) Bei zu geringem Sauerstoffgehalt nimmt der Anteil an Kohlenstoffmonooxid zu.

A352.1

Kraftstoffe: Substanzen, die in Verbrennungsmotoren verbrannt werden, um durch die frei werdende Wärmeenergie Bewegung zu erzeugen.

Kohlenwasserstoffe: Stoffe, deren Moleküle nur aus Kohlenstoff- und Wasserstoff-Atomen bestehen.

Methan, Propan, Octan: Kohlenwasserstoffe mit einem, drei bzw. acht Kohlenstoff-Atomen und den Summenformeln CH_4, C_3H_8 bzw. C_8H_{18}.

Isomere: Verbindungen mit gleicher Summenformel aber unterschiedlichen Strukturformeln.

Strukturformel: Darstellung eines Moleküls, die die Anordnung der Atome und deren Bindungen angibt.

Bioethanol: Ein Alkohol mit der Formel C_2H_5OH (Ethanol), der durch Vergärung von Zucker (Saccharose) aus Rüben oder Zuckerrohr gewonnen wird.

Biodiesel: Fettsäure-Methylester, der durch Umesterung von Rapsöl hergestellt und als Ersatz für Dieselöl eingesetzt wird.

Biogas: Gasgemisch, das überwiegend aus Methan besteht und durch Fermentation von Biomasse gewonnen wird.

Katalysator: Substanz, die die für eine chemische Reaktion notwendige Aktivierungsenergie verringert und dadurch die Reaktion beschleunigt.

A352.2

$$CH_3-\underset{\underset{CH_3}{|}}{\overset{\overset{CH_3}{|}}{C}}-CH_2-\overset{\overset{CH_3}{|}}{CH}-CH_3$$

2,2,4-Trimethylpentan

A352.3

3,3,5-Trimethylheptan
2,4-Dimethylheptan

A352.4

$$CH_3-\underset{\underset{CH_3}{|}}{\overset{\overset{CH_3}{|}}{C}}-\underset{\underset{CH_3}{|}}{\overset{\overset{CH_3}{|}}{C}}-CH_3$$

2,2,3,3-Tetramethylbutan

A352.5

Langkettige Moleküle besitzen größere Berührungsflächen als kurzkettige Moleküle gleicher Summenformel. Dadurch können sich stärkere Anziehungskräfte (VAN-DER-WAALS-Kräfte) zwischen den Molekülen ausbilden, sodass sich die Moleküle erst bei höheren Temperaturen voneinander trennen lassen. Die Siedetemperatur ist somit höher.

A352.6

In den heutigen Kohle-Revieren standen üppige Farnwälder; die heutigen Erdöl-Lagerstätten waren mit Meeren bedeckt, in denen kleine Meereslebewesen (Plankton) lebten.

A352.7

Benzin (Ottokraftstoff) ist ein Gemisch aus hochentzündlichen Kohlenwasserstoffen. Seine Moleküle sind überwiegend verzweigt und bestehen aus etwa 4–9 Kohlenstoff-Atomen. Typischer Vertreter ist das iso-Octan (2,2,4-Trimethylpentan).
Dieselöl ist ein Gemisch aus Kohlenwasserstoffen, dessen Moleküle im Wesentlichen kettenförmig aufgebaut sind und aus etwa 16 Kohlenstoff-Atomen bestehen. Typischer Vertreter ist das Cetan (Hexadecan).
Bioethanol ist chemisch identisch mit Ethanol (C_2H_5OH). Es kann in Ottomotoren verbrannt werden.
Biodiesel ist ein Fettsäureester des Methanols oder Ethanols und kann in Dieselmotoren verbrannt werden.

A352.8

Bei der einfachen Destillation steigt die Temperatur immer weiter an. Benzin siedet zuerst bei 30–150 °C, Petroleum bei 150–250 °C und zuletzt Schweröl bei 250–350 °C.

A352.9

Je nachdem, an welcher Stelle das Decan-Molekül zerbricht, kann man unterschiedliche Produkte erhalten. Dazu gehören:

Methan und Hepten:
CH_4 und $CH_2=CH-CH_2-CH_2-CH_2-CH_2-CH_3$

Ethan und Hexen:
CH_3-CH_3 und $CH_2=CH-CH_2-CH_2-CH_2-CH_3$

Ethen und Hexan:
$CH_2=CH_2$ und $CH_3-CH_2-CH_2-CH_2-CH_2-CH_3$

Propan und Penten:
$CH_3-CH_2-CH_3$ und $CH_2=CH-CH_2-CH_2-CH_3$

Propen und Pentan:
$CH_2=CH-CH_3$ und $CH_3-CH_2-CH_2-CH_2-CH_3$

Butan und Buten:
$CH_3-CH_2-CH_2-CH_3$ und $CH_2=CH-CH_2-CH_3$

A352.10

	Benzin	Dieselöl
a)	iso-Octan (2,2,4-Trimethylpentan)	Cetan (Hexadecan)
b)	$CH_3-\underset{\underset{CH_3}{\mid}}{\overset{\overset{CH_3}{\mid}}{C}}-CH_2-\underset{}{\overset{\overset{CH_3}{\mid}}{CH}}-CH_3$ 2,2,4-Trimethylpentan	$CH_3(-CH_2)_{14}-CH_3$
c)	kurzkettig u. verzweigt	langkettig u. unverzweigt

A352.11

a) z. B. Umwandlung von Undekan in Cyclohexan und 2,2-Dimethylpropan; vgl. dazu auch Schülerband Seite 345 unten

b) Langkettige unverzweigte Kohlenwasserstoff-Moleküle werden in kurzkettige verzweigte umgewandelt. Die so entstehenden Verbindungen sind leichter zu verdampfen und klopffester, sodass sie sich gut in Ottomotoren verbrennen lassen.

A352.12

a) $CH_4 + 2\ O_2 \longrightarrow CO_2 + 2\ H_2O$

b) Individuelle Lösung

A352.13

Kohlenstoff-Atome nehmen Sauerstoff-Atome aus den Wasser-Molekülen auf und bilden dadurch Kohlenstoffmonooxid. Von den Wasser-Molekülen bleibt Wasserstoff in Form von H_2-Molekülen zurück:

$C + H_2O \longrightarrow CO + H_2$

Kohlenstoffmonooxid und Wasserstoff sind brennbare Gase.

A352.14

Individuelle Lösung

A352.15

a) Eines der Verbrennungsprodukte ist Wasserdampf. Dieser kondensiert an der kalten Glaswand, sodass das Glas von innen beschlägt.
Während der Verbrennung wird der Sauerstoff der Luft im Glas verbraucht. Sobald nicht mehr genug Sauerstoff zur Verfügung steht, erlischt die Flamme.

b) Die Sauerstoff-Zufuhr muss unterbunden werden, z. B. mit einer Löschdecke, Sand, Kohlenstoffdioxid oder Löschschaum.

A352.16

a) Benzin verdunstet viel leichter als Dieselöl, sodass sich über der Benzinlache mehr brennbares Gas befindet als über einer Dieselöllache. Außerdem lässt sich Benzindampf bei einer niedrigeren Temperatur entzünden als Dieselöl (niedriger Flammpunkt). Aus beiden Gründen gilt Benzin als leichtentzündlich (F), Dieselöl nicht.

b) Vor dem Entzünden muss eine genügend hohe Konzentration von Dieselöldampf in der Luft sein. Das kann man z. B. erreichen durch Aufsaugen und Verdunsten mit Hilfe eines Dochtes, durch Erwärmen oder durch Versprühen zu einem feinen Nebel, aus dem das Öl schnell verdunstet.

A352.17

Biokraftstoffe werden aus Pflanzen gewonnen, aus denen auch Lebensmittel hergestellt werden können. So erzeugt man Bioethanol aus Zucker und Biodiesel aus Rapsöl. Durch einen hohen Verbrauch dieser Rohstoffe werden sie auf dem Weltmarkt knapper, sodass deren Preise steigen.

A353.1

a) *Anmerkung: Die Aufgabe enthält einen Druckfehler. Richtig muss es heißen: Formuliere eine Reaktionsgleichung für die Herstellung von Synthesegas, einem Gemisch aus Kohlenstoffmonooxid und Wasserstoff, aus Kohle und Wasserdampf.*

$C + H_2O \longrightarrow CO + H_2$

b) $CO + H_2O \longrightarrow CO_2 + H_2$

c) Beim Durchleiten durch Laugen wird das Kohlenstoffdioxid als Carbonat gebunden. So entsteht in Kalkwasser festes Calciumcarbonat, in Natronlauge gelöstes Natriumcarbonat.
Sinnvoll ist die Entfernung des Kohlenstoffdioxids, weil dieses Gas nicht brennbar ist und somit den Heizwert, also die aus jedem Liter gewinnbare Wärmeenergie des Gasgemisches, herabsetzt.

d) In Verbrennungsmotoren wird ein Kraftstoff-Luft-Gemisch im Motor verbrannt, in der Dampfmaschine einer Dampflok außerhalb des eigentlichen Bewegungsraumes des Kolbens. Im Verbrennungsmotor treiben daher die sich ausdehnenden Abgase der Verbrennung die Kolben, in der Dampfmaschine der Lok ist es heißer Wasserdampf.

A353.2

a) Butan hat eine Siedetemperatur von –0,5 °C. Das Butan verdunstet nicht und ist so nicht zündfähig.

b) Er kann es in seine Hosentasche stecken und warten, bis seine Körperwärme das Feuerzeug auf über 0 °C erwärmt hat.

c) Streichhölzer oder Benzinfeuerzeug

d) Propan hat eine Siedetemperatur von –42 °C. Bei tieferen Temperaturen verdunstet Propan nicht und kann so nicht entzündet werden.

e) Benzingeräte besitzen Generatoren, die unter Druck gesetzt werden (Pumpmechanismus) und durch Zerstäubung ein zündfähiges Benzin/Luft-Gemisch liefern. Durch die aufwendigere Bauweise sind sie teurer.

f) Das Benzin hat Umgebungstemperatur (–45 °C) und zerstört so die Haut. Flüssiges Wasser kann nie kälter als 0 °C sein.

g) Schlafsack mit Kunstfaserfüllung, Zeltstoff, Funktionsunterwäsche, Nylonseil, Ski, Sonnenbrille, Zeltgestänge

23 Elektrisch mobil

A355.1

a)

Minuspol: Ni/Ni^{2+}, Pluspol: Cu/Cu^{2+}

Diagramm: Minuspol (Ni) links, Pluspol (Cu) rechts, Motor (M) verbindet beide, Diaphragma in der Mitte. Ni^{2+}(aq), Cu^{2+}(aq), SO$_4^{2-}$(aq) in Lösung. Elektronen fließen vom Minuspol zum Pluspol.

Pluspol: Cu/Cu^{2+}
Minuspol: Ni/Ni^{2+}

b)
Pluspol: Cu^{2+}(aq) + 2 e$^-$ ---→ Cu(s) (Elektronenaufnahme)
Minuspol: Ni(s) ---→ Ni^{2+}(aq) + 2 e$^-$ (Elektronenabgabe)

Am Minuspol der galvanischen Zelle, dem Nickelblech, gehen aus dem metallischen Nickel zweifach positiv geladene Nickel-Ionen in Lösung. Dabei bleiben jeweils zwei Elektronen an der Elektrode zurück und fließen über den Verbindungsdraht zum Pluspol, dem Kupferblech. Dort nehmen gelöste, zweifach positiv geladene Kupfer-Ionen jeweils zwei Elektronen auf; es bildet sich elementares Kupfer.

A355.2

Die poröse Wand verhindert die Vermischung der beiden Salzlösungen, lässt aber den Austausch von Ionen zu und schließt daher den Stromkreis.

A356.1

$P = 100$ W $= 100$ V · A; $U = 220$ V
$P = U \cdot I$
Umstellen nach $I \rightarrow I = \dfrac{P}{U} = \dfrac{100 \text{ V} \cdot \text{A}}{220 \text{ V}} = 0{,}45$ A

A356.2

Hinweis: Im Schülerbuch fehlt bei dieser Aufgabe die Angabe für die Stromstärke bzw. Leistung. Nimmt man eine Stromstärke von $I = 0{,}2$ A an, so ergibt sich folgende Rechnung:

$t = 1$ h $= 60$ min $= 3600$ s
$U = 3$ V
$I = 0{,}2$ A
$E = U \cdot I \cdot t$
$E = 2160$ Ws

A356.3

Das internationale Größensystem SI (système international d'unités) ist ein metrisches, dezimales und aufeinander bezogenes Einheitensystem für physikalische Größen. Das SI beruht auf sieben festgelegten Basisgrößen mit den entsprechenden Basiseinheiten.

A357.1

Nach außen befindet sich ein Stahlgehäuse. Zusätzlich ist häufig eine Kunststofffolie aufgezogen, die beständig gegenüber auslaufendem Elektrolyt ist.

A357.2

Pulverförmiges Elektrodenmaterial hat eine deutlich größere Oberfläche als kompaktes Material und damit eine größere Reaktionsfläche.

A357.3

Mangandioxid ist preiswerter als Kupfer.

A357.4

Minuspol: Zn ---→ Zn^{2+} + 2 e$^-$
Pluspol: Ag$_2$O + H$_2$O + 2 e$^-$ ---→ 2 Ag + 2 OH$^-$

A357.5

Feuchtigkeit erhöht die Leitfähigkeit der Luft. Kühle Lagerung verlangsamt die chemischen Prozesse in der Batterie.

V358.1

a) Es ist eine Spannung messbar.

b) Kupfer bildet den Pluspol, Zink den Minuspol.

c) Die Zitrone ist das Reaktionsgefäß, der Saft dient als Elektrolyt.

V358.2

a) Es ist eine Spannung von 1,5 V messbar.

b) Den Pluspol bildet Mangandioxid, den Minuspol Zinkpulver.

c) Das Graphit-Pulver leitet den elektrischen Strom. Die Stärke dickt den Elektrolyten ein. Die Extraktionshülse verhindert die Vermischung der beiden breiartigen Massen, lässt aber den Austausch von Ionen zu und schließt daher den Stromkreis.

V358.3

a) Bei Durchführung 2 addiert sich die Spannung der einzelnen Batterien; die Stromstärke bleibt konstant.
Bei Durchführung 3 bleibt die Spannung konstant, während sich die Stromstärken addieren.

b) Bei Durchführung 2 werden die Elektronen in jeder der in Reihe geschalteten Batterien erneut „angetrieben". In einer Reihenschaltung werden alle Elemente vom selben Strom durchflossen; der Strom ist für alle Verbraucher identisch.
Bei Durchführung 3 gibt jede der parallel geschalteten Batterien Elektronen in den Stromkreis. An allen Elementen in der Reihenschaltung liegt die gleiche Spannung; die Ströme der Teilzweige addieren sich zum Gesamtstrom.

c) Eine 9 V-Blockbatterie enthält 6 Rundzellen, die in Reihe geschaltet sind. Ihre Einzelspannungen addieren sich so zur Gesamtspannung. Die Kapselung der Einzelzellen macht diesen Batterietyp auslaufsicherer, reduziert aber die Kapazität.

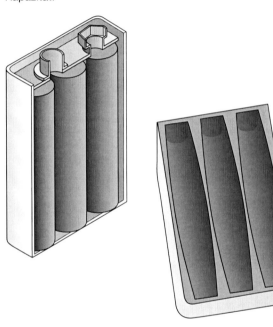

A360.1

Individuelle Lösung

A361.1

Pilotprojekte gibt es in vielen Bereichen. Vor allem in der Automobilindustrie gibt es viele Ansätze für die Verwendung von Wasserstoff beziehungsweise Erdgas in Brennstoffzellen. Aber auch bei der Kraft-Wärme-Kopplung in Blockkraftwerken kommt die Brennstoffzellentechnik zum Einsatz. Selbst in der Flugzeugtechnik werden Brennstoffzellen eingesetzt.

A362.1

Die Solarzelle enthält eine dünne n-dotierte Schicht und eine darunter liegende breite p-dotierte Schicht. Die n-Schicht bildet den negativen Pol und die p-Schicht den positiven Pol. Bei Lichteinstrahlung erzeugen die auf die n-Schicht auftreffenden Photonen Elektronen-Loch-Paare, die Löcher werden zum darunter liegenden p-Material beschleunigt und umgekehrt die Elektronen zum n-Kontakt.

V362.1

a) An beiden Elektroden ist eine Gasentwicklung zu beobachten. Nach einiger Zeit bemerkt man auch eine Erwärmung. Die Spannung nach dem Abschalten beträgt etwa 1 V.

b)
Kathode: $4 H_2O + 4 e^- \dashrightarrow 2 H_2 + 4 OH^-$
Anode: $4 OH^- \dashrightarrow O_2 + 2 H_2O + 4 e^-$

c)
Anode: $2 H_2 + 4 OH^- \dashrightarrow 4 H_2O + 4 e^-$
Kathode: $O_2 + 2 H_2O + 4 e^- \dashrightarrow 4 OH^-$

Hier laufen die Reaktionen in umgekehrter Richtung ab.

A364.1

DANIELLsche Zelle: eine galvanische Zelle, bei der das unedle Zink als Minuspol und das edlere Kupfer als Pluspol dient. Die beiden Reaktionsräume sind voneinander getrennt, aber über eine Salzbrücke leitend miteinander verbunden.

Galvanische Zelle: eine Vorrichtung zur spontanen Umwandlung von chemischer in elektrische Energie. Sie wird in Batterien (Primärbatterien) und Akkumulatoren (Sekundärbatterien) verwendet. Jede Kombination von zwei verschiedenen Elektroden und einem Elektrolyten bezeichnet man als galvanisches Element. Sie dienen als Gleichspannungsquellen.

Batterie: ein elektrochemischer Energiespeicher und Energiewandler. Bei der Entladung wird gespeicherte chemische Energie durch eine elektrochemische Redoxreaktion in elektrische Energie umgewandelt. Primärbatterien sind nicht wiederaufladbar.

Spannung: eine physikalische Größe, die aussagt, wie schnell die Elektronen durch einen elektrischen Leiter getrieben werden.

Stromstärke: eine physikalische Größe; die aussagt, wie viele Elektronen pro Zeiteinheit durch einen elektrischen Leiter fließen.

Brennstoffzelle: in einer Brennstoffzelle wird aus Wasserstoff und Sauerstoff Wasser synthetisiert. Das jeweilige Wasserstoffelektron wird dabei vor einer Membran abgespalten und fließt über einen elektrischen Leiter zur anderen Seite. Auf seinem Weg durch den elektrischen Leiter verrichtet das Wasserstoffelektron elektrische Arbeit. Das Wasserstoffproton gelangt durch die Membran und erhält auf der anderen Seite sein Elektron zurück.

Recycling von Batterien: durch Recycling gelangen wertvolle Stoffe wieder in den Produktionsprozess und gleichzeitig werden die Umweltbelastung und Gesundheitsbeeinträchtigung durch gefährliche Inhaltsstoffe von Batterien vermindert.

A364.2

Es tritt nur eine Spannung auf, wenn zwei Metalle mit unterschiedlich edlem Charakter verwendet werden. Das unedlere Metall dient dabei immer als Minuspol.

A364.3

a)

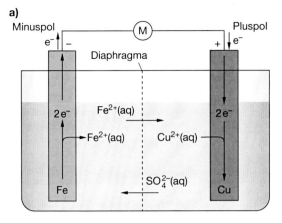

b) Eisen ist der Minuspol, da das Metall unedler ist, während das edlere Kupfer als Pluspol dient.

c)
Minuspol: Fe(s) ---→ Fe^{2+}(aq) + 2e$^-$
Pluspol: Cu^{2+}(aq) + 2e$^-$ ---→ Cu(s)

A364.4

Minuspol: Zn(s) ---→ Zn^{2+}(aq) + 2e$^-$
Pluspol: 2 MnO$_2$(s) + 2 H$_2$O + 2 e$^-$ ---→
2 MnO(OH)(s) + 2 OH$^-$(aq)

A364.5

a)
Minuspol: Zn(s) ---→ Zn^{2+}(aq) + 2e$^-$
Pluspol: 2 Ag$^+$(aq) + 2e$^-$ ---→ 2 Ag(s)

b) Die Elektronen werden von den Zink-Atomen direkt auf die in der Lösung befindlichen Silberionen übertragen. Auf dem Zinkblech scheidet sich elementares Silber ab.

c) Es kommt nicht zu einem Stromfluss, da die Elektronen direkt übertragen werden und nicht erst durch den elektrischen Leiter fließen müssen.

A364.6

Die Aussage ist falsch. Richtig wäre: die möglichen Redox-Reaktionen sind vollständig abgelaufen. Bei der Alkali-Mangan-Batterie haben zum Beispiel alle Mangandioxid-Teilchen zu Manganoxidhydroxid reagiert. Hier können also keine weiteren Elektronen aufgenommen werden.

A364.7

Elektrische Ladung kann durch Kondensatoren direkt gespeichert werden. Die Ladungsmengen sind aber begrenzt, da sich gleiche Ladungen stark abstoßen. Durch chemische Reaktionen kann elektrische Energie leicht und in großem Maße gespeichert werden. So „speichern" Wasserstoff-Ionen Elektronen bei der Elektrolyse und werden zu Wasserstoff-Molekülen. In der Brennstoffzelle läuft dieser Vorgang dann in die entgegengesetzte Richtung: Es werden wieder Elektronen freigesetzt. Entsprechend geben Hydroxid-Ionen Elektronen ab und die entstandenen Sauerstoff-Moleküle können wieder Elektronen aufnehmen.

A364.8

Mit sinkender Temperatur steigt die Viskosität von Flüssigkeiten. Da die Ionen so bei niedriger Temperatur langsamer wandern, erhält man auch eine geringere Stromstärke.

A364.9

Feuchtigkeit kann bei undichter Schutzhülle zu einer heftigen Reaktion mit dem Lithium führen.
Kinder könnten mit der Batterie genau die angegebenen Sicherheitshinweise nicht beachten.
Überhitzung der Batterie führt zu heftigen chemischen Reaktionen bis hin zum Entflammen der Batterie.
Ein Kurzschluss führt zu einer Schnellentladung und damit zum Überhitzen der Batterie.
Beim Öffnen kommt man mit dem Lithium in Kontakt, was zu einer Verätzung führen kann.
Der Versuch des Aufladens kann die beim Entladen abgelaufenen chemischen Reaktionen nicht umkehren. Der Ladestrom führt lediglich zu einer Überhitzung der Batterie.

A364.10

a), b) Fachmännisches Überbrücken einer Autobatterie – so empfiehlt es der ADAC (http://www.adac.de):
1. Zündung sowie alle Stromverbraucher bei beiden Fahrzeugen ausschalten.
2. Mit dem roten Starthilfekabel die Pluspole der beiden Batterien verbinden.
3. Ein Ende des schwarzen Kabels am Minuspol der Spenderbatterie befestigen.
4. Das andere Ende des schwarzen Kabels mit einem Massepunkt des Pannenautos verbinden (z. B. ein Metallteil im Motorraum oder der Motorblock selbst). *Hinweis:* Das Kabelende darf nicht direkt am Minuspol der Empfängerbatterie angeschlossen werden.
5. Darauf achten, dass die Kabel nicht in den Bereich des Kühlerventilators oder des Keilriemens gelangen können.
6. Den Motor des Spenderfahrzeugs starten.
7. Anschließend das Pannenfahrzeug starten und den Motor laufen lassen.
8. Vor dem Abklemmen des Minuskabels sollte am liegengebliebenen Fahrzeug ein großer Stromverbraucher (z. B. beheizbare Heckscheibe oder Scheinwerfer) eingeschaltet werden, um Spannungsspitzen in der Bordelektrik zu vermeiden.
9. Starterkabel vollständig abklemmen (erst schwarz (minus), dann rot (plus)). Nach erfolgreichem Startversuch sollte man möglichst eine längere Stecke fahren, da sich der Akku so am besten auflädt.

A365.1

a) *Minuspol:* Pb(s) + SO$_4^{2-}$(aq) ---→ PbSO$_4$(s) + 2 e$^-$

b) *Pluspol:* PbO$_2$(s) + 4 H$^+$(aq) + 2 e$^-$ + SO$_4^{2-}$(aq) ---→
PbSO$_4$(s) + 2 H$_2$O

c) Da bei der Reaktion Wasser entsteht, wird die Schwefelsäure verdünnt. Noch stärker wirkt sich allerdings aus, dass bei der Entladung Schwefelsäure verbraucht wird.

d)
Minuspol: $PbSO_4(s) + 2\,e^- \dashrightarrow Pb(s) + SO_4^{2-}(aq)$
Pluspol: $PbSO_4(s) + 2\,H_2O \dashrightarrow$
$\qquad\qquad PbO_2(s) + 4\,H^+(aq) + 2\,e^- + SO_4^{2-}(aq)$

e)
Minuspol Ladung: Reduktion und Elektronenaufnahme
Minuspol Entladung: Oxidation und Elektronenabgabe
Pluspol Ladung: Oxidation und Elektronenabgabe
Pluspol Entladung: Reduktion und Elektronenaufnahme

f) Bei sachgerechter Behandlung können Akkus mehrmals wieder aufgeladen werden, dadurch werden sie billiger und umweltverträglicher als normale Batterien. Ein Akku kann aufgeladen werden; eine normale Batterie muss ausgetauscht werden. Diese Maßnahmen können unterschiedlich aufwendig sein. So ist eine Taschenlampenbatterie viel leichter zu ersetzen als eine Autobatterie.

g) Individuelle Lösung

A365.2

a) Der 6V-Akku besteht aus 3 Einzelzellen, während der 12V-Akku aus 6 Einzelzellen besteht.

b) Früher enthielten die Starterbatterien flüssige 38%ige Schwefelsäure. Das Wasser konnte mit der Zeit verdunsten, wurde zum Teil aber auch beim Laden in Wasserstoff und Sauerstoff zerlegt, was zum „Gasen" des Akkus führte. Heute ist der Elektrolyt eingedickt und die Einzelkammern dicht verschweißt. Lediglich ein Überdruckventil gleicht einen eventuell auftretenden Gasdruck aus.

c) Destilliertes Wasser enthält keine Fremdionen, die mit der Schwefelsäure oder den Bleielektroden unerwünscht reagieren könnten.

d) Alle chemischen Reaktionen laufen bei niedrigeren Temperaturen verlangsamt ab.

e) Die Säuredichte ist ein Maß für den Ladezustand des Akkus. Sie beträgt bei vollem Akku ca. $1{,}28\,\frac{g}{cm^3}$ (100 % Ladung) und bei entladenem Akku $1{,}10\,\frac{g}{cm^3}$ (Tiefentladung). Bei niedriger Elektrolytdichte haben sich auf den Elektroden stärkere Verbünde aus Bleisulfat-Kristallen gebildet, die die reaktive Oberfläche der Elektroden verringern.

24 Zucker, Alkohol und Essig

A367.1

Mit Hilfe des Chlorophylls wird in Pflanzen die Energie des Sonnenlichtes genutzt, um Kohlenstoffdioxid und Wasser in Zucker umzuwandeln, wobei Sauerstoff freigesetzt wird. Tiere und Menschen nehmen mit der Nahrung Zucker auf und verrichten Arbeit unter Abgabe von Wärme, Kohlenstoffdioxid und Wasser.

A367.2

$CuSO_4 \cdot 5\,H_2O$ ist eine fachspezifische Schreibweise in der Chemie, die deutlich macht, dass in der Ionenverbindung kristallisiertes Kupfersulfat, im einfachsten Fall ein Kupfer-Kation und ein Sulfat-Anion, sowie fünf Wasser-Moleküle im Kristallgitter eingebaut sind. Die allgemeine Molkülformel der Kohlenhydrate ist nur eine andere Schreibweise einer Summenformel (LEWIS-Formel).

V368.1

a) Im Gärbehälter bilden sich Gasbläschen. Dieses Gas entweicht über das Gärrohr und durchströmt dabei das Kalkwasser. Das Kalkwasser trübt sich durch einen weißen Niederschlag.

b) Ansatz ohne Hefe: keine oder stark verzögerte Gärung (Saft vor dem Ansatz abkochen)

V368.2

a) Es setzt eine lebhafte Gasentwicklung ein, die im Laufe der Zeit langsam nachlässt Das gebildete Gas ist geruch- und farblos. Das Kalkwasser im Gärröhrchen trübt sich.

b) Unter den Bedingungen des V2 wiederholt man den Versuch mit unterschiedlichen Konzentrationen an Glucoselösung, wobei alle anderen Faktoren konstant gehalten werden.

c) Ab circa 15 % Alkoholgehalt wird die Gärung gestoppt, da unter diesen Bedingungen die Hefe nicht mehr wirkt. Die Gärung läuft am optimalsten mit einer circa 20%igen Glucoselösung bei etwa 40 °C ab.

V368.3

Individuelle Lösung

A369.1

Weintrauben werden in einer Mühle zerkleinert und kalt gepresst. Anschließend wird der so gewonnene Traubensaft unter Zusatz von Weinhefe vergoren. Die Enzyme von Hefepilzen setzen Traubenzucker zu Alkohol und Kohlenstoffdioxid um.

A369.2

Die molare Masse des Alkohols errechnet sich aus der Addition der atomaren Massen der beteiligten Atome des Ethanols:
$$M(C_2H_5OH) = 2 \cdot M(C) + 6 \cdot M(H) + 1 \cdot M(O)$$
$$= 24\,\tfrac{g}{mol} + 6\,\tfrac{g}{mol} + 16\,\tfrac{g}{mol} = 46\,\tfrac{g}{mol}$$

A369.3

Nach einiger Zeit setzt die alkoholische Gärung ein. Dabei entwickelt sich Kohlenstoffdioxid. Durch die Entwicklung des Gases steigt der Druck in der Flasche stark an. In einer verschlossenen Flasche kann das gebildete Kohlenstoffdioxid nicht entweichen und die Flasche könnte platzen.

A369.4

Höhere Alkoholgehalte „vergiften" die Hefe.

A370.1

$$w = \frac{18{,}75}{0{,}6 \cdot 50\,\text{kg}} = 0{,}625\,‰$$

A370.2

$$w(\text{Alkohol im Blut}) = \frac{m(\text{Alkohol})\,(\text{in g})}{r \cdot m(\text{Körper})\,(\text{in kg})}$$

$m(\text{Alkohol}) = w(\text{Alkohol im Blut}) \cdot r \cdot m(\text{Körper})$

Alkoholabbau innerhalb einer Stunde:
$m(\text{Alkohol}) = 0{,}15\,‰ \cdot 0{,}7 \cdot 70\,\text{kg} = 7{,}35\,\text{g}$

Alkoholportion bei 0,5 Promille:
$m(\text{Alkohol}) = 0{,}5\,‰ \cdot 0{,}7 \cdot 70\,\text{kg} = 24{,}5\,\text{g}$

Gesamtportion:
$m(\text{Alkohol}) = 7{,}35\,\text{g} + 24{,}5\,\text{g} = 31{,}85\,\text{g}$

$\dfrac{V(\text{Bier})}{31{,}85\,\text{g}} \Rightarrow V(\text{Bier}) = 0{,}8\,\text{l}$

Die Berechnung basiert auf durchschnittlichen Erfahrungswerten bezogen auf verschiedene Personen. Die individuelle Abbaurate und Wirkung können so nicht erfasst werden. Sie müssen immer auf den jeweiligen Menschen und seine physiologischen Bedingungen bezogen werden.

A370.3

Es wird in allen Fällen von einer Mitschuld ausgegangen. Versicherungsleistungen werden ausgesetzt oder eingeschränkt.

A370.4

z. B.: Informationen aus Biologie-Lehrbüchern; Aufklärungsmaterialien der Bundeszentrale für gesundheitliche Aufklärung:
Bundeszentrale für gesundheitliche Aufklärung
Ostmerheimer Str. 220
51109 Köln
www.bzga.de

Die Informationen können sich auf Testreihen mit Probanden beziehen, deren eingeschränkte Reaktionsfähigkeit auch bei einem Blutalkoholgehalt von unter 0,5 ‰ nachgewiesen wird.

A370.5

Individuelle Lösung

A370.6

Individuelle Lösung
z. B.:
http://www.gbe-bund.de
http://www.bsi-bonn.de
http://www.eav.admin.ch

A370.7

Individuelle Lösung
z. B.:
http://www.infoset.ch/de/MainFrame.shtm?item=AlkAusland2

V371.1

a) Nach dem Einspritzen nimmt das Gasvolumen im Kolbenprober langsam zu. Bei etwa 38 ml bleibt das Volumen konstant. Nach dem Druckausgleich mithilfe des Manometers kann man ein Volumen von knapp 40 ml ablesen.

b) Berechnung mit dem gemessenen Gasvolumen analog zum Rechenbeispiel auf Seite 371 im Schülerband

c) Mit dem kleinen Volumen ist das vollständige Verdampfen des Ethanols gewährleistet.

d)
$$n(\text{Ethanol}) = \frac{m(\text{Ethanol})}{M(\text{Ethanol})} = \frac{0{,}1 \text{ g}}{46 \frac{\text{g}}{\text{mol}}} = 0{,}002 \text{ mol}$$

$$V(\text{Ethanol}) = n(\text{Ethanol}) \cdot V_m = 0{,}002 \text{ mol} \cdot 24 \frac{\text{l}}{\text{mol}} = 48 \text{ ml}$$

V371.2

Alkanol	Mischbarkeit mit Wasser	Mischbarkeit mit Heptan
Ethanol	*mischbar* Begründung: Die hydrophile OH-Gruppe bildet mit Wasser-Molekülen Wasserstoffbrückenbindungen aus.	*mischbar* Begründung: Der Alkyl-Rest bildet mit der Kohlenwasserstoff-Kette VAN-DER-WAALS-Bindungen aus.
Butan-1-ol	*wenig löslich* Begründung: Der hydrophobe Alkyl-Rest ist so lang, dass sich sein Einfluss bemerkbar macht.	*mischbar* Begründung: Der Alkyl-Rest bildet mit der Kohlenwasserstoff-Kette VAN-DER-WAALS-Bindungen aus.
Hexadecan-1-ol	*unlöslich* Begründung: Der Alkyl-Rest hat einen größeren Einfluss als die Hydroxy-Gruppe.	*mischbar* Begründung: Der lange Alkyl-Rest bildet mit der Kohlenwasserstoff-Kette VAN-DER-WAALS-Bindungen aus.

Butanol und Ethanol sind mischbar.

V371.3

a) Nur die Alkohole bilden mit der Ammoniumcer-IV-nitrat-Lösung eine klare orange-rote bis rote Verfärbung.

b) Ammoniumcer-IV-nitrat-Lösung ist ein Nachweismittel für Alkohole.

A373.1

Beispiel: 2-Methylpropan-2-ol: Die längste Kohlenwasserstoff-Kette bildet den Stammnamen: -propan. Weil es sich um einen Alkohol handelt, wird die Endung -ol angehängt. Vor der Endung, durch Bindestrich getrennt, gibt man durch eine Zahl an, an welches C-Atom der Hauptkette die Hydroxy-Gruppe gebunden ist.
Gibt es einen Alkyl-Rest als Seitenkette, dann steht dessen Name vor dem Stammnamen. Eine Zahl vor dem Alkyl-Rest bezeichnet die Stellung an der Hauptkette.

A373.2

$CH_3-CH_2-CH_2-CH_2-CH_2-OH$
Pentan-1-ol

$CH_3-CH_2-CH_2-CH(OH)-CH_3$
Pentan-2-ol

$CH_3-CH_2-CH(OH)-CH_2-CH_3$
Pentan-3-ol

$CH_3-CH_2-CH(CH_3)-CH_2-OH$
2-Methylbutan-1-ol

$CH_3-CH(CH_3)-CH_2-CH_2-OH$
3-Methylbutan-1-ol

$CH_3-CH_2-C(CH_3)(OH)-CH_3$
2-Methylbutan-2-ol

$CH_3-CH(CH_3)-CH(OH)-CH_3$
3-Methylbutan-2-ol

$CH_3-C(CH_3)_2-CH_2-OH$
2,2-Dimethylpropan-1-ol

A373.3

Im Propylalkohol-Molekül (Propan-1-ol) ist der Alkyl-Rest ein *n*-Propyl-Rest. Bei Isopropanol (Propan-2-ol) handelt es sich um einen sekundären Alkohol, die Hydroxy-Gruppe befindet sich am C-2-Atom.

A373.4

1. Der Alkyl-Rest kann bereits Isomerie aufweisen.
2. Die Hydroxy-Gruppe kann an C-Atomen mit einem, zwei oder drei Alkyl-Resten gebunden sein.

A373.5

$$CH_2=CH-CH_3 + H_2O \longrightarrow CH_3-\underset{\underset{}{}}{\overset{\overset{OH}{|}}{CH}}-CH_3$$
Propen → Propan-2-ol

$$CH_2=\underset{\underset{CH_3}{|}}{C}-CH_3 + H_2O \longrightarrow CH_3-\underset{\underset{CH_3}{|}}{\overset{\overset{OH}{|}}{C}}-CH_3$$
Isobuten → *tert*-Butanol

Es handelt sich um Additionsreaktionen.

A373.6

Folgende alkoholische Getränke unterliegen in der EU einer Verbrauchsteuer: Bier, Spirituosen, Schaumwein und Zwischenerzeugnisse (z. B. Sherry).

Bier: Die Steuer hängt vom Stammwürzegehalt ab.
Steuer für ein normales Bier: 0,09 Euro pro Liter

Spirituosen: 13,03 Euro pro Liter reinen Alkohols.
Das entspricht einer Steuer von 3,65 Euro für eine 0,7-Liter-Flasche bei einem Alkoholgehalt von 40 % Vol.

Schaumwein:
– 1,36 Euro pro Liter bei einem Alkoholgehalt von 6 % Vol und mehr. Das entspricht einer Steuer von 1,02 Euro für eine 0,75-Liter-Flasche.
– 0,51 Euro pro Liter bei einem Alkoholgehalt von weniger als 6 % Vol. Das entspricht einer Steuer von 0,38 Euro für eine 0,75-Liter-Flasche.

Wein: Für Wein wird in Deutschland keine Verbrauchsteuer erhoben.

A374.1

Unpolare Alkyl-Reste können mit Wasser-Molekülen keine Wasserstoffbrückenbindungen bilden und sind deshalb wasserabstoßend. Die polaren Hydroxy-Gruppen bilden dagegen mit Wasser-Molekülen Wasserstoffbrückenbindungen aus.

A374.2

Methanol löst sich in Wasser; der Alkyl-Rest ist klein, der Einfluss der polaren Hydroxy-Gruppe ist entscheidend. Heptanol ist dagegen unlöslich in Wasser. Entscheidend ist der lange unpolare Alkyl-Rest der Heptanol-Moleküle.

A374.3

Im Schema wird die Löslichkeit eines Alkanols mit langem Alkyl-Rest (Heptan-1-ol) mit der Löslichkeit eines Alkohols mit kurzem Alkyl-Rest (Ethanol) verglichen. Als Lösemittel stehen das unpolare, hydrophobe Heptan und das polare, hydrophile Wasser zur Verfügung.
Folgende Kernaussagen werden gemacht:
– Das unpolare Heptanol ist in unpolaren Lösemitteln löslich.
– Ethanol ist in unpolaren und polaren Lösemitteln löslich. Bei ihm treten die Alkyl-Reste mit unpolaren Molekülen beziehungsweise die Hydroxy-Gruppen mit Wasser-Molekülen in Wechselwirkung.

A374.4

Große Moleküle bilden stärkere VAN-DER-WAALS-Bindungen aus als kleine Moleküle. Die Differenz der molaren Massen zwischen Methan und Methanol beträgt nur 16 $\frac{g}{mol}$. Die Differenz zwischen den Siedetemperaturen beträgt aber über 220 °C. Der große Unterschied wird durch die Hydroxy-Gruppen der Methanol-Moleküle bewirkt, die Wasserstoffbrückenbindungen ausbilden. Von Methanol über Ethanol zu Decanol nehmen die VAN-DER-WAALS-Bindungen zu. Deshalb nähern sich die Siedetemperaturen langkettiger Alkanole den Siedetemperaturen vergleichbarer Alkane.

A375.1

$$CH_3-CH_2-CH_2-\underset{\underset{}{}}{\overset{\overset{C_2H_5}{|}}{CH}}-\underset{\underset{}{}}{\overset{\overset{OH}{|}}{CH}}-CH_3$$

A375.2

$$\overset{1}{CH_3}-\underset{\underset{OH}{|}}{\overset{\overset{CH_3}{|}}{\underset{}{C}^2}}-\overset{3}{CH_3}$$

Die C-Atome 1 bis 3 bilden den längsten Alkyl-Rest, einen Propyl-Rest: Stammname: -propan.
Die Hydroxy-Gruppe befindet sich am zweiten C-Atom: -propan-2-ol, die Endung -ol wird dem Stammnamen nachgestellt.
Die Seitenkette ist ein Methyl-Rest, der sich am zweiten C-Atom befindet, der Name der Seitenkette wird dem Stammnamen vorangestellt: 2-Methylpropan-2-ol.

A375.3

2-Methylpropan-2-ol: tertiäres C-Atom
Butan-2-ol: sekundäres C-Atom
2-Methylpropan-1-ol: primäres C-Atom

A375.4

Die Viskosität hängt davon ab, wie stark die zwischenmolekularen Bindungen sind. Je länger die Alkyl-Reste sind, desto stärker werden die VAN-DER-WAALS-Bindungen. Bei Alkanen nimmt deshalb die Viskosität mit der Länge der Alkyl-Reste zu. Das Gleiche gilt für Alkanole mit langen Alkyl-Resten.

A375.5

Methanol ist mit Wasser mischbar, weil Wasserstoffbrücken zwischen Wasser-Molekülen durch Wasserstoffbrücken zwischen Wasser-Molekülen und Methanol-Molekülen ersetzt werden können.

[Strukturformeln: Wasserstoffbrückenbindungen zwischen Wasser-Molekülen und zwischen Wasser- und Methanol-Molekülen]

A375.6

Der Alkyl-Rest bei 2-Methylpropan-2-ol ist annähernd kugelförmig. Die Berührungsfläche der Alkyl-Reste ist dadurch kleiner, die VAN-DER-WAALS-Bindungen sind schwächer, der Einfluss der Hydroxy-Gruppe ist größer als beim primären Butanol.

A375.7

schlecht löslich: Methanol
teilweise löslich: Ethanol, Propanole, 2-Methylpropan-2-ol
löslich: Butan-1-ol, Butan-2-ol, 2-Methylpropan-1-ol

A376.1

Bei den Molekülen des sekundären Alkohols ist die OH-Gruppe an ein sekundäres C-Atom gebunden. Die Moleküle des zweiwertigen Alkohols tragen jeweils zwei OH-Gruppen.

A376.2

An jedem C-Atom befindet sich eine OH-Gruppe. Die Alkohol-Moleküle können deshalb Wasserstoffbrückenbindungen zu Wasser-Molekülen ausbilden.

A376.3

ϑ_b (Propan-1-ol) = 97 °C
ϑ_b (Propan-1,2-diol) = 187 °C
ϑ_b (Propan-1,2,3-triol) = 290 °C

Mit der Zahl der OH-Gruppen steigt die Zahl möglicher Wasserstoffbrückenbindungen zwischen den Molekülen.

A376.4

a) vierwertiges Alkanol

$$HOCH_2-\underset{\underset{CH_2OH}{|}}{\overset{\overset{CH_2OH}{|}}{C}}-CH_2OH$$

b) Sorbit ist ein sechswertiges Alkanol, Pentaerythrit ein vierwertiges Alkanol. Die große Zahl an OH-Gruppen ermöglicht die Ausbildung vieler Wasserstoffbrückenbindungen. Aufgrund dieser starken zwischenmolekularen Kräfte handelt es sich um kristalline Feststoffe.

A377.1

Eigenschaften: glasklare, ölige Flüssigkeit, süßer Geschmack, schmilzt bei etwa 18 °C, siedet bei 290 °C, stark hygroskopisch
Verwendung: Feuchthaltemittel in Kosmetika, Zahnpasta, Stempelfarben, Tabakwaren; Lebensmittelzusatzstoff (E422) bei der Herstellung von Kaugummi; Frostschutzmittel; Bremsflüssigkeit; Weichmacher

A377.2

Glycerin-Moleküle besitzen je drei OH-Gruppen und können daher Wasserstoffbrückenbindungen zu den Wasser-Molekülen beziehungsweise Ethanol-Molekülen ausbilden.

A377.3

Glycerin ist aufgrund der stark polarisierten OH-Bindungen im Molekül nicht im unpolaren Heptan löslich.

A378.1

Die Gewinnung von Essigsäure aus Ethanol ist eine katalytisch gesteuerte Reaktion. Als Katalysatoren fungieren dabei Enzyme der Essigsäurebakterien.

A378.2

Bei der biotechnologischen Essigsäureherstellung wird Luft durch eine Verteilungsturbine in das Reaktionsgemisch eingeblasen, um eine bessere Durchmischung zu erzielen.

A378.3

Abbé ROZIER arbeitete mit einem definierten Volumen an Luft. Dieses verringerte sich im Verlauf der Essiggärung. Er schloss daraus, es seien Bestandteile der Luft notwendig.

A379.1

Essigsäure erstarrt bereits bei 17 °C zu einem festen Stoff, der gefrorenem Wasser ähnelt.

A379.2

Die polare Bindung zwischen dem Sauerstoff-Atom und dem Wasserstoff-Atom der Carboxyl-Gruppe ermöglicht die Abspaltung eines Protons und die Bildung eines Wasserstoff-Ions.

A379.3

Bei schwachen Säuren geben nur wenige Moleküle ein Proton ab. Die übrigen Säure-Moleküle liegen unverändert vor.

A379.4

In einer Essigsäure-Lösung liegen stets noch Essigsäure-Moleküle vor, die ihr Proton nicht abgegeben haben. Einige davon gelangen in den Gasraum oberhalb der Lösung und lösen die Geruchsempfindung aus.

A379.5

$2\ CH_3COOH\,(aq) + Mg\,(s) \longrightarrow Mg(CH_3COO)_2\,(aq) + H_2\,(g)$

A380.1

Ameisensäure ist der Trivialname für Methansäure. Diese Säure ist in den Giftdrüsen der Ameisen enthalten.

A380.2

Bei der Reaktion bildet sich Magnesiumacetat:

$2\ CH_3COOH\,(aq) + Mg\,(s) \longrightarrow Mg(CH_3COO)_2\,(aq) + H_2\,(g)$

A380.3

Bei essigsaurer Tonerde handelt es sich um Aluminiumdiacetat: $C_4H_7AlO_5$. Es entsteht bei der Reaktion von Natriumaluminat mit Essigsäure. Es wird in der Medizin aufgrund seiner antiseptischen Wirkung zur Wundbehandlung eingesetzt und enthält oft Weinsäure als Stabilisierungsmittel.

A380.4

$CaCO_3\,(s) + 2\ HCOOH\,(aq) \longrightarrow$
$Ca^{2+}\,(aq) + 2\ HCOO^-\,(aq) + CO_2\,(g) + H_2O\,(l)$

A380.5

$CH_3-CH_2-CH_2-CH_2-C\overset{\displaystyle \overline{O}|}{\underset{OH}{\diagup\!\!\!\diagdown}}$ Pentansäure

$CH_3-CH_2-\underset{CH_3}{\overset{|}{CH}}-C\overset{\displaystyle \overline{O}|}{\underset{OH}{\diagup\!\!\!\diagdown}}$ 2-Methylbutansäure

A381.1

Die Löslichkeit von Carbonsäuren wird von der Carboxyl-Gruppe und von dem Alkyl-Rest bestimmt. Die Carboxyl-Gruppe ist entscheidend für die Löslichkeit in Wasser und in anderen polaren Lösemitteln. Je größer der Alkyl-Rest ist, desto besser löst sich eine Carbonsäure in einem unpolaren Lösemittel.

A381.2

Ethansäure kann aufgrund ihres unpolaren Alkyl-Restes und der polaren Carboxyl-Gruppe mit dem unpolaren Lösemittel Heptan und dem polaren Lösemittel Wasser gemischt werden. Dagegen ist der Alkyl-Rest von Heptansäure so groß, dass sie trotz der Carboxyl-Gruppe nicht mit Wasser mischbar ist.

A381.3

Essigsäure bildet wie andere Carbonsäuren Doppelmoleküle, die nach außen hin unpolar sind:

$$R-C\underset{\overline{O}-H\cdots\overline{O}}{\overset{\overline{O}\cdots H-\overline{O}}{\diagup\!\!\!\diagdown}}C-R$$

Zwischen diesen größeren „Molekülen" herrschen relativ starke VAN-DER-WAALS-Bindungen, die für die hohe Siedetemperatur verantwortlich sind.

A381.4

Hexadecan ($\vartheta_m = 18{,}2\ °C$) ist ein Alkan. Zwischen den Alkan-Molekülen wirken nur VAN-DER-WAALS-Bindungen. Zwischen den Molekülen von Hexadecansäure ($\vartheta_m = 63\ °C$) wirken zusätzlich Wasserstoffbrückenbindungen.

A381.5

Der Universalindikator ändert seine Farbe kaum, denn Stearinsäure löst sich schlecht in Wasser. Außerdem ist Stearinsäure eine schwache Säure: Nur wenige Moleküle geben ihr H^+-Ion ab.

A381.6

Die Wasserlöslichkeit von Fettsäuren ist einerseits von der Anzahl der hydrophilen Carboxy-Gruppen und andererseits von der Kettenlänge des hydrophoben Alkylrestes abhängig. Daher nimmt die Wasserlöslichkeit der Fettsäuren mit Zunahme der Anzahl an Carboxyl-Gruppen und Abnahme der Kettenlänge des Alkylrestes zu.

A381.7

a) Fettsäuren unterscheiden sich in der Kettenlänge (Anzahl der C-Atome; Vorhandensein, Anzahl und Position von Doppelbindungen). Ungesättigte Fettsäuren werden als Struktur- und Baufett für die Zellmembranen benötigt und gelten als Fett mit positiven Auswirkungen auf den Organismus. Ungesättigte Fettsäuren beinhalten C=C-Doppelbindungen, im Gegensatz zu gesättigten Fettsäuren. Als

essentielle Fettsäuren können die ungesättigten Fettsäuren nicht vom menschlichen Körper selbst produziert werden. Daher ist es notwendig, diese über eine ausgewogene Ernährung aufzunehmen, zumal sie für den Körper lebensnotwendig sind.
Ungesättigte Fettsäuren beeinflussen den Stoffwechsel und wirken sich günstig auf den Cholesterinspiegel aus, wobei man einfach und mehrfach ungesättigte Fettsäuren unterscheidet.

b) Zu den essentiellen Fettsäuren zählen diejenigen Säuren, die Doppelbindungen an bestimmten Positionen tragen. Dies sind sogenannte Omega-n-Fettsäuren. Hierbei steht n für eine Zahl und beschreibt die Position einer der Doppelbindungen.
Neben den gesättigten und ungesättigten Fettsäuren gibt es noch eine weitere dritte Art der Fette, die Omega-3-Fettsäuren. Diese finden sich besonders in Seefisch, in Lein- und Rapsöl sowie in Nüssen. Werden diese mehrmals wöchentlich aufgenommen, schützen sie aufgrund ihrer entzündungshemmenden Wirkung die Körpermembranen und das Herz. Außerdem wirken sie sich positiv auf das Gehirn und die allgemeine Stimmung eines Menschen aus.

A382.1

In Rhabarber ist Oxalsäure enthalten. Diese Säure ist giftig, denn mit Calcium-Ionen bildet sich schwer lösliches Calciumoxalat. Dadurch kommt es zu einer Verstopfung der Nierenkanälchen.
Beim Kochen zersetzt sich Oxalsäure.

A382.2

K(OOC–CHOH–CHOH–COOH)

A382.3

$M(\text{Oxalsäure}) = 90 \frac{g}{mol}$

$m(\text{Oxalsäure}) = 0{,}9 \text{ g}$

$n(\text{Oxalsäure}) = \frac{m}{M} = \frac{0{,}9 \text{ g}}{90 \frac{g}{mol}} = 0{,}01 \text{ mol}$

$n(\text{H}^+\text{-Ionen}) = 0{,}02 \text{ mol}$

Neutralisation:
$n(\text{OH}^-\text{-Ionen}) = 0{,}02 \text{ mol}$

$c = \frac{n}{V}$

$V = \frac{n}{c} = \frac{0{,}02 \text{ mol}}{1 \frac{mol}{l}} = 0{,}02 \text{ l} = 20 \text{ ml}$

A383.1

NaHCO$_3$ + HOOC–CHOH–CHOH–COOH $\xrightarrow{\text{Wasser}}$ Na(OOC–CHOH–CHOH–COOH) + H$_2$O + CO$_2$

Natriumhydrogencarbonat + Weinsäure $\xrightarrow{\text{Wasser}}$ Natriumtartrat + Wasser + Kohlenstoffdioxid

A383.2

Individuelle Lösung
Konserven, die z. B. Paprika, Gurken, Rotkohl oder andere „sauer" eingelegte Gemüse enthalten, aber auch „haltbare" Lebensmittel wie z. B. Brot, Wurst, Käse und Fisch können organische Säuren als Konservierungsmittel enthalten.

A383.3

Individuelle Lösung
Abhängig vom zu konservierenden Lebensmittel werden unterschiedliche Verfahren angewendet: z. B. Trocknen, Räuchern, Einsalzen oder Einzuckern sowie Tränken mit konservierend wirkenden Substanzen (z. B. Einlegen in Alkohol oder Essig). Moderne Konservierungsmethoden sind das Tiefkühlen, die Hochdruckentkeimung und die Bestrahlung. Seit dem 19. Jahrhundert ist auch der physische Schutz der Konservendose bekannt.

A383.4

a) saure Sahne, Buttermilch, Quark, Joghurt, Kefir

b) Unterschiedliche Bakterienstämme (z. B. Milchsäurebakterien) können in einem Gärungsprozess beispielsweise Glukose in Milchsäure umwandeln.

c) Form, Farbe, Konsistenz, Geruch

A383.5

a), b) Die unbehandelten Obststücke werden nach einiger Zeit braun; die mit Zitrone beträufelten Hälften behalten weitestgehend ihre Farbe. Zitronensaft enthält Ascorbinsäure, die vor Oxidation schützt.

V384.1

a) Der pH-Wert liegt unter 3.

$$\underset{\text{Essigsäure}}{\text{H}_3\text{C–COOH}} \xrightarrow{\text{Wasser}} \underset{\text{Acetat-Ion}}{\text{H}_3\text{C–COO}^-} (aq) + \text{H}^+ (aq)$$

b)
$$2\,\text{H}_3\text{C–COOH} + \text{Mg} \longrightarrow 2\,\text{H}_3\text{C–COO}^- + \text{Mg}^{2+} + \text{H}_2$$

c) CH$_3$COOH(aq) + Na$^+$(aq) + OH$^-$(aq) $\longrightarrow$
CH$_3$COO$^-$(aq) + Na$^+$(aq) + H$_2$O(l)
  Natriumacetat   Wasser

V384.2

a) *Verbrauch an Natronlauge:*
V(Natronlauge) = 16,7 ml

$$c(\text{Essigsäure}) = \frac{0{,}1 \frac{\text{mol}}{\text{l}} \cdot 16{,}7 \text{ ml}}{20 \text{ ml}} = 0{,}0835 \frac{\text{mol}}{\text{l}}$$

Konzentration vor dem Verdünnen von 10 ml Lösung auf 100 ml Lösung:
$c(\text{Essigsäure}) = 0{,}835 \frac{\text{mol}}{\text{l}}$

b) $m(\text{Essigsäure}) = n(\text{Essigsäure}) \cdot M(\text{Essigsäure})$
$m(\text{Essigsäure}) = 0{,}835 \text{ mol} \cdot 60 \frac{\text{g}}{\text{mol}} = 50 \text{ g}$

Ein Liter Lösung der Dichte $\rho = 1 \frac{\text{g}}{\text{cm}^3}$ enthält 50 g Essigsäure. $\Rightarrow w = 5\%$

V384.3

a) V(Natronlauge) = 19 ml
$n(\text{OH}^-\text{-Ionen}) = c(\text{OH}^-\text{-Ionen}) \cdot V(\text{Natronlauge})$
$= 0{,}1 \frac{\text{mol}}{\text{l}} \cdot 0{,}019 \text{ l} = 0{,}0019 \text{ mol} = 1{,}9 \text{ mmol}$

b) *Neutralisation:*
in 20 g Jogurt: $n(\text{H}^+\text{-Ionen}) = n(\text{OH}^-\text{-Ionen}) = 1{,}9 \text{ mmol}$
in 100 g Jogurt: $n(\text{H}^+\text{-Ionen}) = 5 \cdot 1{,}9 \text{ mmol} = 9{,}5 \text{ mmol}$

c) $m(\text{Milchsäure}) = M \cdot n = 90 \frac{\text{mg}}{\text{mmol}} \cdot 9{,}5 \text{ mmol} = 855 \text{ mg}$

$w(\text{Milchsäure}) = \frac{0{,}855 \text{ g}}{100 \text{ g}} \cdot 100\% = 0{,}855\%$

A384.1

z. B. Salz, Zucker, Essig

A384.2

mögliche Vorgehensweise: Von Lebensmittelproben (Wurst, Brot, Obst, ...) werden Referenzansätze vorbereitet. Weitere Proben werden mit adäquaten Konservierungsmitteln (Früchte mit Zucker, Wurst mit Salz und Essig) versetzt, dabei kann auch mit verschiedenen Konzentrationsabstufungen gearbeitet werden.

A384.3

Individuelle Lösung

A386.1

Glucose: ein Kohlenhydrat; auch bekannt als Traubenzucker beziehungsweise Dextrose.
alkoholische Gärung: dabei wird Zucker mit Hilfe von Hefe zu Ethanol, Wasser und Kohlenstoffdioxid umgesetzt.
Ethanol: bekanntester Alkohol mit der Formel CH_3CH_2OH.
Hydroxy-Gruppe: funktionelle Gruppe der Alkanole.

primäre, sekundäre, tertiäre Alkohole: unterscheiden sich in der Stellung der Hydroxy-Gruppe im Molekül. Bei primären Alkoholen befinden sich neben der Hydroxy-Gruppe noch zwei, bei sekundären noch eines und beim tertiären keine H-Atome am selben C-Atom.

mehrwertige Alkohole: enthalten mehrere Hydroxy-Gruppen, dabei ist jeweils nur eine Hydroxy-Gruppe an ein C-Atom gebunden.

hydrophil, hydrophob: hydrophil bedeutet „wasseranziehend", hydrophob ist „wasserabstoßend".

lipophil, lipophob: lipophil ist „fettanziehend", lipophob heißt „fettabstoßend".

Essigsäure, Acetat: eine andere Bezeichnung für Essigsäure ist Ethansäure, ihre Salze heißen Acetate.

Alkansäuren, Carbonsäuren: als Carbonsäuren bezeichnet man organische Säuren, die eine oder mehrere Carboxy-Gruppen besitzen; Alkansäuren leiten sich von Alkanen ab.

Carboxy-Gruppe: funktionelle Gruppe (COOH-Gruppe).

Dicarbonsäure: enthält zwei Carboxy-Gruppen.

Hydroxycarbonsäure: Carbonsäure mit einer oder mehreren Hydroxy-Gruppen.

A386.2

Aufgrund der vielen Hydroxy-Gruppen in Zuckermolekülen können diese verstärkt Wasserstoffbrückenbindungen untereinander und im Lösemittel Wasser bilden. Dies begründet einerseits die relativ hohe Schmelztemperatur und andererseits die gute Wasserlöslichkeit.

A386.3

a), b)

Butan-1-ol (einwertig)
Butan-2,3-diol (zweiwertig)
Butan-1,2,3-triol (dreiwertig)
2-Methylpropan-2-ol (einwertig)

▫ primäres C-Atom
▪ sekundäres C-Atom
■ tertiäres C-Atom

A386.4

Alkohol, der noch Restwasser enthält, wird mit wasserfreiem Kupfersulfat versetzt und anschließend dekantiert oder filtriert.

A386.5

Ethandisäure (Oxalsäure):

```
  |O̅       O̅-H
    \\    //
     C - C
    /    \\
H-O̅       O̅|
```

Hydroxyessigsäure (Glycolsäure):

```
      H     O̅|
      |    //
 HO - C - C
      |    \\
      H     OH
```

A386.6

a) Obwohl das Ethanol sowohl eine deutlich kleinere Molekülmasse als auch eine kleinere Molekülgröße als das Hexan hat, ist die Siedetemperatur des Ethanols höher als die von Hexan. Begründet wird dies durch starke Wasserstoffbrückenbindungen zwischen Ethanol-Molekülen durch die Hydroxy-Gruppe und die relativ schwachen VAN-DER-WAALS-Wechselwirkungen zwischen Hexan-Molekülen.

b) Aufgrund der Faktorenkontrolle (nur eine Eigenschaft darf variiert werden) kann Ethanol nur mit dem Kohlenwasserstoff Ethan verglichen werden.

A386.7

a) Im Gegensatz zu der relativ kleinen Kohlenwasserstoff-Kette in der Propansäure überwiegen die hydrophoben Eigenschaften der relativ langen Kohlenwasserstoff-Kette in der Pentansäure.
Sowohl Propansäure als auch Pentansäure reagieren mit Natronlauge unter Bildung von Wasser und den entsprechenden Salzen der Carbonsäuren, die beide als Ionenverbindung gut wasserlöslich sind (Neutralisation).

b)
$C_2H_5COOH + NaOH \longrightarrow C_2H_5COONa + H_2O$

$C_4H_9COOH + NaOH \longrightarrow C_4H_9COONa + H_2O$

A386.8

a) 38 Vol.-% $\Rightarrow$ 1000 ml Weinbrand enthalten 380 ml Ethanol.

$m(\text{Ethanol}) = \rho(\text{Ethanol}) \cdot V(\text{Ethanol})$
$= 0{,}78 \, \frac{g}{cm^3} \cdot 380 \, cm^3 = 296{,}4 \, g$

b) Das Aräometer ist ein mit einer Dichteskala versehenes Glasrohr, das unten eine mit Bleischrot gefüllte Erweiterung hat. Mit dem Bleischrot wurde das Aräometer kalibriert. Beim Eintauchen in die Flüssigkeit stellt sich das Aräometer senkrecht. Die Eintauchtiefe hängt dabei von der Dichte der Flüssigkeit ab. Eine große Dichte führt zu einem großen Auftrieb, die Spindel taucht dann nicht so weit in die Flüssigkeit ein.

A386.9

Individuelle Lösung

A386.10

In der Vergangenheit wurde illegalerweise farb- und geruchloses Ethylenglykol aufgrund seiner Süße und als Geschmacksverstärker dem Wein zugesetzt, obwohl es in größeren Mengen aufgenommen zu Nierenschäden führt.
Als gut wasserlösliche Substanz führt es mit Wasser gemischt zu einer großen Schmelztemperaturerniedrigung und damit zur Gefriertemperaturerniedrigung.
Aufgrund seiner zwei Hydroxy-Gruppen kann es als stark polares Lösemittel eingesetzt werden.

A386.11

a) Spiritus mischt sich in jedem Verhältnis mit Wasser. Enthält die Mischung weniger als 50 % Spiritus, ist die Lösung nicht mehr brennbar.

b) Langkettige Alkohole sind wasserunlöslich und schwimmen auf dem Wasser. Wasserzusatz führt im ungünstigsten Fall zur Oberflächenvergrößerung und damit zur Verstärkung des Brandes.

A386.12

a) Ein Liter Bier (5 %) enthält 39 g Ethanol.

Berechnung für den Mann mit 90 kg:

$w(\text{Alkohol im Blut}) = \dfrac{m(\text{Alkohol}) \, (\text{in g})}{r \cdot m(\text{Körper}) \, (\text{in kg})} = \dfrac{39 \, g}{0{,}7 \cdot 90 \, kg}$
$= 0{,}62 \, ‰$

Innerhalb einer Stunde wurden 0,15 ‰ abgebaut. Der Alkoholgehalt beträgt somit 0,47 ‰.

Berechnung für den Mann mit 60 kg:
$w(\text{Alkohol im Blut}) = 0{,}93 \, ‰$
Alkoholgehalt nach einer Stunde: 0,78 ‰

b) Schon bei 0,4 ‰ ist die Reaktionszeit deutlich verlängert. Die Stimmung ist euphorisch, das heißt, dem Fahrer fehlt die notwendige Selbstkontrolle.

A386.13

a) Die entstehende Milchsäure führt zur starken Veränderung des pH-Wertes.

b) Bei tiefen Temperaturen laufen chemische Reaktionen deutlich langsamer ab (RGT-Regel).

c) Milchsäure wirkt konservierend.

A387.1

a) Der Alkoholgehalt eines Getränks wird vor allem durch seine Produktionsart bestimmt. So ist z. B. der Verlauf der alkoholischen Gärung von der Art und der Konzentration des Ausgangsstoffes und der Temperatur abhängig. Durch Destillationsverfahren („Brennen") kann man Getränke mit einem Alkoholgehalt von 98 % erhalten.

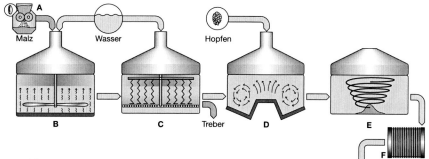

b)
A In der Schrotmühle wird das Malz gemahlen.
B In der Maischpfanne wird das geschrotete Malz mit Wasser versetzt und erhitzt.
C Im sogenannten Läuterbottich trennt man die festen Bestandteile der Maische, den Treber, von der Würze. Die Bierwürze enthält die wasserlöslichen Bestandteile, vor allem Malzzucker.
D In der Würzpfanne wird Hopfen zugegeben und die Mischung aufgekocht.
E Die erneute Filterung geschieht im Whirlpool.
F Die Bierwürze durchläuft einen Kühler.
G Im Gärtank wandelt die Hefe den Malzzucker in Ethanol und Kohlenstoffdioxid um.
H Nach Abschluss der Hauptgärung gärt das Jungbier einige Wochen in Lagertanks weiter.
I Reste von Hefe werden herausfiltriert.
J Das Bier wird in Fässer und Flaschen abgefüllt.

c)

$\overset{3}{C}H_3-\overset{2}{C}H_2-\overset{1}{C}H_2-OH$

Propan-1-ol

$\overset{1}{C}H_3-\overset{2}{\underset{OH}{\overset{H}{C}}}-\overset{3}{C}H_3$

Propan-2-ol

$\overset{4}{C}H_3-\overset{3}{C}H_2-\overset{2}{C}H_2-\overset{1}{C}H_2-OH$

Butan-1-ol

$\overset{4}{C}H_3-\overset{3}{C}H_2-\overset{2}{\underset{OH}{C}}H-\overset{1}{C}H_3$

Butan-2-ol

$\overset{3}{C}H_3-\overset{2}{\underset{H}{\overset{CH_3}{C}}}-\overset{1}{C}H_2-OH$

2-Methylpropan-1-ol

$\overset{1}{C}H_3-\overset{2}{\underset{OH}{\overset{CH_3}{C}}}-\overset{3}{C}H_3$

2-Methylpropan-2-ol (*tert*-Butanol)

$\overset{5}{C}H_3-\overset{4}{C}H_2-\overset{3}{C}H_2-\overset{2}{C}H_2-\overset{1}{C}H_2-OH$

Pentan-1-ol

$\overset{5}{C}H_3-\overset{4}{C}H_2-\overset{3}{C}H_2-\overset{2}{\underset{OH}{C}}H-\overset{1}{C}H_3$

Pentan-2-ol

$\overset{1}{C}H_3-\overset{2}{C}H_2-\overset{3}{\underset{OH}{C}}H-\overset{4}{C}H_2-\overset{5}{C}H_3$

Pentan-3-ol

$\overset{3}{C}H_3-\overset{2}{\underset{CH_3}{\overset{CH_3}{C}}}-\overset{1}{C}H_2-OH$

2-Dimethylpentan-1-ol

$\overset{4}{C}H_3-\overset{3}{\overset{CH_3}{C}}H-\overset{2}{C}H_2-\overset{1}{C}H_2-OH$

3-Methylpentan-1-ol

$\overset{4}{C}H_3-\overset{3}{\overset{CH_3}{C}}H-\overset{2}{\underset{OH}{C}}H-\overset{1}{C}H_3$

3-Methylpentan-2-ol

$\overset{1}{C}H_3-\overset{2}{\underset{OH}{\overset{CH_3}{C}}}-\overset{3}{C}H_2-\overset{4}{C}H_3$

2-Methylpentan-2-ol

$HO-\overset{1}{C}H_2-\overset{2}{\overset{CH_3}{C}}H-\overset{3}{C}H_2-\overset{4}{C}H_3$

2-Methylpentan-1-ol

d) Im Wesentlichen lässt sich unterscheiden, ob das Bier alkoholarm gebraut wird oder ob traditionell gebrautes Bier entalkoholisiert wird.

Um Bier mit geringem Alkoholgehalt zu brauen, kann eine andere Hefekultur verwendet werden. Eine weitere Möglichkeit ist, den Gärprozess zu beeinflussen, indem die Gärung bei sehr hohen oder tiefen Temperaturen betrieben wird. Die Gärung kann beim gewünschten Alkoholgehalt unterbrochen werden.

Soll traditionell gebrautem Bier der Alkohol entzogen werden, kann es unter Vakuum destilliert werden. Geschmacksschonender ist das Dialyseverfahren.

A387.2

a)

Stoff	Funktion
Citronensäure	Absäuerungsmittel zum Einstellen des pH-Werts von neutral beim Spülwasser bis zu alkalisch im Waschwasser
Ameisensäure	
Essigsäure	
Wasserstoffperoxid	flüssiges Bleichmittel auf Sauerstoff-Basis
Peressigsäure	flüssiges Bleichmittel
Natriumperborat	Pulverbleichmittel auf Sauerstoff-Basis
Chlorbleichlauge	flüssiges Bleichmittel auf Chlor-Basis und Desinfektion
Natronlauge	Waschkraftverstärker, verschiebt den pH-Wert in stärker alkalischen Bereich
Soda	
Natriummetasilikat	
Natriumbisulfitlösung	Reduktionsmittel, bindet Sauerstoff im Einspülwasser
Natriumdithionit	Entfärbung (Reduktionsmittel)
Oxalsäure	entfernt Rost
Salztabletten	Wasserenthärtung
diverse Fällungsmittel	Abwasserbehandlung durch Fällung/Flockung

b) $CH_3COOH\,(aq) + NaOH\,(aq) \rightarrow CH_3COONa\,(aq) + H_2O\,(l)$

c)

Essigsäure

Ameisensäure

Citronensäure

Abhängig vom Ergebnis der Recherche aus a) sind weitere Beispiele möglich. Bei dem hier angegebenen Beispiel:

Peressigsäure

Oxalsäure

d) Zitronensäure reagiert mit Natronlauge zu Wasser und Natriumcitrat.

Vorteile des Einsatzes von Zitronensäure:

Anwendersicherheit: kein Geruch, kein Gefahrstoff, temperaturunabhängig, gut zu lagern, leichte Gebindewechsel, Handdosierung möglich

Materialverträglichkeit: gegenüber Kunststoffen, Maschinenteilen, Pumpen, Schläuchen

kein Risiko im Störfall: defekte Schläuche

Textilvorteile: stabiler pH-Wert, Puffereigenschaften, Hautverträglichkeit, kein Risiko des Übersäuerns, Problemlöser bei hohen Carbonathärten (Wasserhärte), lässt sich einfach neutralisieren

Waschtechnik: Dosiergenauigkeit, Wiederverwendung des Spülwassers, dient als Komplexierungsmittel, Zusatz bei schlechter Wasserqualität

Abwasser: keine Abwasserproblematik

Wirtschaftlichkeit: niedrige Kosten pro Kilogramm Wäsche, geringer Verbrauch

25 Kunststoffe – designed by chemistry

A389.1

Makromoleküle sind Riesenmoleküle aus mehr als 1000 Atomen und einer molaren Masse von mehr als 10 000 $\frac{g}{mol}$.

A389.2

Traubenzucker ist der Grundbaustein, aus dem Cellulose aufgebaut ist. Traubenzucker und Cellulose können durch ihre physikalischen, chemischen oder auch biologischen Eigenschaften unterschieden werden. So hat Traubenzucker im Gegensatz zu Cellulose beispielsweise eine Schmelztemperatur von 146 °C, ist sehr gut in Wasser löslich und hat einen süßen Geschmack.

A390.1

$$H_3C-COOH + H_3C-OH \longrightarrow H_3C-COO-CH_3 + H_2O$$

A390.2

Bei Veresterungen wird Schwefelsäure als Katalysator zugesetzt, um das frei werdende Wasser zu binden und die Reaktion zu beschleunigen.

A390.3

Eine Polykondensation ist eine Reaktion, bei der viele Einheiten Wasser freigesetzt werden und ein Makromolekül, wie beispielsweise ein Polyester, gebildet wird. Diese Reaktion kann zwischen Dicarbonsäuren und Diolen bei der Bildung von Polyestern ablaufen.

A390.4

Bei der Reaktion zwischen Ethandiol und Terephthalsäure findet erst eine Kondensation zwischen einer Carboxy-Gruppe der Terephthalsäure und einer Hydroxy-Gruppe des Ethandiols statt, wobei ein Molekül Wasser freigesetzt wird. Die verbleibenden Hydroxyl-Gruppen und Carboxyl-Gruppen reagieren mit weiteren Terephthalsäure- beziehungsweise Ethandiol-Molekülen, wobei zuerst kurze und dann lange Molekülketten gebildet werden.

A390.5

Diolen® ist ein Markenname von Polyethylenterephthalat-Fasern. Andererseits sind Diole Moleküle mit zwei Hydroxyl-Gruppen, sogenannte zweiwertige Alkohole. Aus diesen Diolen lassen sich Polyester herstellen.

A391.1 oben

Im direkten Spritzgussverfahren ist es schwierig, die gleichmäßigen und dünnen Flaschenwände von PET-Flaschen zu erzeugen. Es muss sichergestellt werden, dass das geschmolzene Polymer alle Hohlräume der Flaschenform ausfüllt. Beim zweistufigen Verfahren wird erst eine kleine Form mit einer dicken Wandstärke hergestellt, die im zweiten Schritt auf die endgültige Größe und dünne Wandstärke gedehnt wird.

A391.2 oben

Individuelle Lösung

A391.1 unten

Weichmacher sind Moleküle, die Kunststoffen zugesetzt werden, um die Kunststoffe biegsam und dehnbar zu machen. Sie machen somit den Kunststoff weich.

A391.2 unten

Weichmacher werden eingesetzt, da die unbehandelten Kunststoffe in der Regel hart und spröde sind. Durch den Zusatz von Weichmachern werden die mechanischen Eigenschaften der Kunststoffe auf die jeweils geplante Anwendung maßgeschneidert.

A391.3

Der Kunststoffschlauch nimmt Teile des Lösemittels in sich auf. Daher quillt er und wird weich. Durch das überschüssige Lösemittel werden jedoch auch Weichmacher herausgelöst. Dadurch enthält der Schlauch nach dem Trocknen weniger Weichmacher und wird hart und spröde.

A392.1

a) Thermoplaste werden beim Erhitzen weich und viskos.
Duroplaste lassen sich nach dem Aushärten nicht thermoplastisch verformen. Sie zersetzen sich beim Erhitzen.
Elastomere geben äußerem Druck oder Zug nach, nehmen aber später ihre ursprüngliche Form wieder an.

b) Thermoplaste bestehen aus langkettigen Molekülen mit schwachen zwischenmolekularen Bindungen. Diese Bindungen lösen sich beim Erhitzen, sodass die Moleküle aneinander vorbeigleiten können.
Duroplaste bestehen aus räumlich vernetzten Makromolekülen. Die Vernetzungsstellen werden durch C–C-Einfachbindungen zusammengehalten. Diese Bindungen werden erst bei sehr starkem Erhitzen zerstört.
Elastomere enthalten Makromoleküle, die viel weitmaschiger miteinander vernetzt sind als bei den Duroplasten.

A392.2

Individuelle Lösung
Beispiele:
Thermoplast: Nylonfäden, Kunststofffolien
Duroplast: Lichtschalter, Campinggeschirr
Elastomer: Gummiringe

V393.1

a) Zunächst schmilzt die Phthalsäure und die Mischung siedet erst stark und später nur noch leicht. Im oberen Bereich des Becherglases bilden sich Tropfen (Wasser) und Kristalle (Phthalsäure). Es bleibt ein erst zähflüssiger und im kalten Zustand harter Rückstand im Becherglas zurück.

b)

$$n\ HO-CH_2-CH_2-OH + n\ \underset{\text{Phthalsäure}}{\text{HOOC-C}_6H_4\text{-COOH}} \longrightarrow [H\text{-}O\text{-}CH_2\text{-}CH_2\text{-}O\text{-}CO\text{-}C_6H_4\text{-}CO]_n\text{-}OH + 2n\ H_2O$$

$$n\ HO-CH_2-CH(OH)-CH_2-OH + n\ \text{HOOC-C}_6H_4\text{-COOH} \longrightarrow [H\text{-}O\text{-}CH_2\text{-}CH(OH)\text{-}CH_2\text{-}O\text{-}CO\text{-}C_6H_4\text{-}CO]_n\text{-}OH + 2n\ H_2O$$

mit „Quervernetzungen": Kette–O–CO–CH₂–CH(O–CO–Kette)–CH₂–O–CO–Kette

c) Das mit Ethandiol erhaltene Polymer ist im warmen Zustand flüssiger. Die aus diesem Polymer gewonnenen Fasern sind weich und elastisch, fast klebrig, bis sie nach einiger Zeit hart werden. Das Polymer aus Glycerin ist im warmen Zustand viel zäher und die Fasern sind fester und sehr schnell spröde. *Begründung:* Das „Ethandiol-Polymer" ist ein Thermoplast, da langkettige Makromoleküle gebildet wurden. Die Fasern härten langsam, da kein Weichmacher vorhanden ist. Das „Glycerin-Polymer" ist ein Duroplast, da verzweigte (quervernetzte) Makromoleküle gebildet wurden.

V393.2

a) Nach dem „Trocknen" der Milchsäure-Lösung bleibt ein klebriger Rückstand. Es können klebrige Fäden aus der Masse gezogen werden.

b) Die Milchsäure-Moleküle reagieren untereinander in einer Polykondensation zu Polymilchsäure.

c)

$$2n\ HO-CH(CH_3)-COOH \xrightarrow{\text{Wärme}} H\text{-}[O\text{-}CH(CH_3)\text{-}CO\text{-}O\text{-}CH(CH_3)\text{-}CO]_n\text{-}OH + 2n\ H_2O$$

V393.3

a) Die PVC-Folie ist nach dem Auskochen mit Ethanol leichter als vorher. Dies gilt auch für die meisten anderen weichen Kunststoffe.

b) Das behandelte PVC-Stück ist hart und spröde.

c) Individuelle Lösung
Die erhaltenen Werte schwanken je nach Versuchsdurchführung und PVC-Qualität.

Berechnung nach: Weichmacheranteil in Prozent

$$= 100 \cdot \frac{(\text{Gewicht}_{\text{vorher}} - \text{Gewicht}_{\text{nachher}})}{\text{Gewicht}_{\text{vorher}}}$$

d) Die Ergebnisse können durch Wägefehler und vor allem durch unvollständiges Trocknen der Probe verfälscht werden.

V393.4

a) Die Kunststoffe lösen sich in dem Lösemittel auf und es entsteht eine klebrige Lösung.

b) Klebeeigenschaften:
„Styroporkleber":
Metall (gut), Papier (gut); Holz (gut); PET (gut)
„Celluloid-Kleber":
Metall (gut), Papier (gut); Holz (gut); PET (schlecht)

A394.1

C_3H_6

A394.2

a) Penta-1,3-dien

b) cis-Pent-2-en

A394.3

$CH_2=CH-CH_2-CH_2-CH_3$
Pent-1-en

cis-Pent-2-en (CH₃ und C₂H₅ auf gleicher Seite, H und H auf gleicher Seite)

trans-Pent-2-en (H und C₂H₅ gegenüber CH₃ und H)

$CH_2=C(CH_3)-CH_2-CH_3$
2-Methylbut-1-en

$CH_2=CH-CH(CH_3)-CH_3$
3-Methylbut-1-en

$CH_3-C(CH_3)=CH-CH_3$
2-Methylbut-2-en

A394.4

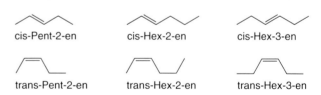

cis-Pent-2-en   cis-Hex-2-en   cis-Hex-3-en

trans-Pent-2-en   trans-Hex-2-en   trans-Hex-3-en

A394.5

Mit den jeweils zwei Elektronen der beiden C–H-Bindungen und den insgesamt vier Elektronen der C=C-Zweifachbindung ergeben sich für die beiden C-Atome acht Valenzelektronen.

A394.6

Durch die Begasung mit Ethen reifen die Bananen schneller.

V395.1

a) Die Reaktionsmischung siedet und es wird langsam ein süßlich riechendes Gas gebildet.

b) Es wurde ein Gas gebildet. Das Gas reagiert positiv mit dem BAEYER-Reagenz (siehe Versuch V2, Schülerband Seite 395).

c)

$$\underset{H_3CCH_3}{\overset{CH_3}{\underset{|}{C}}-OH} \xrightarrow{H_2SO_4,\text{ Wärme}} \underset{H_3CCH_3}{\overset{CH_2}{\|}C} \text{ (g)} + H_2O$$

V395.2

Die rotviolette BAEYER-Reagenzlösung färbt sich braun.

V395.3

a) Das gelbliche Bromwasser wird entfärbt.

b) Das Brom reagiert mit dem Alken (Oct-1-en) zu einem Alkan. Bei Alkenen findet eine elektrophile Addition des Broms an die C=C-Doppelbindung statt.

c) $C_8H_{16} + Br_2 \longrightarrow C_8H_{16}Br_2$

V395.4

a) Am schnellsten reift die Banane in dem Beutel, in den Ethen gespritzt wurde. Am zweitschnellsten reift die Banane in dem Beutel, der zusätzlich eine bereits reife Banane enthält. Die beiden anderen Bananen reifen langsamer.

b) Die Banane in dem mit Ethen versetzten Beutel reift besonders schnell. Daraus kann man schließen, dass Ethen den Reifungsprozess beschleunigt. Der Reifungsprozess der Banane in dem Beutel, der zusätzlich eine bereits reife Banane enthält, verläuft schneller als erwartet. Auch hier wurde der Reifungsprozess beschleunigt. Als Ursache kann man eine Ethen-Abgabe der reifen Banane vermuten.

c) Bereits reif geerntete Bananen würden auf dem langen Transportweg verderben.

A396.1

$$CH_2=C\overset{CH_3}{\underset{H}{\diagdown}} + CH_2=C\overset{CH_3}{\underset{H}{\diagdown}} + CH_2=C\overset{CH_3}{\underset{H}{\diagdown}} \longrightarrow$$

$$\cdots CH_2-\underset{H}{\overset{CH_3}{\underset{|}{C}}}-CH_2-\underset{H}{\overset{CH_3}{\underset{|}{C}}}-CH_2-\underset{H}{\overset{CH_3}{\underset{|}{C}}}\cdots$$

A396.2

$$\cdots CH_2-\underset{\underset{OCH_3}{\underset{|}{C=O}}}{\overset{CH_3}{\underset{|}{C}}}-CH_2-\underset{\underset{OCH_3}{\underset{|}{C=O}}}{\overset{CH_3}{\underset{|}{C}}}\cdots$$

A396.3

$$\cdots \underset{H}{\overset{H}{\underset{|}{C}}}-\underset{Cl}{\overset{H}{\underset{|}{C}}}-\underset{H}{\overset{H}{\underset{|}{C}}}-\underset{Cl}{\overset{H}{\underset{|}{C}}}-\underset{H}{\overset{H}{\underset{|}{C}}}-\underset{Cl}{\overset{H}{\underset{|}{C}}}\cdots$$

A396.4

$2\, C_2H_3Cl + 5\, O_2 \longrightarrow 4\, CO_2 + 2\, H_2O + 2\, HCl$

A396.5

$$\cdots \underset{H}{\overset{H}{\underset{|}{C}}}-\underset{C_6H_5}{\overset{H}{\underset{|}{C}}}-\underset{H}{\overset{H}{\underset{|}{C}}}-\underset{H}{\overset{H}{\underset{|}{C}}}-\underset{H}{\overset{H}{\underset{|}{C}}}-\underset{C_6H_5}{\overset{H}{\underset{|}{C}}}\cdots$$

A396.6

Über die Suchbegriffe „pvc" und „diskussion" werden von den gängigen Suchmaschinen zahlreiche Standpunkte von Industrie und Interessenverbänden aufgefunden.

A397.1

Blasformen und Spritzgießen setzen voraus, dass sich der Kunststoff thermoplastisch verformen lässt. Das ist bei Duroplasten und Elastomeren nicht der Fall.

A398.1

Zum Sortieren von Kunststoffabfällen werden physikalische Trennmethoden angewendet:

Ausblasen: Spezifisch leichte Anteile wie Papier und Kunststofffolien werden abgetrennt.

Magnetscheidung: Magnetisierbare Metalle, vor allem Eisen, werden abgetrennt.

Optische Trennung: Im Infrarotlicht lassen sich unterschiedliche Materialien erkennen und dann mechanisch voneinander trennen.

Schwimm/Sink-Verfahren: Bestimmte Stoffe schwimmen auf Wasser, andere gehen darin unter.

Zentrifugieren: In Zentrifugen werden Stoffe nach ihrer Dichte getrennt. Dazu müssen die Abfälle vorher zerkleinert werden.

Aufreißen: Verbundmaterialien werden aufgeweicht. Danach lassen sich die Anteile voneinander trennen.

A398.2

	Vorteile	Nachteile
werkstoffliches Recycling	Die Kunststoffe werden wiederverwendet. Der dafür benötigte Energieaufwand ist gering.	Durch den Recyclingvorgang wird die Qualität des Rohstoffs vermindert.
rohstoffliches Recycling	Wertvolle Rohstoffe (Monomere) werden wiedergewonnen.	Der für die Pyrolyse erforderliche Energieaufwand ist relativ hoch.
thermische Verwertung	Ein Teil des Energiegehalts der Kunststoffe wird verwendet.	Wertvolle Rohstoffe gehen verloren. Abgase müssen besonders gereinigt werden, wenn PVC verbrannt wird.

A398.3

Individuelle Lösung

A398.4

Individuelle Lösung

A398.5

Die „Gelben Säcke" werden in Kunststoffe, Metalle, Glas und Papier/Pappe vorsortiert. Diese vorsortierten Gemische werden erst zerkleinert und dann in spezialisierten Anlagen weiter sortenrein getrennt. Kunststoffe werden über einen Nah-Infrarot-Trenner untersucht und sortenrein getrennt. Die Kunststoffe werden dann geschmolzen, extrudiert und in ein Granulat zur Weiterverwendung umgewandelt. Metalle werden über einen Magneten in magnetische (Fe, Ni, Co) und nichtmagnetische Metalle getrennt und dann verdichtet. Glas wird optisch in Braun-, Weiß- und Grünglas getrennt. Papier und Pappe werden über einen Windsichter getrennt und zur Weiterverwendung verdichtet.

A399.1

Individuelle Lösung

A399.2

Individuelle Lösung

A400.1

Kunststoffe können über ihre Ökobilanz bewertet werden. Sie können in den folgenden Kategorien bewertet werden: Herstellung (fossile oder nachwachsende Rohstoffe; Energie- und Wasserverbrauch), Wiederverwertbarkeit, biologische Abbaubarkeit.

A400.2

Individuelle Lösung

A402.1

Kunststoff: Kunststoffe sind künstlich hergestellte Materialien, die aus Makromolekülen bestehen.

Makromolekül: Riesenmolekül, das aus sehr vielen kleinen Bausteinen, den Monomeren, aufgebaut ist.

Ester: Ester werden unter Wasserabspaltung aus Carbonsäuren und Alkoholen gebildet und besitzen eine R_1COOR_2-Gruppe.

Polykondensation: Eine Polykondensation ist eine Reaktion, bei der viele Einheiten Wasser freigesetzt werden und ein Makromolekül, z. B. ein Polyester, gebildet wird. Diese Reaktion läuft beispielsweise zwischen Dicarbonsäuren und Diolen bei der Bildung von Polyestern ab.

Thermoplaste: Kunststoff, der beim Erhitzen weich wird und sich dann verformen lässt.

Duroplaste: Kunststoff, der beim Erhitzen nicht weich wird, der sich bei höheren Temperaturen aber zersetzt.

Elastomere: gummiartiger Kunststoff, der durch Zug gestreckt und durch Druck gestaucht werden kann.

Recycling von Kunststoffen: Recyclingverfahren gewinnen durch den immer größer werdenden Gebrauch von Kunststoffartikeln immer mehr an Bedeutung. Erste Schritte wurden unternommen, um Kunststoffe wieder zu verwenden oder den Abfall sinnvoll zu nutzen. Auf diesem Gebiet ist jedoch noch viel Forschung nötig.

A402.2

a) Bei der Veresterung von Essigsäure mit Propanol wird ein Molekül Wasser gebildet. Als Produkt entsteht Essigsäurepropylester. Für den optimalen Ablauf der Reaktion muss Schwefelsäure als Katalysator zugesetzt werden.

b)

$$H_3C-\underset{\underset{OH}{}}{\overset{\overset{O}{\|}}{C}} + H_3C-CH_2-CH_2-OH \longrightarrow H_3C-\underset{\underset{O-CH_2-CH_2-CH_3}{}}{\overset{\overset{O}{\|}}{C}} + H_2O$$

c) Die einzelne Reaktion ist bei der Veresterung von Essigsäure und Ethanol und bei der Bildung von Polyestern gleich. Es ist eine Veresterung. Bei der Bildung von Polyestern werden jedoch Moleküle mit entweder zwei oder mehr Carboxyl- oder Hydroxyl-Gruppen beziehungsweise Moleküle mit einer Carboxyl- und einer Hydroxyl-Gruppe (Milchsäure) eingesetzt. Dadurch werden langkettige Moleküle aufgebaut.

A402.3

Thermoplaste bestehen aus langkettigen Makromolekülen und werden im Gegensatz zu Duroplasten beim Erwärmen weich und verformbar – sie schmelzen.
Dies ist bei Duroplasten nicht möglich, da Duroplaste nicht aus einzelnen langkettigen Molekülen bestehen, sondern aus untereinander verknüpften Ketten aufgebaut sind.

Elastomere geben äußerem Zug oder Druck nach und kehren anschließend wieder in ihre alte Form zurück. Elastomere sind weitmaschiger vernetzt als Duroplaste.

Siehe Abbildungen a)–c) im Schülerband auf Seite 392 oben.

A402.4

a) Weichmacher werden in Lacken, Dichtungsmassen, Kautschuk-Artikeln, Klebstoffen und Weich-Kunststoffen verwendet.

b) In Kunststoffen liegen die kettenförmigen Makromoleküle weitgehend parallel nebeneinander und ziehen sich als Dipole gegenseitig an. Durch die intermolekularen Bindungen ist der reine Kunststoff relativ hart. Die Weichmacher-Moleküle schieben sich zwischen die Makromoleküle und verhindern Bindungen zwischen Kunststoff-Molekülen. Die Ketten werden dadurch beweglicher und das Material wird weicher und dehnbarer.
Siehe Skizze im Schülerband Seite 391 unten („Wirkung von Weichmachern in Kunststoffen").

A402.5

Biokunststoffe sind besonders verträglich für die Umwelt. Sie sind aus nachwachsenden Rohstoffen hergestellt und in der Regel biologisch abbaubar.

A402.6

Natürliche Makromoleküle wie Stärke oder Cellulose können chemisch verändert und in Biokunststoffe überführt werden. Cellulose kann beispielsweise mit Essigsäure zu Celluloseacetat verestert werden. Stärke kann mit wasserabweisenden Additiven vermischt und unter Hitze und Druck zu einem Biokunststoff verarbeitet werden.

A402.7

Bei einer Polymerisation werden ungesättigte Moleküle in einer Kettenreaktion aneinander addiert, ohne dass kleine Moleküle abgespalten werden. Bei einer Polykondensation werden hingegen kleine Moleküle wie beispielsweise Wasser während der Reaktion abgespalten. Ein Beispiel hierfür ist die Bildung von Polyestern aus Dicarbonsäuren und Diolen.

A402.8

a)

$$\cdots -O-\overset{O}{\underset{\|}{C}}-\!\!\!\bigcirc\!\!\!-\overset{O}{\underset{\|}{C}}-O-CH_2-CH_2-O-\overset{O}{\underset{\|}{C}}-\!\!\!\bigcirc\!\!\!-\overset{O}{\underset{\|}{C}}-O-CH_2-CH_2-O-\cdots$$

b) PET besitzt sehr gute chemische und physikalische Eigenschaften, sodass es zu Fasern, Folien und Formteilen wie beispielsweise Flaschen verarbeitet werden kann.

A402.9

Die Überführung von nachwachsenden Rohstoffen in Kunststoffe erfordert Energie – beispielsweise Wärme. Diese Prozesswärme wird in der Regel über fossile Brennstoffe erzeugt.

A402.10

Der Roh-Kautschuk ist ein Thermoplast. Diese Eigenschaft ist für einen Reifen nicht gewünscht. Die Kettenmoleküle des Rohkautschuks müssen daher untereinander weitmaschig verknüpft werden, um ein Elastomer zu erhalten.

A402.11

Kunststoffe sind in Verpackungen und gut sichtbaren Kunststoffteilen, aber nicht nur dort, in unserem Alltag präsent. Auch Platinen von Computern sind aus Kunststoffen aufgebaut, auf die die Leiterbahnen aufgebracht sind. Stecker, Kabel und andere stromführende Teile sind mit Kunststoffen ummantelt. Datenträger (CD, DVD) werden aus Kunststoffen hergestellt.

A402.12

Duroplaste schmelzen nicht und können daher an diesen Einsatzorten verbaut werden. Dennoch sind sie gute elektrische Isolatoren.

A402.13

Nachwachsende Kunststoffe sind teurer als Kunststoffe aus fossilen Quellen. Wenige Cent Preisunterschied entscheiden in der Regel den Wettbewerb zwischen den verschiedenen Kunststoffen.

A402.14

Die Weichmacher treten aus dem PVC aus und werden von dem Radiergummi aufgenommen.

A402.15

Wenn Kunststoffe nach eventuell mehreren Recycling-Zyklen verbrannt werden, wird der Brennwert genutzt. Der Brennwert des fossilen Rohstoffs wird im Prinzip im Kunststoff „geparkt" und später nach der werkstofflichen Nutzung wieder freigesetzt. Es macht aus diesem Blickwinkel mehr Sinn, eine Tonne Öl in Kunststoffe zu transformieren und nach Jahren der Nutzung zu verbrennen, als sie direkt in thermische Energie umzusetzen.

A402.16

Die Kunstfasern nehmen im Gegensatz zu Naturfasern wenig bis keine Feuchtigkeit auf. Dies liegt unter anderem an der geringen Anzahl polarer Gruppen wie beispielsweise Alkoholen oder Carbonsäuren im Polymer. Viele Kunststofffasern sind ebenfalls elastisch (beispielsweise Elastan, ein Polyurethan). Diese Kunststoffe sind gering vernetzte Elastomere.

A403.1

a) $12 \text{ kg} \cdot 0{,}7 \frac{l}{kg} = 8{,}4 \text{ l Erdöl}$

b) Gewicht der Kunststoff-Stoßstange $= \frac{12 \text{ kg}}{2} = 6 \text{ kg}$

$6 \text{ kg} \cdot 1{,}8 \frac{l}{kg} = 10{,}8 \text{ l Erdöl}$

c) Laufleistung $= 12 \text{ Jahre} \cdot 12\,000 \frac{km}{Jahr} = 144\,000 \text{ km}$

Ersparnis: 100 kg ≈ 0,4 l Benzin pro 100 km
6 kg ≈ 0,024 l Benzin pro 100 km
    ≈ 34,56 l Benzin pro 144 000 km

d) Kunststoffe im Fahrzeugbau führen zu einer Gewichtsersparnis und somit zu einem geringeren Benzinverbrauch. Diese kontinuierliche Benzinersparnis übertrifft auf die Laufzeit des Wagens gerechnet in der Regel den höheren Verbrauch fossiler Energieträger beim Bau der Kunststoffbauteile. Durch die Wiederverwendung von Kunststoffen wird dieser Vorteil weiter verstärkt.

A403.2

a) Kunststoffe müssen die Verbrauchsgüter vor Umwelteinflüssen (Sauerstoff, Bakterien, Schädlinge, Licht, Feuchtigkeit, ...) schützen. Zudem müssen sie stabil und leicht sein. Überdies dürfen sie die verpackte Ware nicht negativ beeinflussen (Geruch, Geschmack, Farbe, ...). Auch sollten die Kunststoffe die verpackte Ware vorteilhaft präsentieren.

Kunststoffe erfüllen diese Anforderungen, indem sie eine stabile, leichte und undurchlässige Barriere zwischen Verpackungsinhalt und Umwelt bilden. Zudem sind Kunststoffverpackungen nahezu frei form- und gestaltbar.

b) *Vorteile:*
– wiederverwendbar durch Recycling
– dünne Folien/Becher bei hoher Stabilität (mechanische Stabilität und stabil gegen Wasser)
– leichte und undurchlässige Verpackung
– luftundurchlässig, wenn nötig
– viele Farben und Formen zur Präsentation des Inhalts realisierbar
– „Biokunststoffe" sind verfügbar

Nachteile:
– Umweltbelastung/Verbrauch fossiler Energieträger bei Herstellung
– Umweltbelastung durch unsachgemäße Entsorgung
– Beeinflussung von Lebensmitteln durch Abgabe von Weichmachern

c) *mögliche Gründe für kleine Verpackungen:* Kleine Verkaufsgrößen durch kleinere Familien und höhere Produktvielfalt (50 Sorten Wurst im Supermarkt);
mögliche Gründe für mehr Verpackungen: Einkaufsverhalten (Supermarkt statt Wochenmarkt/Fleischer/Bäcker) erfordert fertig abgepackte Verbrauchsgüter, Selbstbedienung statt Bedienung (Einsparen von Personalkosten und Verringerung der Verkaufspreise)

d) Glasflaschen sind beliebig oft wiederverwendbar (nach Reinigung oder Recycling). Zudem sind Glasflaschen auch im geöffneten Zustand sehr stabil. Kunststoffflaschen sind jedoch ebenfalls wiederverwendbar (wenn auch nicht so oft wie Glasflaschen). Zudem sind PET-Flaschen bruchsicher. Durch das geringere Gewicht sind PET-Flaschen leichter vom Verbraucher zu transportieren und sparen auch Gewicht/Benzin beim Transport zu den Verkaufsstellen.